AF090493

Kohlhammer

## Die Autorinnen

**Heidemarie Cox**, Diplom-Sozialpädagogin, Autismustherapeutin und Mutter eines Autisten, beschäftigt sich seit 1998 intensiv mit den Schwerpunkten Kommunikation und persönliche Gesunderhaltung von Menschen in herausfordernden Situationen. Sie ist freiberufliche Fachreferentin und Social Health Coach mit einem Schwerpunkt auf autismusspezifischen Besonderheiten. Gemeinsam mit ihrem autistischen Sohn veröffentlicht sie den Podcast »Wortwörtlich«, in dem Ideen, Lösungsansätze und Erfahrungsberichte aus dem Autismusspektrum im Mittelpunkt stehen.

**Alena Cox**, selbst neurodivers und aufgewachsen mit einem autistischen Bruder, beschäftigt sich besonders in den sozialen Netzwerken mit der autistischen Community. Als Teil der Generation Z ist ihre Perspektive auf Menschen aus dem Autismus-Spektrum global und bunt.
   In ihrer Forschungsarbeit als Germanistin und Geschichtswissenschaftlerin stehen besonders die historischen Hintergründe der Autismus-Diagnostik im Mittelpunkt.

Kontakt zu den Autorinnen:
info@survival-guide-autismus.de
Alena.cox@survival-guide-autismus.de
Heidemarie.cox@survival-guide-autismus.de

Heidemarie Cox
Alena Cox

# Survival Guide Autismus

Erfolgreich durch den Alltag – ein Begleiter
für Erwachsene im Autismus-Spektrum

Verlag W. Kohlhammer

Dieses Werk einschließlich aller seiner Teile ist urheberrechtlich geschützt. Jede Verwendung außerhalb der engen Grenzen des Urheberrechts ist ohne Zustimmung des Verlags unzulässig und strafbar. Das gilt insbesondere für Vervielfältigungen, Übersetzungen, Mikroverfilmungen und für die Einspeicherung und Verarbeitung in elektronischen Systemen.

Pharmakologische Daten, d. h. u. a. Angaben von Medikamenten, ihren Dosierungen und Applikationen, verändern sich fortlaufend durch klinische Erfahrung, pharmakologische Forschung und Änderung von Produktionsverfahren. Verlag und Autoren haben große Sorgfalt darauf gelegt, dass alle in diesem Buch gemachten Angaben dem derzeitigen Wissensstand entsprechen. Da jedoch die Medizin als Wissenschaft ständig im Fluss ist, da menschliche Irrtümer und Druckfehler nie völlig auszuschließen sind, können Verlag und Autoren hierfür jedoch keine Gewähr und Haftung übernehmen. Jeder Benutzer ist daher dringend angehalten, die gemachten Angaben, insbesondere in Hinsicht auf Arzneimittelnamen, enthaltene Wirkstoffe, spezifische Anwendungsbereiche und Dosierungen anhand des Medikamentenbeipackzettels und der entsprechenden Fachinformationen zu überprüfen und in eigener Verantwortung im Bereich der Patientenversorgung zu handeln. Aufgrund der Auswahl häufig angewendeter Arzneimittel besteht kein Anspruch auf Vollständigkeit.

Die Wiedergabe von Warenbezeichnungen, Handelsnamen und sonstigen Kennzeichen in diesem Buch berechtigt nicht zu der Annahme, dass diese von jedermann frei benutzt werden dürfen. Vielmehr kann es sich auch dann um eingetragene Warenzeichen oder sonstige geschützte Kennzeichen handeln, wenn sie nicht eigens als solche gekennzeichnet sind.

Es konnten nicht alle Rechtsinhaber von Abbildungen ermittelt werden. Sollte dem Verlag gegenüber der Nachweis der Rechtsinhaberschaft geführt werden, wird das branchenübliche Honorar nachträglich gezahlt.

Dieses Werk enthält Hinweise/Links zu externen Websites Dritter, auf deren Inhalt der Verlag keinen Einfluss hat und die der Haftung der jeweiligen Seitenanbieter oder -betreiber unterliegen. Zum Zeitpunkt der Verlinkung wurden die externen Websites auf mögliche Rechtsverstöße überprüft und dabei keine Rechtsverletzung festgestellt. Ohne konkrete Hinweise auf eine solche Rechtsverletzung ist eine permanente inhaltliche Kontrolle der verlinkten Seiten nicht zumutbar. Sollten jedoch Rechtsverletzungen bekannt werden, werden die betroffenen externen Links soweit möglich unverzüglich entfernt.

Illustrationen: Heidemarie Cox

1. Auflage 2024

Alle Rechte vorbehalten
© W. Kohlhammer GmbH, Stuttgart
Gesamtherstellung: W. Kohlhammer GmbH, Heßbrühlstr. 69, 70565 Stuttgart
produktsicherheit@kohlhammer.de

Print:
ISBN 978-3-17-041832-5

E-Book-Formate:
pdf:   ISBN 978-3-17-041833-2
epub: ISBN 978-3-17-041834-9

# Inhalt

Übersicht über das elektronische Zusatzmaterial ....................... 7

Hinweise zu den Piktogrammen ........................................... 8

Danksagung .............................................................. 9

| | | | |
|---|---|---|---|
| 1 | Einleitung ......................................................... | | 11 |
| 2 | Anleitung – Reiseführer durch den Gesellschaftsdschungel ..... | | 14 |
| | 2.1 | Ihr Umgang mit diesem Buch ............................. | 17 |
| | 2.2 | Ihre Wegweiser ......................................... | 19 |
| | 2.3 | Machen Sie dieses Buch »fertig«/zu Ihrem Begleiter ......... | 20 |
| 3 | Motivation – Ihr Weg durch den Gesellschaftsdschungel ........ | | 22 |
| 4 | Diagnose Autismus – Ein Pfad durch Ihr Problemdickicht? ..... | | 33 |
| | 4.1 | Will ich das? Themeneinstieg: Beweggründe klären ......... | 34 |
| | 4.2 | Der Weg zur Diagnose ................................... | 46 |
| 5 | Soziale Kontakte – Verstehen Sie Ihre Umgebung ............... | | 56 |
| | 5.1 | Besonderheiten erkennen und offenlegen .................. | 57 |
| | 5.2 | Sprachgebrauch ......................................... | 67 |
| | 5.3 | Smalltalk Vorbereitung ................................. | 84 |
| | 5.4 | Kleidung ............................................... | 91 |
| | 5.5 | Nähe- und Distanzverhalten ............................. | 101 |
| 6 | Soziale Kontakte – Umgang mit den Menschen in Ihrer Umgebung ......................................................... | | 112 |
| | 6.1 | Erstes Einschätzen des Gegenübers ...................... | 113 |
| | 6.2 | Freunde ................................................ | 119 |
| | 6.3 | Familie ................................................ | 135 |
| | 6.4 | Alltagskontakte (Nachbarn, Vereinsmitglieder etc.) .......... | 145 |
| | 6.5 | Professionelle Begleiter ................................ | 154 |
| | 6.6 | Arbeitskollegen ........................................ | 157 |
| | 6.7 | Partner ................................................ | 166 |

| | | | |
|---|---|---|---|
| **7** | **Ressourcen – Lichtungen und Helfer im Gesellschaftsdschungel** | | **177** |
| | 7.1 | Wohnen und Umgebung | 178 |
| | 7.2 | Schlafen | 187 |
| | 7.3 | Ernährung | 202 |
| | 7.4 | Stimming | 217 |
| **8** | **Erste-Hilfe-Kasten** | | **221** |
| | 8.1 | Notfall Kommunikation | 222 |
| | 8.2 | Notfall Wut, Aggression | 224 |
| | 8.3 | Notfall Overload | 225 |
| | 8.4 | Notfall suizidale Gedanken | 228 |
| **9** | **Ausblick** | | **232** |
| **10** | **Weiterführende Literatur/Blogs/Medien** | | **234** |
| **11** | **Berühmte Autisten und Autistinnen** | | **236** |
| **12** | **Methodenverzeichnis** | | **238** |
| | **Zusatzmaterial zum Download** | | **241** |

# Übersicht über das elektronische Zusatzmaterial

> Den Weblink, unter dem die Zusatzmaterialien zum Download verfügbar sind, finden Sie unter ▸ Kap. Zusatzmaterial zum Download

1. Lesezeichen
2. Einordnung sozialer Kontakte
3. Beenden eines Kontaktes
4. Einordnung meiner Termine
5. Steckbriefkarten
6. Überlebensstrategie Smalltalk
7. Hilfspäckchen-Sammlung Motivationsbegleiter
8. Hilfspäckchen-Sammlung Familie
9. Hilfspäckchen-Sammlung Schlafroutinen
10. Hilfspäckchen-Sammlung Fidgeting
11. Hilfspäckchen-Sammlung Kleidung
12. Hilfspäckchen-Sammlung Ernährung
13. Hilfspäckchen-Sammlung Wut
14. Hilfspäckchen-Sammlung Overload
15. Hilfspäckchen-Sammlung Suizidale Gedanken
16. Meine Liste mit geeigneten Kleidungsstücken
17. Checkliste für die Einordnung meiner Kleidungsstücke
18. Analysebogen zur Auswertung
19. Auswertungsbogen Sprachgebrauch
20. Auswertung der einzelnen Kriterien Teil 1 (Sprachgebrauch)
21. Auswertung der einzelnen Kriterien Teil 2 (Sprachgebrauch)
22. Mein Schlaftracker
23. Tag- und Nachtrhythmus
24. Mein Päckchenplan Ernährung
25. Mein täglicher Päckchenplan Ernährung

# Hinweise zu den Piktogrammen

Im Survival Guide Autismus werden verschiedene Symbole bzw. Piktogramme eingesetzt, um den Text optisch aufzulockern und didaktisch zu strukturieren. So können die Leserinnen und Leser wiederkehrende Elemente schnell erfassen und sich beim Bearbeiten des Texts leicht zurechtfinden.

Die folgende Übersicht listet alle Piktogramme auf, die im Buch zum Einsatz kommen, sowie ihre jeweilige Bedeutung. Zusätzlich gibt es bei den Zusatzmaterialien zum Download ein Lesezeichen, auf dem alle Piktogramme noch einmal aufgeführt und erklärt werden.

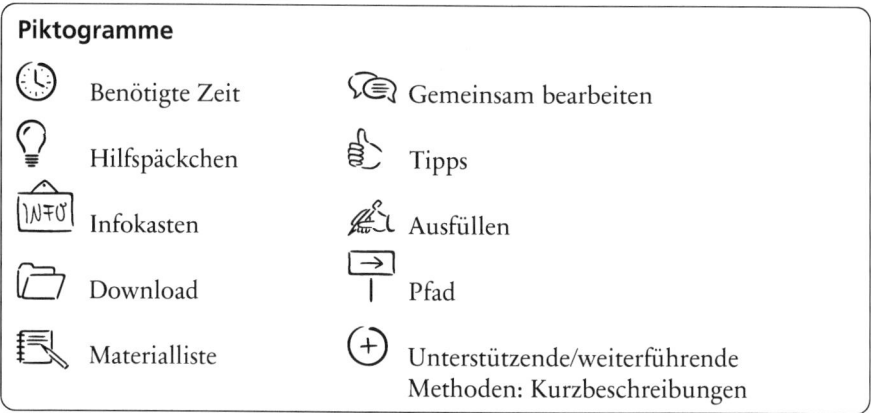

# Danksagung

Das Zustandekommen dieses Buches ist dem intensiven und lebendigen Austausch mit dem Verlagsleiter Dr. Ruprecht Poensgen zu verdanken. Durch die vertrauensvollen Gespräche entwickelte sich die Idee, erwachsenen autistischen Menschen in Form eines Buches eine Unterstützung für den Alltag anzubieten.

Bei den vielen Besonderheiten, die dieses Buch auszeichnen, hat Stefanie Reutter, unsere Lektorin, beharrlich den Überblick behalten und ist uns mit Rat und Tat zur Seite gestanden.

Ein besonderer Dank gilt auf jeden Fall Simon und Jonas Cox, als Brüder beziehungsweise Söhne unterstützten uns beide auf dem Weg zum vollendeten Buch. Simon Cox übernahm den technischen Support und begleitete uns durch lange Nächte, während Jonas Cox mit eigenen Erfahrungen und einem Nachschub an Kaffee zur Verfügung stand.

# 1 Einleitung

**Abb. 1.1:** Die Schneeeule im Dickicht des Dschungels

Der Leidensdruck, der bei erwachsenen autistischen Menschen entstehen kann, ist groß, die gesellschaftliche Akzeptanz und die professionellen Hilfestellungen sind leider sehr gering. Diese Situation ist unserer Familie nur allzu bekannt. Als »anders« gilt die Familie Cox in ihrem Heimatort schon lange. Früh haben sie daher gelernt, eigene Wege zu gehen, um in der Gesellschaft zurechtzukommen.

Als Familie brauchen sie mehr Struktur, mehr klare Absprachen als die meisten Familien um sie herum. Irgendwann haben sie angefangen, ihre eigenen Methoden im Umgang mit Alltagssituationen zu entwickeln. Sie tauschten sich aus, probierten Verschiedenes aus und ließen sich von den Erfahrungen inspirieren. Im Mittelpunkt aller Vorgehensweisen und Entscheidungen steht schon immer das Motto »Alle müssen sich wohl fühlen«, um das Ziel größtmögliche individuelle Autonomie entwickeln zu können.

# 1 Einleitung

Vor allem Heidemarie Cox kennt viele der Herausforderungen, die im familiären Kontext auftauchen, aus eigener Erfahrung. Daher begann sie schon früh, eigene Methoden aus ihrem pädagogischen Wissen als Diplom-Sozialpädagogin abzuleiten und auszuprobieren. Im Laufe der Jahre wurde Heidemarie Cox sowohl von Fachpersonen als auch von Angehörigen und Menschen mit Autismus wiederholt angefragt und gab bereitwillig ihre Ideen und Methodiken weiter. In den letzten Jahren fiel auf, dass es gerade für erwachsene autistische Menschen kaum adäquate Unterstützung gibt. Diese Lücke soll mit Hilfe dieses Buches ein Stück weit gefüllt werden. Der »Survival Guide Autismus« ersetzt keine Therapie, kann aber auf dem Weg in ein autonomes und zufriedenes Leben führen, begleiten und einen individuellen Rahmen bieten.

Wie bereits erwähnt, handelt es sich bei den aufgeführten Methoden um von Heidemarie Cox entwickelte Konzepte und Möglichkeiten, mit der Andersartigkeit und den Besonderheiten, die sie aus eigenem Erleben kennt, umzugehen.

Die individuellen Besonderheiten eines autistischen Menschen, die beim Durchdringen des Gesellschaftsdschungels auftauchen, werden im Buch durch die grafischen Darstellungen einer Schneeeule, die versucht im Dschungel ein Zuhause zu finden, dargestellt. Heidemarie Cox entwickelte diese Idee parallel zum Schreiben dieses Buches und gestaltete die Grafiken aus eigener Hand mit dem Ziel, den Survival Guide durch visuelle Elemente zugänglicher zu machen.

Alena Cox konnte im Laufe ihres Lebens die entwickelten Methoden immer wieder testen und an ihre individuellen Bedürfnisse anpassen.

Da im Bereich Autismus insbesondere Hilfsangebote fehlen und das Diagnosesystem wiederholt versagt, waren die von Heidemarie Cox entwickelten Methoden immer wieder sehr wichtig, um den Alltag mit möglichst vielen Ressourcen bewältigen zu können.

Aufgrund dieser alltäglichen Anwendung von einigen der hier aufgeführten Anleitungen sowie ihrer Affinität zum Schreiben, die sich auch in ihrem Bachelor im Bereich Germanistik zeigt, bot Alena Cox eine gute Ergänzung für das Mutter-Tochter-Autorinnen-Team.

Die Methoden, die der Familie Cox als Gesamtes sowie den einzelnen Personen in ihrem Alltag helfen, sind hier strukturiert und für Ihre persönlichen Bedürfnisse individuell anpassbar aufgeführt. Das Ziel des »Survival Guide Autismus« ist in erster Linie eine Hilfe auf dem Weg in ein selbstbestimmtes Leben von autistischen Menschen zu sein. Daher ist es wichtig, hier zu betonen, dass es sich nicht um ein Sachbuch im Sinne der Aufklärung von Autismus handelt. Es richtet sich vielmehr in erster Linie an autistische Menschen, die sich bei den täglichen Herausforderungen in der Gesellschaft Unterstützung wünschen.

Da es sich bei dem Survival Guide um ein Selbsthilfebuch handelt, können die Wege teilweise auch mühevoll sein. Es geht hier auch um die Auseinandersetzung mit dem eigenen Autismus und den eigenen Besonderheiten und Herausforderungen. Denn im Mittelpunkt steht eine Reise durch den Gesellschaftsdschungel, um persönliche Wege im Umgang mit den eigenen Besonderheiten zu finden.

Dabei gibt es viele Themen, die wichtig sind. Aufgrund des begrenzten Umfangs dieses Buches ist es leider nicht möglich, auf alles in der Tiefe einzugehen, die vielleicht möglich wäre. Beispielsweise die Themenbereiche »Essen« oder »Arbeitsplatz« böten die Möglichkeit, ausführlicher auf sie einzugehen. Zum Aufbau einer ressourcenorientierten Tagesstruktur könnte gar ein ganzes weiteres Buch entstehen. Dieser Survival Guide soll eine Grundlage darstellen; in ihm werden die wichtigsten Lebensbereiche zur persönlichen Entwicklung möglichst selbstgesteuert und bereichernd präsentiert. Selbstverständlich haben beide Autorinnen Wert darauf gelegt, dass zu jeder Thematik hilfreiche Methoden und Möglichkeiten des Umgangs vorhanden sind, sodass Sie für fast jeden Bereich Ihres Lebens Hilfestellungen finden können.

In diesem Sinne wünschen Heidemarie und Alena Cox Ihnen viel Spaß und Erfolg mit diesem Selbsthilfebuch. Wenn Sie mögen, haben Sie die Möglichkeit, den Autorinnen Rückmeldungen zu geben; die Kontaktdaten finden Sie bei den Informationen zu den Autorinnen auf der Seite 2.

# 2 Anleitung – Reiseführer durch den Gesellschaftsdschungel

**Abb. 2.1:** Die notwendige Ausstattung für den Dschungel

Dieses Buch ist ein Survival Guide, der Ihnen das alltägliche Leben im Gesellschaftsdschungel erleichtern soll. Was genau bedeuten Survival Guide und Gesellschaftsdschungel in diesem Buch?

Den meisten autistischen Menschen fällt es schwer, sich in der »normalen Welt«, mit ihren vielen sozialen Regeln, Normen und Erwartungen, deren Kenntnis ganz selbstverständlich vorausgesetzt werden, zurechtzufinden. Dieses Zurechtfinden ist energieraubend und fühlt sich für einige mehr wie ein Überleben als ein Leben an. Die ganzen Voraussetzungen für ein Überleben in dieser Umgebung, in diesem Gesellschaftsdschungel, die für neurotypische Menschen nicht einmal eine Überlegung wert sind, beispielsweise wie Freundschaften entstehen oder mit der Straßenbahn zu fahren, können für autistische Menschen große Herausforderungen sein.

## Infokasten für Eilige

- Lesen Sie das Kapitel »Motivation«.
- Checken Sie die Materialliste.
- *Hilfspäckchen-Sammlung* (Zusatzmaterial zum Download) zur Hand haben.

Dieses Buch richtet sich sowohl an offiziell diagnostizierte Menschen mit Autismus als auch an Autisten und Autistinnen, die sich selbst diagnostiziert haben oder sich vorstellen können, dass die aufgeführten Methoden eine Hilfe für sie darstellen.

Um mit diesen Problemen und Herausforderungen produktiv umgehen zu können, steht Ihnen der Ratgeber als Guide, Stütze und Hilfe im Gesellschaftsdschungel zur Seite. Hier können Sie Methoden und Möglichkeiten finden, mit deren Hilfe Sie im Stande sind, gesund und glücklich Ihren eigenen Weg zu gehen.

Dabei stehen Ihre Bedürfnisse und Fähigkeiten im Mittelpunkt. Mit dem Survival Guide wird es Ihnen möglich sein, Ihre Ressourcen so zu nutzen, dass Ihr Leben im Gesellschaftsdschungel angenehmer ist und Sie sich Ihren Herausforderungen mit der geeigneten Ausrüstung stellen können.

Das durchgängige Bildmotiv in diesem Buch ist eine Schneeeule, die versucht, sich im Dschungel zurechtzufinden. Der Dschungel symbolisiert mit seinem Dickicht, seinen verschiedenen Ebenen und Gefahren die Gesellschaft, in der wir leben. Ein autistischer Mensch fühlt sich in der Gesellschaft womöglich ähnlich deplatziert wie eine weiße Schneeeule im Dschungel. Eine Schneeeule fällt im Dschungel eher auf als eine Schlange, die dort hingehört und perfekt an ihre Umgebung angepasst ist. Während die Schlange genau weiß, wie sie sich verhalten muss, um ein erfülltes Leben zu führen, fällt es der Schneeeule schwer, sich in einer ihr völlig fremden Umgebung zurechtzufinden. Sie verwendet viel Energie darauf, sich dem Dschungel anzupassen und steht teils vor Herausforderungen, die kaum lösbar scheinen.

Im ersten Bild trägt die Schneeeule einen Rucksack auf dem Rücken. Dieser Rucksack ist ein weiteres Motiv, das im Buch als Sinnbild für einen Energiespeicher gewählt wurde. Der Rucksack enthält bei einer Reise in der Regel Proviant, Hilfsmittel und ein Notfallset. Der Rucksack kann immer wieder mit essbaren Vorräten gefüllt werden und in schwierigen Situationen überlebenswichtige Inhalte beisteuern. Der Energierucksack unserer Schneeeule ist mit Bananen gefüllt. Das hat den Vorteil, dass diese Energieform im Dschungel gut zu finden ist. Somit kann der Rucksack immer wieder aufgefüllt werden, wenn der Vorrat zur Neige geht.

Dieser Energierucksack, und vor allem dessen Füllstand, ist von Mensch zu Mensch unterschiedlich. Jeder hat eine begrenzte Anzahl an Energie, also Bananen, pro Tag zur Verfügung. Während des Tages werden für Entscheidungen, Aufgaben, Alltagstätigkeiten, soziale Kontakte und Ähnliches Energieeinheiten verbraucht.

Autistische Menschen benötigen für Alltägliches Energie, für die Neurotypische keine Banane verbrauchen. Beispielsweise können sensorische Reize oder noch so kleine Veränderungen der Umwelt bei Menschen aus dem Autismus-Spektrum für einen hohen Verbrauch von Bananen sorgen, währen eine neurotypische Person keine einzige Energieeinheit verbrauchen müsste. Dies hat starken Einfluss auf den Füllstand des jeweiligen Energierucksacks.

Wenn also ein autistischer Mensch und ein neurotypischer Mensch gleich viele Bananen im Rucksack haben, also zu Beginn des Tages eine gleiche Menge an Energie zur Verfügung steht und beide die gleichen Aufgaben erledigen, kann der Rucksack eines Autisten mittags bereits leer sein, während der neurotypische Mensch noch die Hälfte der Bananen übrig hat.

Hier ein Beispiel: Beide Menschen, der neurotypische (N) und der autistische (A), haben 20 Bananen (B) und verbrauchen an einem Tag völlig unterschiedliche Energiemengen.

**Tab. 2.1:** Energieverbrauch eines autistischen Menschen

| Tätigkeit | Bananenverbrauch autistischer Mensch | Bananenverbrauch neurotypischer Mensch |
|---|---|---|
| Mensch wacht auf, draußen wird gerade der Müll abgeholt. | 3 Bananen<br>• Starke Sensibilität auf die Geräusche der Müllabfuhr, insbesondere morgens | 1 Banane |
| Anziehen und Frühstücken | 3 Bananen<br>• Die Kleidung kratzt und sitzt heute unangenehm | 2 Bananen |
| Weg zur Arbeit mit dem Bus | 8 Bananen<br>• Gerüche, Berührungen und Geräusche im Bus strengen an | 1 Banane |
| Ist im Büro und hat seine Kopfhörer vergessen. | 10 Bananen<br>• Die Kopfhörer gehören zur Routine und schützen vor Geräuschen | 6 Bananen |
| Wie viele Bananen sind nach diesem Arbeitstag noch übrig? | 5 Bananen | 10 Bananen |

Nun hat der neurotypische Mensch am Ende des Arbeitstages noch 10 Bananen übrig, während der autistischen Person noch 5 Bananen bleiben. Daraufhin kann sich die autistische Person entscheiden, ob sie noch Abendessen kochen oder zum Sport gehen kann, da beides um die 4 bis 5 Energieeinheiten verbrauchen würde, während die neurotypische Person genügend Energie für zwei Aktivitäten hat.

Wird nun die Grenze der Energie überschritten, es werden also Bananen verbraucht, die gar nicht mehr da sind, werden diese vom Kontingent des nächsten

Tages abgezogen. Entscheidet sich der autistische Mensch also doch, zu kochen und vorher noch zum Sport zu gehen, startet er am nächsten Tag mit nur 15 Bananen.

Die in diesem Survival Guide beschriebenen Methoden sollen eine Hilfestellung geben, »Bananentankstellen« im Gesellschaftsdschungel zu entdecken und den Alltag als autistischer Mensch nach Möglichkeit dem »Füllstand« des Energierucksacks anzupassen. Aus diesem Grund begegnen Ihnen immer wieder die Begriffe »Energiebananen« und »Energierucksack« im Buch.

Jedes Kapitel beginnt mit unserer Heldenfigur der Schneeeule. Sie begleitet die Leserinnen und Leser durch die Abschnitte und entwickelt mehr und mehr Durchblick durch den Gesellschaftsdschungel. Das Motiv des Dschungels leitet jedes neue Kapitel ein und wird ergänzt von Beispielen mehr oder weniger bekannter autistischer Menschen, die gelernt haben, mit ihren Besonderheiten im Alltag zurechtzukommen. Dies soll zeigen, dass auch wenn der Gesellschaftsdschungel für Sie anstrengend ist und Sie vielleicht verzweifelt vor neuen oder auch alten Herausforderungen stehen, Sie nicht allein sind und es Möglichkeiten gibt, zurechtzukommen, um ein glückliches und zufriedenes Leben zu führen.

## 2.1　Ihr Umgang mit diesem Buch

Genau wie ein Guide im Dschungel soll dieses Buch Ihnen in den Situationen helfen, in denen Sie Unterstützung benötigen. Es ist möglich, dass für Sie der Punkt »Sprachgebrauch« oder »Kleidung« nicht herausfordernd ist oder vielleicht nicht so dringend. Dieses Buch ist so konzipiert, dass Sie sich die Kapitel, die für Sie wichtig sind, aussuchen und bearbeiten können, ohne sich mit den vorhergehenden oder nachfolgenden Punkten beschäftigt zu haben.

Zu einigen Methoden gibt es die Möglichkeit, Arbeitsblätter als Ergänzung zu downloaden, hierzu finden Sie im Anschluss an das Inhaltsverzeichnis eine Übersicht der elektronischen Zusatzmaterialien und ganz am Ende des Buchs den QR-Code bzw. den Weblink, unter dem die Zusatzmaterialien zum Download verfügbar sind. Die Durchführung ist in allen Fällen auch ohne diese Downloads möglich.

Sie können sich dementsprechend überlegen, in welcher Reihenfolge Sie die Kapitel bearbeiten möchten, ohne dass Ihnen daraus ein Nachteil entstehen würde. Eine Hilfestellung, wie Sie Ihren ganz persönlichen Plan für Ihre Dschungelexpedition erstellen können finden Sie im Kapitel 3 »Motivation« (▶ Kap. 3).

**Wichtig**
Das Kapitel »Erste-Hilfe-Kasten« (▶ Kap. 8) sollten Sie lesen und bearbeiten, bevor Sie es tatsächlich benötigen. In einer Krisensituation würde Sie das sonst überfordern und es könnte somit auch keine direkte Hilfe sein.

Bei einigen Methoden ist der Hinweis aufgeführt, dass es hilfreich sein könnte, eine Ihnen vertraute und nahestehende Person zu Rate zu ziehen. Überlegen Sie sich vielleicht schon im Vorhinein, wer dies sein könnte, vielleicht fällt Ihnen auch mehr als eine Person ein. Dann können Sie schon im Vorfeld fragen, ob diejenigen bereit wären, Sie bei der Bearbeitung zu unterstützen. Selbstverständlich ist es auch möglich, diesen Survival Guide mit einem Therapeuten gemeinsam durchzugehen. Dies ist jedoch nicht zwingend nötig, da die Methoden so aufgebaut sind, dass sie auch ohne professionelle Begleitung eine Hilfe darstellen.

Hier finden Sie eine Tabelle, in die Sie die Begleitpersonen eintragen können, von denen Sie sich vorstellen könnten, mit ihnen gemeinsam Themen oder Themenbereiche zu bearbeiten.

Die Tabelle bietet Ihnen die Möglichkeit, einzelnen übergeordneten Themenbereichen unterschiedliche Begleitpersonen zuzuordnen (▶ Tab. 2.2), und zwar je nachdem, mit welcher Person Sie sich wohl fühlen, um über die verschiedenen Themenbereiche zu sprechen.

**Tab. 2.2:** Liste mit Vertrauenspersonen

| Vertraute Person | Themenbereiche |
|---|---|
| • | • |
| • | • |
| • | • |
| • | • |

Um die Methoden aus diesem Buch umzusetzen, benötigen Sie folgende Materialien:

- DIN-A4-Blätter Papier
- Verschiedenfarbige Textmarker
- Farbige Stifte
- Kleber
- Pappe
- Kleber
- Zeitschriften, Prospekte etc.
- Klebezettel
- Karteikarten oder Pappe zum Zurechtschneiden
- Schere
- Ordner oder Hefter im DIN-A4-Format, um bearbeitete Downloads abzuheften und einen »Parkplatz der Zukunft« anzulegen. In diesen Ordner kommen alle Ideen, an denen Sie aktuell nicht arbeiten.

## 2.2 Ihre Wegweiser

Damit Sie möglichst barrierefrei, also ohne Hindernisse und Hürden, mit dem Buch arbeiten können und im Nachhinein auch immer wieder leichten Zugang zu unterstützenden Methoden haben, finden Sie eine klare durchgehende und visuell unterstützende Struktur im Buch.

Bearbeiten Sie zu Beginn das Kapitel »Motivation – Dein Weg durch den Gesellschaftsdschungel« (▶ Kap. 3), hier stoßen Sie auf Methoden, die Ihnen helfen herauszufinden, in welcher Reihenfolge Sie die Kapitel bearbeiten möchten. Auch Hinweise dazu, wie Sie motiviert am Ball bleiben können, sind dort zu finden.

Am Beginn eines jeden Kapitels befindet sich nach einer kurzen Einführung ein *Methodenpfad*. Dieser Pfad zeigt Ihnen, welche Methoden bei der Bearbeitung auf Sie warten. Zum Teil wiederholen sich einzelne Methoden und Sie werden feststellen, dass Ihnen die Bearbeitung schneller von der Hand geht, je länger Sie mit dem Survival Guide arbeiten. Ziel ist dabei auch, dass Sie im Laufe der Bearbeitung die Methoden auf Ihre Lebenssituation hin variiert anwenden können und dass mit der Zeit individuelle Handlungsoptionen für Sie entstehen. In der folgenden Tabelle finden Sie die verschiedenen Symbole, die in den einzelnen Methodenpfaden verwendet werden (▶ Tab. 2.3).

Tab. 2.3: Symbole in Methodenpfaden und ihre Bedeutung

| Symbol | Bedeutung |
| --- | --- |
| ☉ | Geringer Zeitaufwand |
| ☉☉ | Mittlerer Zeitaufwand |
| ☉☉☉ | Hoher Zeitaufwand |
| 🗁 | Download |
| 👥 | Diese Methode kann auch mit Unterstützung einer Person Ihres Vertrauens bearbeitet werden. |

Vor jeder Methode finden Sie einen Kasten mit Informationen über notwendiges Material und zeitlichen Aufwand. Dann erläutern wir kurz, für welche Situationen die Methode geeignet ist, und erst danach wird die Durchführung beschrieben. So können Sie gut einschätzen, ob Sie die Methode jetzt oder später anwenden möchten.

Die Methoden sind durch Piktogramme illustriert. So können Sie auf einen Blick erkennen, auf welche Art die jeweilige Methode zu bearbeiten ist. Wir möchten Ihnen damit ein Gefühl der Vertrautheit und Sicherheit im Umgang mit Ihrem »Survival Guide« vermitteln.

## 2.3 Machen Sie dieses Buch »fertig«/zu Ihrem Begleiter

Aufbau, Struktur und Gestaltung sollen Ihnen ein emotionales Zuhause geben. Im Buch befinden sich dazu Ideen und Methoden, die sich in Teilen wiederholen. Durch diese Wiederholungen werden Ihnen die angebotenen Lösungsansätze auf Dauer eine vertraute Struktur bieten.

Die integrierten Übungen sind so gestaltet, dass Sie sie bei Bedarf schnell wiederfinden. Damit dies möglichst leicht gelingt, befindet sich im hinteren Teil des Buches ein Methodenglossar.

Begleitend zum Buch ist beim Zusatzmaterial zum Download ein Lesezeichen hinterlegt, auf dem sich die wichtigsten Zeichen kurz erklärt schnell nachsehen lassen. Auch wird im Buch auf einige Downloads hingewiesen. Diese sollen Sie dabei unterstützen, die beschriebenen Übungen je nach Lebensabschnitt immer mal wieder zu aktualisieren.

Wir wünschen uns, dass die Anregungen und Vorschläge des Buches Sie zum einen auf den Alltag im Gesellschaftsdschungel individuell vorbereiten und dass Sie zum anderen dieses Buch mit Ihren eigenen Ideen und Perspektiven füllen, sodass es mit der Zeit Ihr ganz persönlicher unterstützender Guide wird, den Sie immer wieder zur Hand nehmen, um Ihren Weg weiter erfolgreich gestalten zu können.

Im Folgenden finden Sie eine grafische Darstellung zum Inhalt des Survival Guides (▶ Abb. 2.2). So haben Sie auf einen Blick eine gute Übersicht und somit auch eine klare Vorstellung zu Inhalt und Vorgehensweise.

Sie sind herzlich eingeladen, auch diese Darstellung individuell zu bearbeiten, beispielsweise indem Sie für Sie Wichtiges markieren, Erledigtes abhaken oder sich Notizen machen.

Sie werden vor jedem Kapitel eine detailliertere grafische Darstellung finden, die den Inhalt der Unterkapitel berücksichtigt, sodass auch hier eine klare Übersicht gewährleistet ist.

Die Bearbeitungsabfolge der Kapitel ist individuell und lässt sich an Ihre Bedürfnisse und Wünsche anpassen. Im Kapitel »Motivation« können Sie mit der Hilfe verschiedener Methoden die für Sie passende Reihenfolge erarbeiten.

## 2.3 Machen Sie dieses Buch »fertig«/zu Ihrem Begleiter

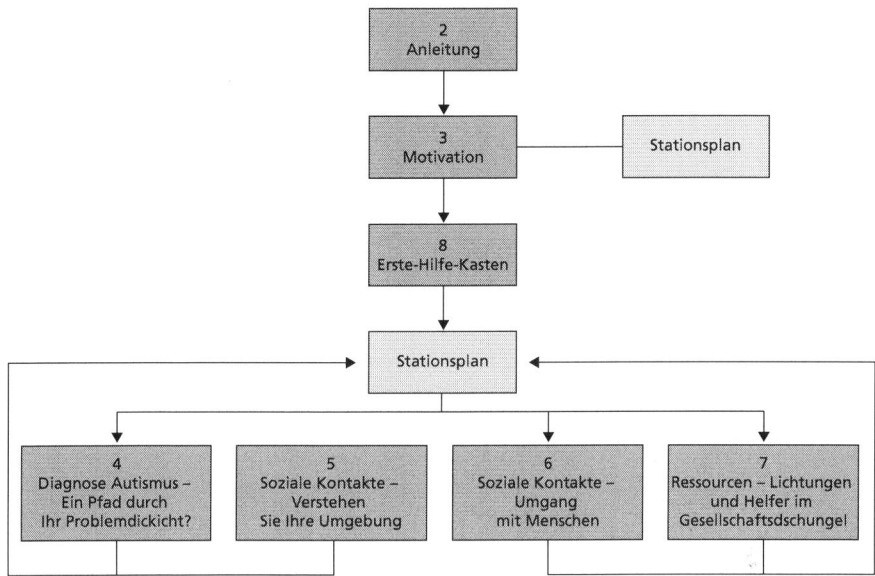

**Abb. 2.2:** Übersicht zum Inhalt des Survial Guides

# 3 Motivation – Ihr Weg durch den Gesellschaftsdschungel

Bei einer Expedition in den Dschungel verlassen Sie Ihre gewohnte Umgebung und ihre Routinen, um einen Schritt ins Unbekannte zu wagen. Der Dschungel ist undurchsichtig und verschlungen, es gibt keine vorgezeichneten Wege. Der »Eingang« muss erst einmal gefunden werden, um den ersten Schritt zu wagen.

Selbst wenn man eine gute Stelle ausfindig gemacht hat, kann es eine schwere Aufgabe sein, sich den Weg ins Unbekannte zu bahnen. Das ist anstrengend und erfordert eine gute Vorbereitung. Insbesondere für ein Wesen wie eine Schneeeule, die so gar nicht an diesen Ort zu passen scheint. Das wirft die Frage auf, wie Ihr erster Schritt in den Gesellschaftsdschungel aussehen kann und – vor allem – wie Sie den Eingang finden können.

Autistische Menschen, die sich in der Öffentlichkeit bewegen, bereiten sich oft akribisch auf ihre Auftritte vor, um im Gesellschaftsdschungel nicht verloren zu gehen. Ein prominentes Beispiel wäre hier Greta Thunberg, die sich für ihre Auftritte und ihr Engagement für die Umwelt detailliert mit der Thematik und den Umständen auseinandersetzt, um möglichst gut durch die Veranstaltungen zu kommen.

**Abb. 3.1:** Die Schneeeule überlegt: Wie kann ich mir einen Weg durch den Dschungel bahnen?

## 3 Motivation – Ihr Weg durch den Gesellschaftsdschungel

**Material**

- 5 Blätter DIN-A4-Papier
- 1 Stift zum Schreiben
- 3 verschiedenfarbige Textmarker
- Klebezettel in zwei unterschiedlichen Farben
- Verschiedenfarbige Bunt- oder Filzstifte

*Gesamtbearbeitungszeit:* ca. 2 Stunden

| Methode | Seite | Zeit | Material | Erledigt |
|---|---|---|---|---|
| Stationsplanung | 23–27 | ☺☺☺ 60–100 Minuten | Stift | |
| Motivationspfad | 27–29 | ☺☺ 30–45 Minuten | 2 DIN-A4-Blätter oder 1 DIN-A3-Blatt Papier, Stift, Klebezettel in zwei verschiedenen Farben, transparentes Klebeband | |
| Umsetzungsplan | 29–30 | ☺ 10–15 Minuten | Stift | |
| Hilfspäckchen Motivationsbegleiter | 30–32 | ☺ 10–15 Minuten | Tabelle »Hilfspäckchen-Sammlung« (Zusatzmaterial zum Download) oder DIN-A4-Blatt Papier, Stift | |

Mit der Methode *Stationsplanung* können Sie sich nun so gut wie möglich auf Ihre Reise durch den Gesellschaftsdschungel mit Ihrem persönlichen Survival Guide vorbereiten und Ihren Bearbeitungsablauf individuell planen.

### Stationsplanung
☺☺☺

- *Zeit:* 60–100 Minuten
- *Material:* Vorbereitete Liste unten, Stift

**Für welche Situationen ist diese Methode geeignet?**

Mit Hilfe der Stationsplanung können Sie feststellen welche Bearbeitungsreihenfolge des Survival Guides für Sie sinnvoll ist.

23

## Wie führe ich die Methode »Stationsplanung« durch?

 Vielleicht fragen Sie sich bei den vielen im Buch besprochenen Themen zu individuellen Besonderheiten, wo Sie jetzt überhaupt anfangen sollen? Um sich einen Überblick verschaffen zu können, finden Sie hier eine kurze Übersicht zu den in den jeweiligen Kapiteln behandelten Themen. Ordnen Sie ein, wie wichtig Ihnen das jeweilige Unterkapitel auf einer Skala von 0 (nicht wichtig) bis 10 (sehr wichtig) ist. So erhalten Sie eine Übersicht und können leichter entscheiden, in welcher Reihenfolge Sie die Kapitel und/oder Unterkapitel bearbeiten möchten.

**Tab. 3.1:** Diagnose Autismus (▶ Kap. 4)

| Inhalt | Skala: 0 (nicht wichtig) bis 10 (sehr wichtig) |
|---|---|
| **1. Will ich das?** Finden Sie heraus, ob der Weg zur offiziellen Diagnose der richtige für Sie ist und welche Besonderheiten Ihr Autismus beinhaltet. | |
| **2. Der Weg zur Diagnose** Lernen Sie Methoden kennen, die Ihnen in der herausfordernden Zeit der Diagnostik eine Stütze sind. | |

**Tab. 3.2:** Soziale Kontakte – Verstehen Sie Ihre Umgebung (▶ Kap. 5)

| Inhalt | Skala: 0 (nicht wichtig) bis 10 (sehr wichtig) |
|---|---|
| **1. Offenlegung der Diagnose** Wie möchten Sie mit Ihren Besonderheiten umgehen? | |
| **2. Sprachgebrauch** Finden Sie Ihre persönlichen Besonderheiten im Sprachgebrauch heraus. | |
| **3. Smalltalk Vorbereitung** | |
| **4. Kleidung** Was können Sie in welchen Situationen tragen und wie kann Kleidung Sie gezielt unterstützen? | |
| **5. Nähe- und Distanzverhalten** Finden Sie Methoden, mit Ihrer persönlichen Distanzzone umzugehen. | |

**Tab. 3.3:** Soziale Kontakte – Umgang mit den Menschen in Ihrer Umgebung (▶ Kap. 6)

| Inhalt | Skala: 0 (nicht wichtig) bis 10 (sehr wichtig) |
|---|---|
| **1. Erstes Einschätzen des Gegenübers** Lernen Sie Wege kennen, wie Sie die Kommunikation und Körpersprache Ihres Gegenüber interpretieren können. | |
| **2. Freunde** Wie Sie Freunde finden, Freundschaften halten und Freundschaften einschätzen, steht in diesem Kapitel im Mittelpunkt. | |
| **3. Familie** Finden Sie Wege, in Ihrer Familie mit Ihren Besonderheiten produktiv umzugehen. | |
| **4. Alltagskontakte** Ordnen Sie Alltagskontakte ein, erkennen und pflegen Sie diese. | |
| **5. Professionelle Begleiter** Finden Sie Wege, Ihre Begegnungen mit Therapeuten, Ärzten, Psychologen und anderen Profis so angenehm und produktiv wie möglich zu gestalten. | |

**Tab. 3.4:** Ressourcen – Lichtungen und Hilfe im Gesellschaftsdschungel (▶ Kap. 7)

| Inhalt | Skala: 0 (nicht wichtig) bis 10 (sehr wichtig) |
|---|---|
| **1. Wohnen** Gestalten Sie Ihren privaten Raum so, dass Sie möglichst viel Energie aus der dort verbrachten Zeit ziehen können. | |
| **2. Schlafen** Finden Sie Möglichkeiten, Ihre Zeit im Bett so erholsam wie möglich zu gestalten. | |
| **3. Ernährung** Lernen Sie Methoden kennen, mit deren Hilfe Sie Ihr Essverhalten an Ihre Besonderheiten anpassen können. | |
| **4. Stimming** Finden Sie Wege, repetitive und entspannende Bewegungen in Ihren Alltag zu integrieren. | |

**Tab. 3.5:** Erste-Hilfe-Kasten (▶ Kap. 8)

| Inhalt | Skala: 0 (nicht wichtig) bis 10 (sehr wichtig) |
|---|---|
| **1. Notfall Kommunikation** Möglichkeiten, mit einer Überlastung und der daraus folgenden Unfähigkeit, sich mitzuteilen, umzugehen | |
| **2. Notfall Wut, Aggression** Wege, mit Ihrer Wut und Aggression schmerzfrei umzugehen. | |
| **3. Notfall Overload** Möglichkeiten, die im Falle eines Overloads helfen können. | |
| **4. Notfall suizidale Gedanken** Wege, sich in einer schweren Zeit Hilfe zu holen und sich, so gut es geht, um sich selbst zu kümmern. | |

Schauen Sie sich nun an, welchen Unterkapiteln Sie den höchsten Stellenwert gegeben haben, und ordnen Sie die Themenfelder in die unten folgende Tabelle ein (▶ Tab. 3.6). Am Anfang stehen die Thematiken, denen Sie die höchste Relevanz zugeordnet haben, die Ihnen also am wichtigsten sind, und unten die, die den niedrigsten Wert auf der Skala erhalten haben.

Falls es Unterkapitel gibt, die den gleichen Stellenwert haben, fragen Sie sich selbst, welches Sie lieber als erstes bearbeiten möchten, und setzen Sie dieses weiter oben ein.

In den folgenden Kasten können Sie nun Ihre geplanten Reihenfolge der Bearbeitung eintragen.

> **Meine persönliche Reihenfolge**
>
> 1.
>
> 2.
>
> 3.
>
> 4.
>
> 5.

Nachdem Sie Ihre persönliche Reihenfolge festgelegt haben, geht es gleich an die Umsetzung. Doch bevor Sie beginnen, legen Sie in der nächsten Methode noch fest, wie Sie es schaffen können, die zwischendurch sicherlich in Teilen anstrengende Auseinandersetzung mit den eigenen Besonderheiten durchzuhalten. Mit Hilfe des Motivationspfades sichern Sie Ihren Erfolg, sodass Sie am Ende mit Spaß und Spannung den Gesellschaftsdschungel durchschreiten können.

> **Motivationspfad**
> ☺☺
>
> - *Zeit*: 30–45 Minuten
> - *Material*: 2 DIN-A4-Blätter oder 1 DIN-A3-Blatt, Stift, Klebezettel in zwei verschieden Farben, transparentes Klebeband

### Für welche Situationen ist diese Methode geeignet?

Sie wissen, was Sie erreichen möchten, fühlen sich aber mit der Bearbeitung manchmal überfordert.

Sie benötigen einen Überblick über den Verlauf und Ideen, wie Sie weitermachen können, wenn es schwierig ist.

### Wie führe ich die Methode »Motivationspfad« durch?

Kleben Sie zwei DIN-A4-Blätter der Länge nach mit einem Klebestreifen zusammen oder benutzen Sie, wenn vorhanden, ein DIN-A3-Blatt.

Legen Sie das Blatt mit der Längsseite nach unten vor sich.

Schreiben Sie als Überschrift »Mein Weg durch den Gesellschaftsdschungel«.

Zeichnen Sie einen Weg über das gesamte Papier, der Ihren Pfad zum Ziel darstellen soll.

Notieren Sie am Anfang des Pfades in kurzen Stichworten den Ist-Zustand:

- Wie gut fühlen Sie sich in Ihrem alltäglichen Leben auf den Gesellschaftsdschungel vorbereitet?
- Welche Schwierigkeiten haben Sie?
- Welche Herausforderungen begegnen Ihnen immer wieder?

Notieren Sie am Ende des Pfades Ihren Wunsch, Ihr Ziel oder Ihre Entwicklungsidee zu der benannten Station:

- Was erhoffen Sie sich wird Ihnen nach dem Bearbeiten des Survival Guides leichter fallen?
- Welche Schwierigkeiten möchten Sie in den Griff bekommen?
- Welche Ressourcen möchten Sie ausbauen?

Schreiben Sie auf jeweils einen Klebezettel die Unterkapitel, die Sie bearbeiten möchten, um so der Erreichung Ihres Vorhabens näher zu kommen.

Kleben Sie die Notizzettel in der Reihenfolge links und rechts vom vorgezeichneten Weg auf, die Sie in Ihrer persönlichen Reihenfolge oben im Text festgehalten haben.

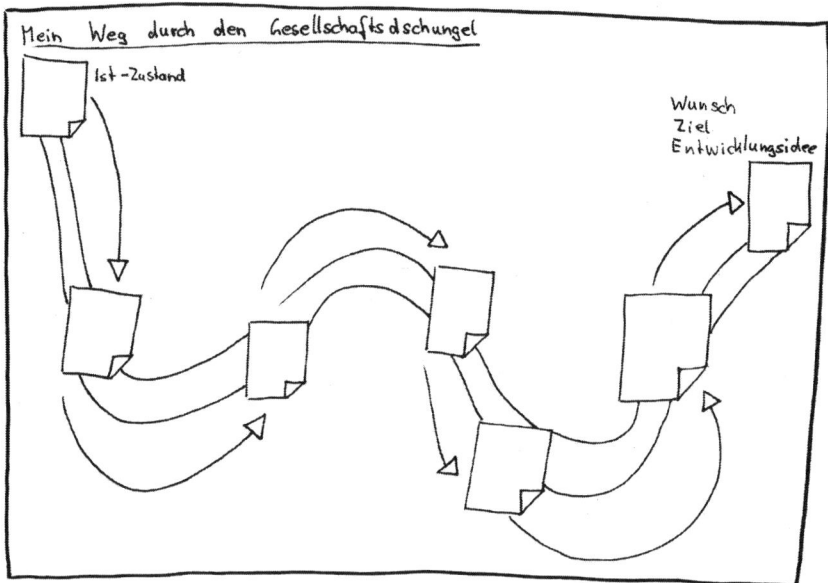

**Abb. 3.2:** Mein Weg durch den Gesellschaftsdschungel

Verbinden Sie nun Ihre Notizzettel mit Pfeilen in Richtung Ihres Vorhabens und notieren Sie neben jedem Pfeil den Zeitraum, den Sie für diesen Teilabschnitt einplanen.

Nutzen Sie andersfarbige Klebezettel, um hierauf die Menschen zu notieren, die Sie zu Ihrer Unterstützung einbinden möchten, und kleben Sie die Notizzettel zu den Teilzielen. Falls Ihnen niemand einfällt, ist das vollkommen in Ordnung. Vielleicht möchten Sie diesen Survival Guide lieber für sich allein bearbeiten.

Jetzt ist Ihr Motivationspfad fertig und Sie können hieraus einen Umsetzungsplan entwickeln.

**Ergänzung**
*Wenn Sie das Gefühl haben, dass es wichtig für Sie ist herauszufinden, mit welchen Menschen Sie diesen Survival Guide bearbeiten möchten, können Sie die folgende Methode ausprobieren.*

> **Einordnung sozialer Kontakte**
>
> Mit Hilfe dieser Methode gelingt es Ihnen herauszufinden, mit welchen Menschen Sie sich wohl fühlen würden, den Survival Guide ganz oder in Teilen zu bearbeiten.

# 3 Motivation – Ihr Weg durch den Gesellschaftsdschungel

> **Tipps**
>
> *Notieren Sie unter Ihren Notizzetteln der Unterkapitel überall eine kleine Belohnung, die Sie sich gönnen, um sich fürs Dranbleiben zu belohnen oder auch dafür, wieder weitergemacht zu haben.*
>
> *Bauen Sie Kontrollstützpunkte in Ihren Pfad ein, an denen Sie eine Person Ihres Vertrauens bitten, wohlwollend und fürsorglich nachzufragen, ob Sie weiterhin Ihren Motivationspfad beschreiten.*
>
> *Gönnen Sie sich Zeiträume, um Ihren Weg zu korrigieren und Teilziele zu verschieben. Sehen Sie die hierdurch wachsenden Erfahrungen und Selbstreflexionen als Zugewinn auf Ihrem Weg der authentischen Selbsteinschätzung.*

### Umsetzungsplan

- *Zeit*: 10–15 Minuten
- *Material*: 1 Stift

**Für welche Situationen ist diese Methode geeignet?**

Da sich nicht alle Ideen zur Veränderung Ihrer Lebenssituation sofort umsetzen lassen, sollten Sie sich einen Überblick über Ihre Handlungsschritte verschaffen.

**Wie führe ich die Methode »Umsetzungsplan« durch?**

Übertragen Sie die Ergebnisse aus dem Kasten, in dem Sie Ihre persönliche Reihenfolge festgelegt haben, wie folgt in Ihren Umsetzungsplan (▶ Tab. 3.6):

- Notieren Sie die voraussichtlich nötige Energie für Ihr Vorhaben.
- Übertragen Sie auch Ihre »Unterstützermenschen« für die Unterkapitel, bei denen Ihnen jemand helfen könnte.
- Notieren Sie Ihre festgelegten Zeiträume.
- Übertragen Sie Ihre Motivationsbelohnungen oder legen Sie diese fest.

**Hinweis**
*Wichtig ist bei Ihrem Umsetzungsplan nicht, dass Sie so schnell wie möglich vorwärtskommen, sondern das Sammeln positiver Selbstbestätigung.*

In einigen Kapiteln werden Sie sogenannte »Hilfspäckchen« finden. Dabei handelt es sich um Hinweise, kurze Methoden, Tipps und Tricks, die Ihnen dabei helfen können, Ihren Energierucksack zu füllen oder mit schwierigen Situationen gut zurechtzukommen. Jedes von Ihnen entdeckte Päckchen bringt Ihnen für den Alltag Kraft, Gelassenheit und Durchhaltevermögen.

**Tab. 3.6:** Umsetzungsplan

| Unterkapitel | Energieaufwand 0 bis 10 | Unterstützermensch | Festgelegter Zeitraum | Motivationsbelohnung |
|---|---|---|---|---|
| 1. | | | | |
| 2. | | | | |
| 3. | | | | |
| 4. | | | | |
| 5. | | | | |
| 6. | | | | |

Beim Zusatzmaterial zum Download finden Sie die Tabelle »Hilfspäckchen-Sammlung«, in die Sie alle von Ihnen für hilfreich befundenen Hilfspäckchen eintragen können. Diese Tabelle können Sie, während Sie mit dem Survival Guide arbeiten, immer weiter ausfüllen. Zum Schluss haben Sie so eine gute Übersicht über Ihre persönlichen Möglichkeiten, Ihre Ressourcen aufzufüllen.

> **Hilfspäckchen Motivationsbegleiter**
>
> - *Zeit:* 10–15 Minuten
> - *Material:* Tabelle »Hilfspäckchen-Sammlung« (Zusatzmaterial zum Download) oder DIN-A4-Blatt Papier und Stift

**Für welche Situationen ist diese Methode geeignet?**

Mit Hilfe der »Motivationsbegleiter« finden Sie verschiedene Tipps und Tricks, die Sie dabei unterstützen, motiviert fortzuschreiten. Das hilft Ihnen zum einen beim Bearbeiten dieses Buchs und zum anderen dabei, Situationen in Ihrem Alltag durchzustehen, in denen Sie Hilfe brauchen, um motiviert zu bleiben.

## Wie führe ich die Methode »Motivationsbegleiter« durch?

Suchen Sie sich die Hinweise heraus, die für Sie in Ihrem Leben umsetzbar und hilfreich sind. Notieren Sie die für Sie in Frage kommenden Tipps in der Tabelle »Hilfspäckchen-Sammlung« (Zusatzmaterial zum Download) oder auf einem Blatt Papier. So können Sie auf einen Blick klar erkennen, welche Unterstützungsmöglichkeiten Ihnen zur Verfügung stehen.

### Tipps

*Hier sind einige Möglichkeiten aufgeführt, die Ihnen auf dem Weg durch den Gesellschaftsdschungel auf Dauer eine Stütze sein können. Suchen Sie sich eine aus, die gut in Ihren Alltag passt oder die Sie neugierig macht. Probieren Sie einfach aus, welche »Motivationssammlung« gut in Ihr Leben passt.*

- **Motivationskiste**
  Suchen Sie sich einen leeren Kasten, zum Beispiel einen Schuhkarton, und sammeln Sie in ihm Schönes, das Ihnen im Alltag begegnet. Das können Steine sein, die Ihnen im Alltag besonders auffallen, oder auch ein Blatt, das Sie für dieses Buch bearbeitet haben und das Ihnen besonders geholfen hat. Im Grunde gehört alles in diese Kiste, was Ihnen in den Momenten, in denen Sie unmotiviert sind, helfen wird, sich an die positiven Seiten zu erinnern, um so gestärkt Ihre Ziele weiterzuverfolgen.
- **Erfolgsjournal**
  Nehmen Sie sich ein kleines Büchlein, vielleicht haben Sie ein besonders schönes, das noch auf seinen Einsatz wartet, und schreiben Sie jeden Erfolg, auf den Sie erleben. Das kann das Durcharbeiten eines Kapitels sein oder vielleicht eine Methode, die Sie in Ihren Alltag integrieren konnten. Selbstverständlich gehören auch Dinge hierhin, die Ihnen im Alltag gelungen sind. Nehmen Sie dann dieses Büchlein zur Hand und notieren Sie in Stichpunkten Ihren Erfolg.
- **Sticker Pappe**
  Nehmen Sie ein Stück Pappe und hängen Sie es sich an eine Wand oder eine Türe; wichtig ist, dass Sie regelmäßig in Ihrem Alltag an diesen Platz schauen. Nun legen Sie einen Bogen mit Stickern, die Ihnen besonders gut gefallen, in die Nähe dieser Pappe. Sie können den Bogen auch mit einer Heftklammer oder Ähnlichem an der Pappe befestigen, wenn Sie mögen. Jedes Mal, wenn Sie einen Erfolg verzeichnen oder ein Ziel erreicht haben, können Sie nun einen Sticker auf die Pappe kleben. Mit der Zeit wird sich dieser Bogen füllen und Sie können sehen, wie viel Sie schon geschafft haben.
- **Jahreserfolgssammlung**
  Hängen Sie sich ein großes Blatt oder eine Pappe in der Wohnung auf. Wählen Sie einen Ort, an dem Sie regelmäßig vorbeigehen und den Sie in Ihrem Alltag immer wieder im Blick haben. Unterteilen Sie das Blatt in Zeitabschnitte, also beispielsweise in die Anzahl von Monaten, in denen Sie mit diesem Buch arbeiten, oder in die Anzahl der Wochen, an denen Sie an einem bestimmten

Kapitel arbeiten. Nun können Sie jedes Mal, wenn Ihnen etwas Schönes oder Interessantes passiert, wenn Sie einen Vorsatz umgesetzt oder ein Ziel erreicht haben, etwas auf das Blatt kleben, schreiben oder malen. Dabei bleibt es Ihnen überlassen, welche Form Sie wählen. Sie können Kassenbons ausschneiden und aufkleben, kleine Zeichnungen, die stellvertretend für das Ereignis stehen, aufmalen oder ein paar Stichpunkte aufschreiben.

**Eigene Gedanken**

# 4 Diagnose Autismus – Ein Pfad durch Ihr Problemdickicht?

**Abb. 4.1:** Der Weg zur Diagnose

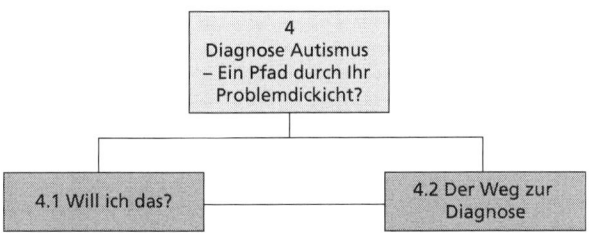

**Abb. 4.2:** Übersicht zum Inhalt von Kapitel 4

So wie das Durchwandern eines Dschungels sollte auch das Anstreben einer möglichen Diagnose gut vorbereitet sein. In diesem Kapitel erwarten Sie verschiedene Methoden, die Ihnen dabei helfen, sich einen Weg durch die Überlegungen eine Diagnose betreffend zu bahnen. Hierbei werden verschiedenste Faktoren, die Sie und Ihre Umwelt betreffen, berücksichtigt.

Jede Expedition muss individuell geplant werden. Es gilt abzuwägen, mit welchen Erwartungen Sie an eine mögliche Autismus-Diagnose herantreten.

Möglicherweise haben Sie fachgerechte Unterstützung, beispielsweise eine autismusspezifische Therapie, im Sinn und möchten daher eine offizielle Diagnose anstreben. Oder Sie möchten einen Schwerbehindertenausweis beantragen, der Ihnen zu mehr Urlaubstagen verhelfen könnte, um so die Belastungen des Gesellschaftsdschungels ein wenig zu verringern. Vielleicht ist es Ihnen, wie den meisten betroffenen Menschen auch, einfach wichtig zu wissen, warum Sie sich so anders als der Großteil Ihrer Mitmenschen im Gesellschaftsdschungel fühlen. All diese Gründe sind selbstverständlich vollkommen legitim.

Es gibt im Bereich des öffentlichen Interesses immer wieder Menschen, die entweder die offizielle Diagnose Autismus erhalten haben, oder solche, die sich selbst oder die die Öffentlichkeit »diagnostiziert« beziehungsweise dem Autismus-Spektrum zugeordnet hat. Ein Beispiel für Letzteres sind Albert Einstein oder Wolfgang Amadeus Mozart. Neuere Beispiele sind Karl Lagerfeld, der sich selbst dem Autismus-Spektrum zuordnete, oder Greta Thunberg, die eine offizielle Diagnose hat. Je nachdem in welchen Bereichen Menschen tätig sind und mit wem sie Kontakt haben, geben sie ihre Diagnose bekannt oder eben nicht. Auch berühmte Persönlichkeiten wägen für sich also ab, ob sie eine offizielle Diagnostik in Angriff nehmen, und wenn ja, wie sie mit dem Ergebnis umgehen möchten.

Dieses Kapitel soll Ihnen helfen, sich über diese verschiedenen Aspekte Gedanken zu machen und eine persönliche Abwägung zu treffen.

Es soll an dieser Stelle betont werden, dass eine Diagnostik im Erwachsenenalter nicht einfach ist. Geeignete Diagnosestellen sind rar ebenso wie ausgewiesenen Experten in diesem Fachbereich. Falls Sie sich für einen Diagnoseweg entscheiden, sollten Sie sich auf jeden Fall auch mit der Möglichkeit befassen, dass Sie keine Autismus-Diagnose erhalten könnten.

Die folgenden Methoden sollen Ihnen bei diesem Entscheidungsprozess ein Unterstützung sein.

## 4.1 Will ich das? Themeneinstieg: Beweggründe klären

Bevor Sie in den Dschungel aufbrechen, ist es hilfreich, sich einen Überblick über den Weg zu verschaffen, der vor Ihnen liegt. Auch die Schneeeule, die ihre neue Umgebung erkundet, fliegt zunächst eine Aufklärungsrunde, bevor sie sich in das Dickicht des Dschungels wagt. Die Aufklärungsrunde kann auch für Sie hilfreich sein: Sie schauen sich die Strecke an, auf der Sie wandern werden, und versuchen, die Herausforderungen, die vor Ihnen liegen, vorherzusehen und einzuschätzen. Diese Vorbereitung ist auch bei dem Aufbruch zu einer Autismus-Diagnose wichtig.

Der unten abgebildete Methodenpfad soll Ihnen als grober Überblick dienen. Er zeigt Ihnen die einzelnen Stationen der Auseinandersetzung und die Abwägungen des Entscheidungsprozesses. Die Stationen sowie die zur Durchführung notwendigen Zeitfenster und das dafür bereitzulegende Material finden Sie zur Vorbereitung in der folgenden Tabelle (▶ Tab. 4.1). So erhalten Sie zu jeder Zeit eine schnelle Orientierung über Ihren Entscheidungsprozess und die aufgeführten Methoden lassen sich anhand der Symbole immer wieder schnell zuordnen.

### Material

- 4 Blätter DIN-A4-Papier
- 1 Stift zum Schreiben
- 3 verschiedenfarbige Textmarker
- Verschiedenfarbige Bunt- oder Filzstifte
- Checkliste (▶ Tab. 4.1)

*Gesamtbearbeitungszeit:* ca. 3 Stunden

| Methode | Seite | Zeit | Material | Erledigt |
|---|---|---|---|---|
| Checkliste | 35–37 | ◐ 15–30 Minuten | Stift, Liste | |
| Denkbild | 38–39 | ◐◐ 40–60 Minuten | DIN-A4-Blatt Papier, verschiedenfarbige Stifte, Textmarker | |
| Heldenfigur | 39–40 | ◐◐ 20–30 Minuten | DIN-A-4 Blatt Papier und Stift | |
| Liste | 41–42 | ◐◐ 20–40 Minuten | Papier und Stift, drei verschiedenfarbige Textmarker | |
| Eine Hand voll Reflexion – Teil 1 | 42–44 | ◐◐ 15–60 Minuten | DIN-A4-Blatt Papier, Stift | |
| Eine Hand voll Reflexion – Teil 2 | 44–46 | ◐ 3–5 Minuten | Keines | |

### Checkliste
◐◐

- *Zeit:* 15–30 Minuten
- *Material:* Vorbereitete Liste unten, Stift

## Für welche Situationen ist diese Methode geeignet?

Eine Checkliste kann helfen, erste Gedanken zu einer Entscheidung zu ordnen und die Fragestellung auf den Punkt zu bringen.

## Wie führe ich die Methode »Checkliste« durch?

 Für die Entscheidung zur Diagnostik finden Sie weiter unten eine vorgefertigte Checkliste (▶ Tab. 4.1). Gehen Sie folgendermaßen vor:

- Lesen Sie die erste Fragestellung und kreuzen Sie an, was Ihnen zutreffend erscheint.
- Sollten Sie feststellen, dass Sie die darunter folgenden Fragen ablenken, nutzen Sie ein unbeschriebenes Blatt Papier als Lesezeichen. So sind die folgenden Fragen abgedeckt und Sie können sich in Ruhe auf die vor Ihnen liegende Frage konzentrieren.
- Ist eine Frage für Sie unklar, kennzeichnen Sie diese, indem Sie die Ziffer am Beginn der Frage einkreisen und daneben ein Fragezeichen setzen. Diese Frage sollten Sie zuerst mit einem vertrauten Menschen besprechen und danach beantworten.
- Wenn alle Fragen beantwortet sind, markieren Sie die für Sie zutreffendsten Aussagen.
- Mit diesen Schwerpunkten können Sie in der nachfolgenden Methode *Denkbild* weiterarbeiten.

Tab. 4.1: Checkliste für die Entscheidung zur Diagnostik

| | Trifft nicht zu | Trifft eher nicht zu | Trifft eher zu | Trifft voll zu |
|---|---|---|---|---|
| Möchte ich mich über die Diagnose besser verstehen können? | ☐ | ☐ | ☐ | ☐ |
| Brauche ich eine Erklärung für mein »Anderssein«? | ☐ | ☐ | ☐ | ☐ |
| Benötige ich eine Bestätigung von außen für mein »Anderssein«? | ☐ | ☐ | ☐ | ☐ |
| Brauche ich Hilfen und Unterstützung (z. B. autismusspezifische Therapie), für die ich eine Diagnose benötige? | ☐ | ☐ | ☐ | ☐ |
| Brauche ich Unterstützung im Arbeits- oder Ausbildungsumfeld (z. B. Integrationshilfe, Hilfe bei Kommunikation oder Strukturierung)? | ☐ | ☐ | ☐ | ☐ |
| Brauche ich Hilfe, um Strategien gegen Stress auszuarbeiten? | ☐ | ☐ | ☐ | ☐ |

**Tab. 4.1:** Checkliste für die Entscheidung zur Diagnostik – Fortsetzung

| | Trifft nicht zu | Trifft eher nicht zu | Trifft eher zu | Trifft voll zu |
|---|---|---|---|---|
| Brauche ich einen Schwerbehindertenausweis (z. B. für besonderen Kündigungsschutz, Vergünstigungen im Alltag)? | ☐ | ☐ | ☐ | ☐ |
| Benötige ich bei Prüfungen (Studium, Schule, Ausbildung etc.) einen Nachteilsausgleich? | ☐ | ☐ | ☐ | ☐ |
| Brauche ich Hilfe in sozialen Situationen (z. B. durch in Therapien erarbeitete Strategien)? | ☐ | ☐ | ☐ | ☐ |
| Leide ich darunter, nicht diagnostiziert zu sein? | ☐ | ☐ | ☐ | ☐ |
| Habe ich genügend Unterstützung, um einen anstrengenden Diagnoseprozess durchzustehen? | ☐ | ☐ | ☐ | ☐ |
| Bin ich in einer Situation im Leben, in der ich die Zeit und die Nerven habe, die Diagnosegespräche zu meistern? | ☐ | ☐ | ☐ | ☐ |
| Bin ich bereit, über meine Schwierigkeiten in Kindheit und Jugend zu sprechen? | ☐ | ☐ | ☐ | ☐ |
| Unterstützen mich die Menschen um mich bei einem Diagnoseprozess? | ☐ | ☐ | ☐ | ☐ |
| Habe ich die Nerven, auf die Diagnose zu warten (lange Wartelisten etc.)? | ☐ | ☐ | ☐ | ☐ |
| Könnte ich damit umgehen, die Diagnose nicht zu bekommen? | ☐ | ☐ | ☐ | ☐ |
| Habe ich eine Idee, wie ich ohne Diagnose weiter vorgehe? | ☐ | ☐ | ☐ | ☐ |
| Kann mich jemand, dem ich vertraue, zu den Diagnoseterminen begleiten? | ☐ | ☐ | ☐ | ☐ |

Durch die Checkliste sind Sie nun gedanklich intensiv auf Ihre Entscheidung vorbereitet. Vielleicht sind Ihnen bereits beim Ausfüllen und Durchdenken der Checkliste Schwerpunkte aufgefallen oder Besonderheiten in der Auswirkung der anstehenden Entscheidung klarer geworden.

Die nächste Station auf Ihrem Entscheidungspfad soll es Ihnen ermöglichen, die gewonnenen Schwerpunkte zu variieren und zu ergänzen.

# 4 Diagnose Autismus – Ein Pfad durch Ihr Problemdickicht?

> **Denkbild**
> ☺☺
>
> - *Zeit*: 40–60 Minuten
>   *Material*: DIN-A4-Blatt, verschiedenfarbige Stifte, Textmarker

**Für welche Situationen ist diese Methode geeignet?**

Immer wenn Sie etwas beschäftig und Sie Ihre Gedanken ordnen möchten, ist ein Denkbild eine gute Möglichkeit, zunächst alles aus dem Kopf zu bekommen, was Ihnen dazu einfällt. Die Methode unterstützt Ihr assoziatives Denken und Sie haben die Chance, einfach alles, was in Ihrem Kopf herumschwirrt, völlig wertfrei und neutral zu Papier zu bringen. Dieser Prozess unterstützt dabei, Gedanken loszulassen, neue Ansätze zu finden, eine Struktur zu entdecken und/oder festzulegen, um so in der Folge neue Ideen zu entwickeln.

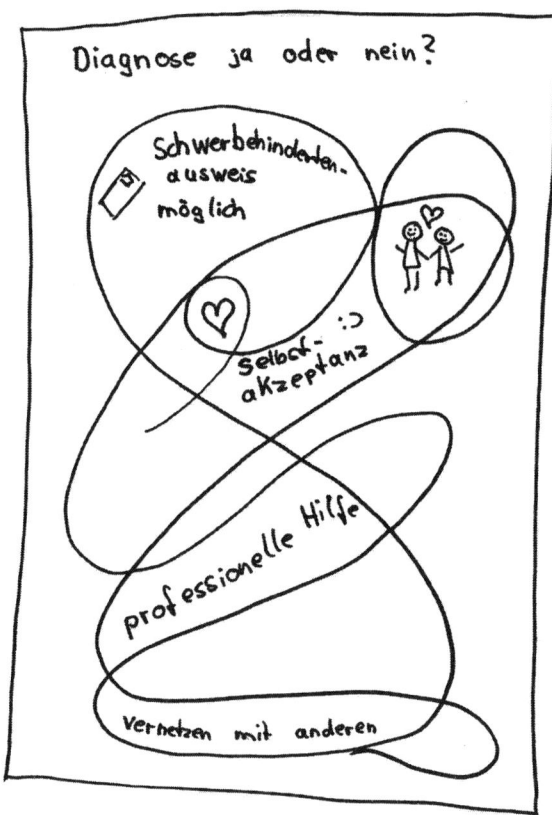

**Abb. 4.3:** Denkbild

**Hinweis**
*Auf diese Weise nähern Sie sich dem Thema noch einmal neu!*

### Wie führe ich die Methode »Denkbild« durch?

1. Sorgen Sie dafür, die Übung möglichst ungestört durchführen zu können.
2. Es ist gut, wenn Sie sich an einen Ort begeben, an dem Sie sich wohl fühlen.
3. Schreiben Sie Ihre Fragestellung als »Überschrift« auf ein leeres Blatt Papier.
4. Nehmen Sie einen Stift und setzen Sie diesen irgendwo auf dem Blatt auf. Führen Sie den Stift in schlaufenförmigen Linien, die sich immer mal wieder kreuzen, so lange über das Blatt, bis Sie es nach Ihrer Einschätzung gut gefüllt haben.
5. Beschriften, skizzieren und strukturieren Sie die entstandenen Zwischenflächen nun mit allen Eindrücken, Begriffen und Überlegungen, die Ihnen hinsichtlich der gewählten Fragestellung durch den Kopf gehen.
6. Füllen Sie die Zwischenräume auf diese Weise, bis Sie alle Aspekte integriert haben.
7. Blicken Sie nun auf Ihr Denkbild und suchen Sie nach Ansätzen zu Ihrer Fragestellung.
   Dazu können Sie folgendermaßen vorgehen:
   – Färben Sie ähnliche Aspekte gleichfarbig ein.
   – Erarbeiten Sie Verweise mit Pfeilen.
   – Markieren Sie besonders Interessantes.
   – Heben Sie Neues hervor.
   – Suchen Sie nach Überraschendem und kennzeichnen Sie dies.

Durch Ihr Denkbild ist es Ihnen gelungen, sich dem Thema intensiv zu nähern und eine persönliche Struktur miteinzubringen. Um den Entscheidungsprozess weiter zu fördern, nutzen Sie als Nächstes eine Figur aus Ihrem Leben, die Sie bewundern. In der folgenden Methode haben Sie so die Möglichkeit, eine weitere Perspektive in den Entscheidungsprozess mit einzubeziehen, um so Ihrer individuellen Entscheidung näher zu kommen.

### Heldenfigur

- *Zeit:* 20–30 Minuten
- *Material:* DIN-A4-Blatt Papier und Stift bereitlegen

### Für welche Situationen ist diese Methode geeignet?

In Momenten von Grübeleien, Abwägungen oder verwirrenden Gedanken kann diese Methode Ruhe und Orientierung ins Gedankenchaos bringen.
   Ihre Heldenfigur vertritt Ihre persönlichen Werte und Normen, sie repräsentiert Ziele, Persönlichkeitsanteile und Charaktereigenschaften, die für Sie erstrebenswert

erscheinen. Aus diesen Gründen ist Ihre Heldenfigur für Sie ein guter Ratgeber, den Sie jederzeit für sich im Gesellschaftsdschungel gedanklich »hervorzaubern« und »befragen« können.

**Wie führe ich die Methode »Heldenfigur« durch?**

Suchen Sie sich einen ungestörten Platz, wo Sie für die Zeit der Übung keiner stört. Wichtig ist, dass Sie sich an diesem Platz wohl fühlen und sich ein wenig entspannen können.

Legen Sie Ihr Schreibmaterial in greifbarer Nähe ab und machen Sie es sich gemütlich. Schließen Sie die Augen, atmen Sie drei Mal tief ein und aus und lassen Sie Ihre Atmung fließen, ohne darauf Einfluss zu nehmen. Spüren Sie in sich hinein und folgen Sie in Gedanken für einen Moment Ihrer Atmung.

Genießen Sie bewusst diese Zeit, die Sie sich nun für einen kleinen Gedankenspaziergang nehmen.

In dieser Zeit der Ruhe überlegen Sie, welche Heldenfiguren Ihnen in Ihrem Leben wichtig waren oder sind. Welche Vorbilder begleiten Sie und welche Figuren waren Ihnen bereits als Kind besonders wichtig? Wenn es Ihnen hilft, durchwandern Sie die verschiedenen Entwicklungsphasen und Abschnitte Ihres Lebens (Ausbildung, Studium, Pubertät, Schulalter, Kleinkindalter usw.).

Entscheiden Sie sich dann für eine Heldenfigur, die Sie gerade besonders anspricht. Lassen Sie diese Figur vor Ihrem geistigen Auge erscheinen und beginnen Sie einen inneren Dialog mit ihr. Fragen Sie sie nach ihrer Meinung zu Ihrem Vorhaben, zu Ihren Argumenten und Bedenken. Tauschen Sie sich mit Ihrer gewählten Figur aus und lassen Sie sich beraten.

Nach einer Zeit beenden Sie den inneren Dialog, atmen tief ein und aus und öffnen die Augen wieder. Strecken und räkeln Sie sich. Als Nächstes nehmen Sie den bereitgelegten Stift und notieren alle für Sie wichtigen Aspekte aus dem inneren Dialog mit Ihrer Heldenfigur.

Markieren Sie dann Ansätze, die Sie weiterverfolgen wollen.

**Meine Heldenfiguren**

Sie sind nun bereits an der dritten Station Ihres Entscheidungspfades angekommen. Die nächste Station fasst die Erkenntnisse aus den vorangegangenen Methoden zusammen und führt sie weiter. Ihre Aussagen werden durch die folgende Station *Liste* immer weiter zusammengebracht, sodass sich am Ende Ihre Entscheidung abzeichnet.

## Liste
☺ ☺

- *Zeit:* 20–40 Minuten
- *Material:* DIN-A4-Blatt Papier und Stift, drei verschiedenfarbige Textmarker

**Für welche Situationen ist diese Methode geeignet?**

Eine *Liste* eignet sich für Situationen, in denen Sie sich von einer Entscheidung überfordert fühlen und die Menge an unterschiedlichen bereits mehrfach durchdachten Argumenten sich nicht deutlich zuordnen lassen. Wenn sich trotz intensiven Nachdenkens über die Situation keine klare Position oder eindeutige Aussage für Sie ergibt, unterstützt die *Liste* und deren Bearbeitung Ihren Entscheidungsprozess und führt Sie so zum Ziel.

**Wie führe ich die Methode »Liste« durch?**

**Schritt 1**
Knicken Sie ein DIN-A4-Blatt der Länge nach in der Mitte. Legen Sie die gefalteten Seiten aneinander und benennen Sie eine Spalte mit »Pro« und eine mit »Contra«.

Nehmen Sie ein weiteres Blatt, falten Sie es auf die gleiche Weise und benennen Sie es mit »Unsicher«. Hier können Sie Argumente einsortieren, bei denen Sie sich nicht entscheiden können oder die in keiner der beiden Kategorien einzusortieren sind.

Versuchen Sie nun, alle in den vorherigen Methoden gesammelten Argumente einzuordnen.

**Schritt 2**
Öffnen Sie das Blatt mit den »unsicheren« Aspekten. Versuchen Sie hinter den Argumenten in die Spalte zu notieren, wer oder was Ihnen helfen könnte, die Unsicherheit zu klären.

Versuchen Sie auf diese Weise nach und nach die »unsicheren« Aspekte mit den notierten Ideen zu klären und ebenfalls in Ihre Pro- und Contra-Listen einzuordnen. Oder Sie gehen direkt weiter zu Schritt 3.

**Schritt 3**
Sortieren Sie nun Ihre Argumente:

A Ist mir wichtig.
B Ist Menschen, die mir wichtig sind, wichtig.
C Ist wichtig für meine Existenzsicherung.

Lassen Sie, wenn Sie mögen, auch eine Ihnen vertraute Person die Liste bewerten.

Um nun zu einer Entscheidung zu gelangen, ordnen Sie den Buchstaben Farben von Textmarkern zu. Markieren Sie alle A-, B- und C-Argumente mit den entsprechenden Farben. Betrachten Sie Ihr Ergebnis unter folgenden Fragestellungen:

1. Welche Farbe überwiegt?
2. Wo gibt es Argumente, die alle drei oder auch zwei Aspekte beinhalten?
3. In welcher Spalte befinden sich die meisten Argumente, die Ihnen wichtig sind?
4. Welche Schlüsse ziehen Sie daraus?
5. Wie lautet Ihre Entscheidung?

Weitreichende Entscheidungen zu treffen kann eine große Herausforderung bedeuten. Eine Reise durch den Dschungel, auf die Sie sich nicht umfassend vorbereitet haben, kann übel enden und viel Kraft kosten. Die falsche oder nicht vollständige Ausrüstung, fehlende ortskundige Helfer, mangelnde körperliche Ausdauer, zu geringe Finanzen, alles das kann den Erfolg einer Dschungelexpedition einschränken und massiv gefärden.

Ganz ähnlich gefährlich kann ein unvorbereiteter Ausflug in den Gesellschaftsdschungel ablaufen.

**Hinweis**
*Bitte überprüfen Sie Ihre Entscheidung umfassend!*

Die folgende Methode *Eine Hand voll Reflexion* zeigt Ihnen zwei unterschiedliche Durchführungsarten, um die wichtigsten Lebensbereiche in Ihrer Reflexion zu berücksichtigen.

Für die ersten Durchführungsbeschreibung benötigen Sie eine Rückzugsmöglichkeit und ein Zeitfenster von mindestens 15 Minuten.

Die zweite Durchführungsmöglichkeit lässt sich im Alltag, in sozialen Interaktionen schnell und unauffällig einsetzen.

---

**Eine Hand voll Reflexion – Teil 1**
**Erste Durchführungsmöglichkeit**
☺☺

- *Zeit*: 15–60 Minuten
- *Material*: DIN-A4-Blatt Papier und Stift

---

**Für welche Situationen ist diese Methode geeignet?**

Um eine möglichst durchdachte Entscheidung zu fällen, ist es gut, diese Vorgehensweise zur Unterstützung durchzuführen. Entscheidungen bringen in der Regel Veränderungen mit sich, die Auswirkungen auf die unterschiedlichsten Lebensbereiche haben können. Diese Methode unterstützt Sie dabei, die relevantesten Lebensbereiche kurz und prägnant in Ihre Abwägung einzubeziehen.

## Wie führe ich die Methode »Eine Hand voll Reflexion« durch?

Legen Sie ein Blatt Papier vor sich hin. Dann legen Sie die Hand, die nicht ihre Schreibhand ist (bei einem Rechtshänder also die linke Hand und bei einem Linkshänder die rechte Hand), in die Mitte des Blatts. Jetzt setzen Sie den Stift neben dem Handgelenk auf das Papier auf und fahren an den Außenkanten Ihrer Hand mit dem Stift entlang, sodass eine Linie rund um Ihre Hand entsteht, die dieselbe in ihren Umrissen zeigt.

Heben Sie die Hand vom Blatt ab. Vor Ihnen liegt ein Papier, das die Umrisse von fünf Fingern zeigt. Diese Umrisse nutzen Sie nun zur Reflexion Ihres Themas.

Beginnen Sie beim Daumen und gehen Sie dann in der unten aufgeführten Abfolge die Finger mit den angegliederten Lebensbereichen durch (▶ Abb. 4.4).

Schreiben Sie Ihre Gedanken in den jeweiligen Finger auf dem Papier. Reicht der Platz nicht, erweitern Sie mit Pfeilen daneben.

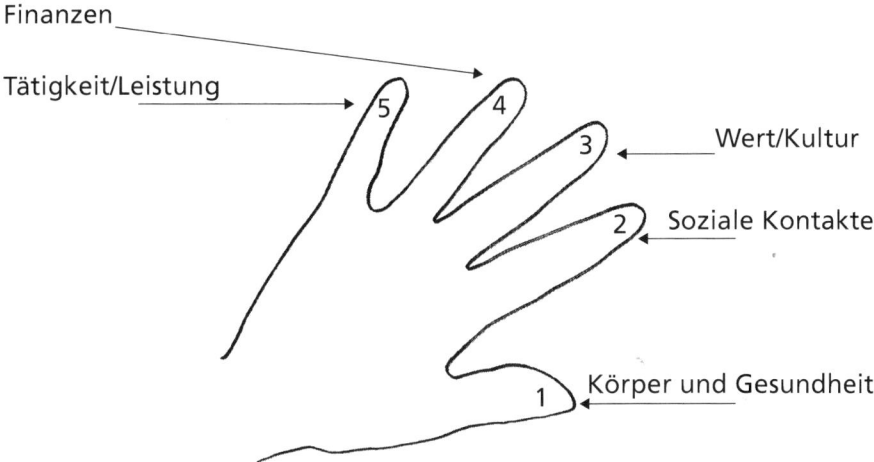

**Abb. 4.4:** Eine Hand voll Reflexionen – die relevanten Lebensbereiche

Zur weiteren Bewertung Ihrer Überlegungen nutzen Sie zwei unterschiedlich farbige Textmarker und kennzeichnen mit einer Farbe die Aspekte, die für Sie positiv sind, und die andere Farbe bringen Sie dort an, wo Sie Negatives in Kauf nehmen.

Nun können Sie an der Farbverteilung sehen, wie viel Negatives bzw. Positives bei Ihrer Entscheidung zu erwarten ist. Die Entscheidung wird Ihnen dann entsprechend leichter fallen.

**Tab. 4.2:** Einbeziehung relevanter Lebensbereiche in den Entscheidungsprozess – Teil 1

| Daumen | Körper und Gesundheit<br>• Ernährung<br>• Entspannung<br>• Fitness<br>• Erholung | Hier geht es um Ihr körperliches und seelisches Wohlbefinden. Ist das, was Sie anstreben, gut für Sie? |
|---|---|---|
| Zeigefinger | Soziale Kontakte<br>• Familie<br>• Freunde<br>• Zuwendung<br>• Anerkennung | In Ihrem Umfeld gibt es verschiedene Menschen, die Sie begleiten. Was bedeutet Ihre Entscheidung in Bezug auf diese Personen? |
| Mittelfinger | Wert/Kultur<br>• Erfüllung<br>• Selbstverwirklichung<br>• Lebensphilosophie<br>• Persönlicher Glaube | Nach welchen Kriterien richten Sie Ihr Ihr Leben aus? Was ist Ihnen wichtig? Wer oder was trägt zu Ihrer Zufriedenheit bei? Woraus schöpfen Sie Hoffnung und Zuversicht? Hieraus ergeben sich Ihre persönlichen Werte.<br>Welche dieser persönlichen Werte sind von Ihrer Entscheidung betroffen? |
| Ringfinger | Finanzen<br>• Wohlstand<br>• Vermögen | Hier geht es um Ihren materiellen Hintergrund. Aus welchen Geldquellen (z. B. Lohn, Gehalt, staatliche Unterstützung, sonstige Einnahmen) bestreiten Sie ihren Lebensunterhalt?<br>Was hätte Ihre Entscheidung für Auswirkungen auf diesen Teil Ihres Lebens? |
| Kleiner Finger | Leistung/Tätigkeit<br>• Arbeit<br>• Erfolg<br>• Karriere<br>• Erfüllung | Alles, was Sie in Ihrem Alltag tun, um Ihr Leben zu organisieren und zu finanzieren.<br>Welche Folgen hätten die Entscheidungen für das, was Sie an Tätigkeiten und Arbeit umsetzen? |

## Eine Hand voll Reflexion Teil 2 – Zweite Durchführungsmöglichkeit

- *Zeit*: 3–5 Minuten
- *Material*: Ihre Hand

### Für welche Situationen ist diese Methode geeignet?

Sicher kennen Sie Situationen, in denen Sie kaum die Möglichkeit haben, sich intensiv mit einer Abwägung der Auswirkungen Ihrer möglichen Entscheidung zu beschäftigen. Im Gesellschaftsdschungel wird häufig erwartet, dass Sie sich »spontan« entscheiden, ob Sie beispielsweise einen gemeinsamen Termin am Abend wahrnehmen oder nicht. In solchen und ähnlichen Situationen können Sie nach einer kurzen Zeit der Eingewöhnung sehr einfach mit Hilfe einer Ihrer Hände eine recht umfassende Reflexion vornehmen. Auf diese Weise lassen sich grobe Fehleinschätzungen rechtzeitig vermeiden.

### Wie führe ich die Methode »Eine Hand voll Reflexion« durch?

In Gedanken gehen Sie Ihre Finger an einer Hand durch. Beginnen Sie beim Daumen, wandern Sie dann vom benachbarten Finger zum nächsten, bis Sie beim kleinen Finger angekommen sind.

Bei jedem Finger fragen Sie sich: »Was bedeutet das für …« (▶ Tab. 4.2).

**Tab. 4.3**: Einbeziehung relevanter Lebensbereiche in den Entscheidungsprozess – Teil 2

| Finger | Bedeutung | Merkhilfe | Illustration |
|---|---|---|---|
| Daumen | Körper und Gesundheit | Daumen hoch | |
| Zeigefinger | Soziale Kontakte | Zeigefinger von mir weg deutend | |
| Mittelfinger | Wert/Kultur | Der längste Finger »überragt« alle anderen | |

**Tab. 4.3:** Einbeziehung relevanter Lebensbereiche in den Entscheidungsprozess – Teil 2 – Fortsetzung

| Finger | Bedeutung | Merkhilfe | Illustration |
|---|---|---|---|
| Ringfinger | Finanzen | Trägt eine wertvolle Last | |
| Kleiner Finger | Leistung/Tätigkeit | Zusammen mit allen Fingern im Einsatz | |

Wenn es Ihnen hilft, tippen Sie mit dem Daumen jeden folgenden Finger an, also nach Ihrem gedanklichen Einstieg mit dem Daumen berühren Sie mit demselben den Zeigefinger, dann den Mittelfinger, dann den Ringfinger und zuletzt den kleinen Finger.

## 4.2 Der Weg zur Diagnose

Wenn Sie sich für einen Weg durch den Dschungel entschieden haben, gibt es Dinge, die zu beachten sind. Wer begleitet Sie auf dem Weg und wie können Sie sich schützen?

Auch die Schneeeule, die auf dem Weg durch ungewohntes Terrain ist, kundschaftet zunächst aus und bereitet sich mental sowie körperlich auf die Reise vor.

Falls Sie sich dazu entscheiden, eine offizielle Diagnose anzustreben, gibt es verschiedene Punkte, die Sie berücksichtigen sollten. Insbesondere damit Sie ressourcenschonend und gut durch den Prozess der Diagnostik kommen. Wichtig ist es zu wissen, dass es in diesem Kapitel nicht darum gehen wird, wie die Diagnostik abläuft oder wie lange sie dauert. Diese und ähnliche Informationen finden Sie auf den Websites der Diagnosestellen oder auf Anfrage.

## 4.2 Der Weg zur Diagnose

> **Material**
> 
> - 2 Blätter DIN-A4-Papier
> - 1 Stift zum Schreiben
> - Tabelle »Einordnung sozialer Kontakte« (Zusatzmaterial zum Download)

*Gesamtbearbeitungszeit:* ca. 5 Stunden

| Methode | Seite | Zeit | Material | Erledigt |
|---|---|---|---|---|
| Einordnung sozialer Kontakte | 48–51 | ☺☺☺ 60–120 Minuten | Zusatzmaterial zum Download oder selbstgezeichnete Tabelle, Stift | |
| Termineinordnung | 51–53 | ☺☺☺ 60–120 Minuten | Zusatzmaterial zum Download, DIN-A4-Blatt Papier und Stift | |
| Schutzhülle | 53–55 | ☺☺ 30–45 Minuten | DIN-A4-Blatt Papier, Stift | |

Um eine Möglichkeit zur Diagnostik in Ihrer Umgebung zu finden, können Sie beispielsweise mit der Internetsuchmaschine Ihrer Wahl (Google, Ecosia, Bing etc.) nach den Begriffen »Erwachsenen Diagnostik Autismus«, gefolgt von Ihrem Heimatort oder einer größeren Stadt in Ihrer Nähe, suchen.

In der folgenden Tabelle haben Sie die Möglichkeit, Diagnosestellen und weitere hilfreiche Anlaufstellen zu notieren (▶ Tab. 4.4). Um eine Folgekommunikation zu erleichtern, ist es gut, sich Datum und Ansprechpersonen von Kontakten zu notieren – dies können Sie im Feld daneben tun – ebenso wie erste Ergebnisse oder Fragen, die sich im Nachhinein ergeben. So haben Sie einen guten Überblick zum angestrebten Diagnoseverfahren und können immer darauf zurückgreifen, um den Prozess zu vereinfachen. Diese Vorgehensweise lässt sich auch für die Suche nach Therapeuten oder anderen Hilfsinstitutionen anwenden.

Im Mittelpunkt dieses Kapitels werden Ihre Ressourcen stehen. Wie Sie gut durch den anstrengenden Prozess der Diagnostik kommen, wie Sie entscheiden können, welche Bezugsperson Sie begleiten wird, und wie Sie vor und nach den Terminen möglichst gut für sich sorgen können.

In den meisten Fällen ist es erwünscht, dass Sie eine Person aus Ihrem Umfeld mitbringen, die Sie bereits in Ihrer Kindheit kannte. Die Entscheidung zu treffen, wer Sie begleiten soll, kann, je nach Ihrer persönlichen Beziehung zu Ihrer Familie, schwierig sein. Zunächst können Sie mit der folgenden Methode *Einordnung sozialer Kontakte*, die Personen ermitteln, die in Frage kommen. Mit welcher Person fühlen Sie sich am wohlsten? Wer könnte dafür sorgen, dass Ihr Vorrat an Energie-Bananen auch nach einem anstrengenden Gespräch wieder aufgefüllt oder zumindest nicht verringert wird?

**Tab. 4.4:** Hilfreiche Institutionen und Ansprechpartner

| Institution | Datum | Ansprechpartner | Kontaktmedium | Ergebnis | Fragen |
|---|---|---|---|---|---|
| | | | | | |
| | | | | | |
| | | | | | |
| | | | | | |
| | | | | | |
| | | | | | |

### Einordnung sozialer Kontakte
☺ ☺ ☺

- *Zeit*: 60–120 Minuten
- *Material*: DIN-A4-Blatt Papier und Stift

## Für welche Situationen ist diese Methode geeignet?

Um Ihre möglichen Begleitpersonen zu einem Termin einzuordnen, haben Sie mit der Methode *Einordnung sozialer Kontakte* die Möglichkeit, soziale Kontakte in von Ihnen festgelegten Freigabestufen einzufügen. So können Sie herausfinden, welche Person Sie zu welchen Situationen als Unterstützermensch dabeihaben möchten.

## Wie führe ich die Methode »Einordnung sozialer Kontakte« durch?

Die auf der nächsten Seite aufgeführte Tabelle füllen Sie wie folgt aus (▶ Tab. 4.5):

1. Benennen Sie in der ersten Spalte die in Frage kommenden Personen.
2. Werten Sie in der zweiten Spalte die Wichtigkeit dieses Kontaktes für Sie.
3. Werten Sie in der dritten Spalte Ihre Einschätzung, wie offen dieser Kontakt Ihr Vorhaben bewertet.
4. Werten Sie in der vierten Spalte, wie wohl Sie sich in einem Gespräch mit diesem Menschen fühlen.

Hier ist ein Beispiel dafür, wie die Tabelle ausgefüllt aussehen könnte:

**Tab. 4.5:** Meine Kontakte – Beispiel

| Kontakt | Wichtig (10) bis unwichtig (0) | Offen (10) bis verschlossen (0) | Sehr wohl (10) bis sehr unwohl (0) |
|---|---|---|---|
| Meine Schwester | 7 | 4 | 5 |
| Mein Vater | 8 | 6 | 3 |

- Der Kontakt ist mir wichtig, weil meine Schwester mich gut versteht.
- Mein Vater ist verschlossen, kennt mich aber gut.
- Mit meiner Schwester fühle ich mich wohl. Sie nimmt mich, wie ich bin.

### Auswertung

Prüfen Sie, bevor Sie die Tabelle auswerten, ob sie alle möglichen Personen enthält, von denen Sie sich vorstellen können, dass sie Sie begleiten.

Suchen Sie nach Personen, in deren Anwesenheit Sie sich wohl fühlen, die also einen hohen Wert von Ihnen erhalten haben. Gehen Sie in gleicher Weise in den beiden anderen Spalten nach hohen Werten auf die Suche.

Die Personen, die die höchsten Gesamtwerte erhalten haben, könnten Sie dann als Erstes Fragen, ob Sie sie begleiten möchten.

**Tab. 4.6:** Meine Kontakte

| Kontakt | Wichtig (10) bis unwichtig (0) | Offen (10) bis verschlossen (0) | Sehr wohl (10) bis sehr unwohl (0) |
|---|---|---|---|
|  |  |  |  |
|  |  |  |  |
|  |  |  |  |
|  |  |  |  |
|  |  |  |  |
|  |  |  |  |
|  |  |  |  |

**Meine Unterstützermenschen**

1.
2.
3.

Um Ihre Ressourcen nach einem solchen Termin wieder aufzufüllen, bieten sich verschiedene Möglichkeiten an. Beispielsweise können Sie im Vorfeld überlegen, welche Termine Sie in den folgenden Tagen wahrnehmen möchten und was Ihnen guttun würde. Hilfreich ist hierbei die folgende Methode.

> **Termineinordnung**
> ☺☺☺
>
> - *Zeit*: 60–120 Minuten
> - *Material*: DIN-A4-Blatt Papier und Stift

**Für welche Situationen ist diese Methode geeignet?**

Wenn Sie bemerken, dass Termine Sie häufig überfordern, Sie sich danach nicht gut fühlen oder Sie sehr überlastet sind, hilft die Methode, nach Lösungsansätzen zu suchen, mit denen Sie Ihre Termine besser einordnen können. Sie erhalten durch das Ausarbeiten der folgenden Tabelle Impulse, Termine ressourcenschonend zu planen und so besser für sich selbst zu sorgen.

**Wie führe ich die Methode »Termineinordnung« durch?**

Die auf der nächsten Seite aufgeführte Tabelle füllen Sie wie folgt aus (▶ Tab. 4.7):

1. Benennen Sie in der ersten Spalte Ihren Termin.
2. Werten Sie in der nächsten Spalte die Wichtigkeit dieses Termins für Sie. Zur Unterstützung orientieren Sie sich bei Entscheidungsschwierigkeiten mit Hilfe der Methode *Eine Hand voll Reflexion*.
3. In der Spalte PB (Persönliche Balance) notieren Sie mit Hilfe der Kürzel, die im Glossar direkt unter der Tabelle 4.7 erklärt werden, den Bereich, in den der Termin fällt.
4. Bewerten Sie in den nächsten beiden Spalten, ob der Kontakt Sie Energie (Bananen) kostet oder ob Sie Energie tanken können.
5. Wenn es möglich ist, können Sie in den letzten beiden Spalten noch für sich einordnen, ob der Termin in einer für Sie anstrengenden Umgebung (Blitz) oder in einer angenehmen Umgebung (Sonne) stattfindet.

**Auswertung**
Prüfen Sie, bevor Sie die Tabelle auswerten, ob Sie alle wichtigen und regelmäßig notwendigen Termine enthält. Bitten Sie möglicherweise eine nahestehende Person darum, einen Blick darauf zu werfen, oder gleichen Sie die Termine mit denen aus Ihrem Kalender ab.

Anhand der Tabelle können Sie nun versuchen, gut mit Ihren Ressourcen umzugehen. Planen Sie rund um Ihre Diagnosetermine energieliefernde Situationen ein oder sagen Sie energiefressende Termine ab. Vielleicht lassen sich Termine auch anders gestalten, beispielsweise online statt eines persönlichen Treffens.

## 4 Diagnose Autismus – Ein Pfad durch Ihr Problemdickicht?

**Tab. 4.7:** Einordnung meiner Termine

| Termin | Wichtig (10) bis unwichtig (0) | PB | Banane + | Banane − | Umgebung Blitz | Umgebung Sonne |
|---|---|---|---|---|---|---|
| | | | | | | |
| | | | | | | |
| | | | | | | |
| | | | | | | |
| | | | | | | |
| | | | | | | |
| | | | | | | |
| | | | | | | |

**Mögliche Kürzel zum Ausfüllen der Tabelle:**
KG = Körper/Gesundheit; WK = Wert/Kultur; F = Finanzen; TL = Tätigkeit/Leistung; Energieaufwand der Kontakte = Bananen; Blitz = anstrengend/viele Außenreize; Sonne = Wohlfühlatmosphäre

Betrachten Sie die Tabelle als Hilfsmittel für sich, um Ihre Termine nach Möglichkeit ressourcenschonend zu planen. Versuchen Sie eine gute Balance für sich zu erreichen, um den anstrengenden Diagnoseprozess möglichst unbeschadet durchzustehen.

Reflektieren Sie die Tabelle, wenn Sie mögen, mit einem Ihnen vertrauten Menschen und lassen Sie sich zu Ihren Einordnungen eine Rückmeldung geben. Dies kann Ihnen helfen, Ihre Einordnung zu überprüfen.

## 4.2 Der Weg zur Diagnose

**Tab. 4.8:** Einordnung meiner Termine – Beispiel

| Termin | Wichtig (10) bis unwichtig (0) | PB | Banane + | Banane – | Umgebung Blitz | Umgebung Sonne |
|---|---|---|---|---|---|---|
| Treffen bei meiner Freundin Hannah | 9 | TL | + | | | Sonne |
| Termin bei meinem Psychologen | 7 | KG | | | Blitz | |

- Der Termin ist wichtig, weil mein Psychologe mir bei Bescheinigungen und mit Medikamenten hilft.
- Mit meiner Freundin Hannah kann ich über vieles reden, das mich beschäftigt, danach geht es mir besser. Bei ihr zuhause kenne ich mich aus und fühle mich wohl.
- Das Wartezimmer meines Psychologen ist immer sehr voll und laut. In seinem Büro riecht es stark nach alten Büchern und Rauch.

Weiterhin kann es wichtig sein, die Reize nach und auch vor einem solchen Termin gering zu halten. Überlegen Sie, wie Sie möglichst gut zu dem Termin gelangen. Falls Sie öffentliche Verkehrsmittel nutzen, können Sie die folgende Methode *Schutzhülle* verwenden, um den Körperkontakt zu anderen Fahrgästen so weit wie möglich einzuschränken.

### Schutzhülle
☺ ☺

- *Zeit*: 30–45 Minuten.
- *Material*: DIN-A4-Blatt Papier und Stift

**Für welche Situationen ist diese Methode geeignet?**

Zur Vorbereitung auf gesellschaftliche Situationen, in denen es Ihnen nicht möglich ist, Ihre persönlichen Wohlfühlabstände aufrechtzuerhalten.

### Wie führe ich diese Methode durch?

Setzen Sie sich mit Ihren Schreibutensilien an einen ruhigen Ort. Überlegen Sie nun, welche Personen Sie kennen, denen im Alltag Platz eingeräumt wird. Das sind vielleicht Menschen aus Ihrem persönlichen Umfeld, Personen des öffentlichen Lebens oder auch Figuren aus Filmen, Büchern und Ähnlichem.

Wenn Sie eine Figur oder Person gefunden haben, überlegen Sie, was ian diesem Charakter besonders ist, sodass man ihm/ihr im Alltag Platz macht?

Beispielsweise gibt es Charaktere wie Engel oder Drachen, die Flügel am Rücken tragen und somit mehr Raum brauchen, um sich zu entfalten, oder solche, die besonders breit gebaut sind.

Notieren Sie die Figur sowie alle ihre Eigenschaften, die Ihnen eingefallen sind, weshalb er/sie mehr Platz zugesprochen bekommt als andere.

Stellen Sie sich nun vor, Sie hätten diese Eigenschaften. Beispielsweise Flügel, einen breiten Körperbau oder eine beeindruckende Ausstrahlung. Sie werden spüren, dass sich Ihre Ausstrahlung und vielleicht auch Ihre Körperhaltung verändert. Sie fühlen sich sicherer und stärker.

Wann immer Sie in eine Situation geraten, in der Ihre persönlichen Distanzzonen nicht beachtet werden, erinnern Sie sich an dieses Gefühl und versetzen Sie sich in diese Figur hinein.

Als Hilfestellung können Sie auch eine kleine Figur oder ein Foto des von Ihnen gewählten Charakters an Ihren Rucksack, Ihre Tasche oder in Ihre Hosentasche stecken. So fällt es Ihnen leichter, sich auch in stressigen Situationen an diese Methode zu erinnern.

Dennoch kann es im Alltag Situationen geben, die Ihnen aufgrund der Nicht-Beachtung der Distanzzonen schwerfallen. Hier ist es auch wichtig, abzuwägen und Alternativen zu suchen. Gibt es vielleicht eine andere Möglichkeit, zu einem Termin zu gelangen, als mit dem Bus zu fahren? Möglicherweise mit dem Fahrrad oder zu einer anderen Zeit, um den Berufs- oder Schulverkehr zu vermeiden?

⊕ Achten Sie weiterhin darauf, Kleidung zu tragen, in der Sie sich wohl fühlen. Hilfestellungen, um solche ressourcenschonende Kleidung zu finden, können Sie dem Kapitel 5.4 »Kleidung« entnehmen (▶ Kap. 5.4).

⊕ Die Diagnosegespräche können psychisch herausfordernd sein, daher ist es wichtig, dass Sie schon im Vorhinein überlegen, welche Möglichkeiten Sie haben, in der Situation selbst ruhig zu bleiben, beispielsweise durch *Stimming*. Welche Stimming-Methoden und Fidget Toys Ihnen individuell helfen, können Sie anhand der Methoden herausfinden, die im Kapitel 7.4 »Stimming« aufgeführt werden (▶ Kap. 7.4).

Es kann sein, dass Sie keine offizielle Diagnose erhalten, obwohl Sie sich in den Beschreibungen von Autismus wiederfinden. Dies muss nicht unbedingt heißen, dass Sie keine autistischen Anteile haben, möglicherweise sind diese nicht so ausgeprägt, dass es zu einer offizielle Diagnose reicht. Dies bedeutet nicht, dass Ihre Probleme nicht ernst zu nehmen sind.

Wenn Sie als erwachsener Mensch an den Punkt kommen, dass Sie eine Autismus-Diagnostik anstreben, ist es sehr wahrscheinlich, dass Sie sich bereits im Voraus mit der Thematik beschäftigt haben. Sie kennen die verschiedenen Symptome und konnten vermutlich einige bei sich selbst feststellen.

Möglicherweise haben Sie sich auch mit anderen Autisten in Ihrem Umfeld unterhalten und festgestellt, dass Ihnen im Alltag ähnliche Probleme und Herausforderungen begegnen.

Es sei erwähnt, dass Sie den Psychologen und Psychologinnen aufmerksam begegnen und deren professionelle Meinung ernst nehmen sollten. Selbstverständlich besteht auch die Möglichkeit, dass bei Ihnen eine andere Diagnose besser passt.

Überlegen Sie also auch unabhängig von der Diagnose, welche Möglichkeiten es für Sie gibt, Hilfe zu erhalten.

**Ideen für Hilfe**

**Eigene Gedanken**

# 5 Soziale Kontakte – Verstehen Sie Ihre Umgebung

**Abb. 5.1:** Die Eule als Kundschafter

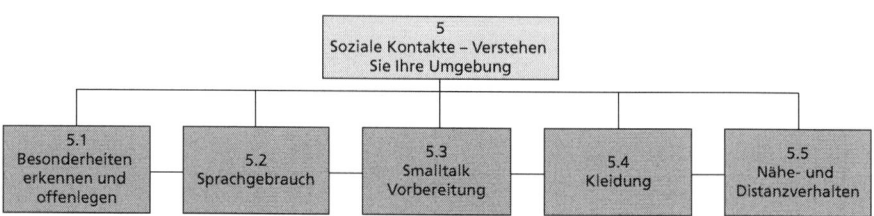

**Abb. 5.2:** Übersicht zum Inhalt von Kapitel 5

Der Dschungel bietet Ihnen die Möglichkeit, verschiedene Tiere, Gestalten und Menschen kennen zu lernen. Diese sind für die Schneeeule, der die Tiere des Dschungels fremd sind, teils schwer einzuschätzen. Sie muss zunächst eine Methode entwickeln, die es ihr ermöglicht, stressfrei mit den Lebewesen aus dem fremden Ökosystem umzugehen.

Damit auch Sie eine Ihnen angenehme Option finden können, mit den Lebewesen um Sie herum zu interagieren, sollten Sie zunächst Ihre eigene Ausrüstung auf

Vordermann bringen. So können Sie zuversichtlich und gelassen den Tieren gegenübertreten, die Ihnen auf Ihrem Weg begegnen.

Einige Eigenschaften von Autisten können im Kontakt zu neurotypischen Menschen zu Verwirrung und Missverständnissen führen. Beispielsweise die Stimmlage, die bei autistischen Erwachsenen oft als monoton und beinahe mechanisch wahrgenommen wird, kann für Irritationen sorgen.

Beobachten lässt sich das z. B. bei Elon Musk, dem Gründer von Tesla. Ihm wird eine monotone Sprache zugeschrieben, wie sie bei vielen autistischen Menschen auffällt. Das kann in der Kommunikation mit Neurotypischen zu kurzzeitigen Verwirrungen führen.

## 5.1 Besonderheiten erkennen und offenlegen

**Material**

- 5 Blätter DIN-A4-Papier
- 1 Stift zum Schreiben
- Verschiedenfarbige Bunt- oder Filzstifte

Manchmal ist es wichtig, dass die Gefährten, die Sie durch den Gesellschaftsdschungel begleiten, von Ihren Schwierigkeiten wissen. So können diese Ihnen helfen, den Weg für Sie so einfach wie möglich zu gestalten, oder sie verstehen Ihre Handlungen vielleicht besser.

Es kann allerdings schwierig sein zu entscheiden, für welche Personen in Ihrem Umfeld es wichtig ist, über Ihre Diagnose informiert zu werden. Auch wenn Sie sich gegen eine offizielle Diagnostik entscheiden, kann es hilfreich für Sie sein, Ihre Vermutung oder Ihre Selbstdiagnose an Ihnen nahestehende Menschen weiterzugeben.

*Gesamtbearbeitungszeit:* ca. 5 Stunden

Damit Sie fundiert und informiert entscheiden können, wer von Ihrer Diagnose wissen sollte, ist es wichtig, dass Sie sich die Bereiche, in denen Ihre durch Ihren Autismus bedingten Besonderheiten einen starken Einfluss haben, bewusst machen. Wenn Sie sich bereits intensiv mit den Besonderheiten der Diagnose auseinandergesetzt haben, können Sie die nächste Methode überspringen. Bei der *Internetrecherche* geht es darum, sich darüber zu informieren, welche Einschränkungen und Besonderheiten Autismus mit sich bringt.

## 5 Soziale Kontakte – Verstehen Sie Ihre Umgebung

| Methode | Seite | Zeit | Material | Erledigt |
|---|---|---|---|---|
| Internetrecherche | 58–59 | 30–60 Minuten | DIN-A-4 Blatt Papier, Stift | |
| **Denkbild** | 59–60 | 40–60 Minuten | DIN-A4-Blatt Papier, verschiedenfarbige Stifte und Textmarker | |
| Liste | 61–63 | 30–60 Minuten | DIN-A4-Blatt Papier und Stift, 3 verschiedenfarbige Textmarker | |
| **Einordnung sozialer Kontakte** | 64–65 | 60–120 Minuten | Zusatzmaterial zum Download, DIN-A4-Blatt Papier und Stift | |
| Steckbriefkarte | 66–67 | 40–60 Minuten | Zusatzmaterial zum Download, DIN-A4-Blatt Papier und Stift | |

### Internetrecherche

- *Zeit*: 30–60 Minuten
- *Material*: DIN-A4-Blatt Papier und Stift

**Für welche Situationen ist diese Methode geeignet?**

Diese Methode bietet sich an, wenn Sie nicht sicher sind, was zu Ihrem Autismus gehört und wo Sie vielleicht unabhängig davon Schwierigkeiten haben.

**Wie führe ich die Methode »Internetrecherche« durch?**

Formulieren Sie Ihre Gedanken zu einer Frage.
    Beispiele:

- Was bedeutet …?
- Was ist gemeint, wenn …?
- Gehört es zum Autismus, dass …?

Schreiben Sie sich diese Fragen auf, vielleicht in ein Notizbuch, auf ein leeres Blatt oder in ein Dokument auf Ihrem Computer oder Handy. Lassen Sie zwischen den Fragen genügend Platz für Stichpunkte.

Geben Sie in eine Suchmaschine Ihrer Wahl (Google, Ecosia, Bing etc.) Ihre Frage oder auch einzelne Stichpunkte ein und sehen Sie sich die ersten drei bis vier Ergebnisse an.

Wenn Ihre Frage also beispielsweise lautet »Gehört es zum Autismus, dass ich morgens keine Cornflakes essen kann, weil mir das zu laut ist?«, könnten Sie »Geräuschempfindlichkeit Autismus« oder »Geräusche Autismus« eingeben. Es kann sein, dass Sie die Kernpunkte Ihrer Frage herausarbeiten müssen, um zu einem hilfreichen Ergebnis zu kommen.

Eine weitere Möglichkeit ist, eine KI (künstliche Intelligenz) zu befragen. Beispielsweise ChatGPT, hier können Sie Ihre Frage direkt eingeben. Allerdings gibt es, je nachdem, welche der KIs Sie verwenden, Besonderheiten, wie etwa begrenzten Zugriff auf Daten. Beachten Sie dies, wenn Sie die Antwort der KI lesen.

Notieren Sie die Antworten oder die Ergebnisse unter der jeweiligen Frage. So haben Sie eine gute Übersicht und können nun die Antworten auf Ihre Fragen aus den Ergebnissen erschließen.

Wenn Sie mögen, gehen Sie mit einer Ihnen nahestehenden Person noch einmal die Stichpunkte durch, um sicherzugehen, dass Ihre Schlüsse, die Sie aus der Recherche gezogen haben, sinnvoll sind.

> **Meine Erkenntnisse in Kürze**

Nun verfügen Sie über ein genaueres Bild zu den Besonderheiten der Autismus-Diagnose. Diese zeigt sich selbstverständlich bei jedem autistischen Menschen anders, daher ist es wahrscheinlich, dass einige der von Ihnen entdeckten Schwierigkeiten auf Sie nicht zutreffen, andere Sie hingegen besonders stark belasten. Diese Gedanken und Besonderheiten können Sie nun in der nächsten Methode wertfrei sammeln. So arbeiten Sie sich Stück für Stück näher an die Entscheidung heran, ob Sie tatsächlich eine Diagnose anstreben.

### Denkbild
☺☺

- *Zeit*: 40–60 Minuten
- *Material*: DIN-A4-Blatt, verschiedenfarbige Stifte, Textmarker

### Für welche Situationen ist diese Methode geeignet?

Immer wenn Sie etwas beschäftigt und Sie Ihre Gedanken ordnen möchten, ist ein Denkbild eine gute Möglichkeit, zunächst alles aus dem Kopf zu bekommen, was Ihnen dazu einfällt. Die Methode unterstützt Ihr assoziatives Denken und Sie haben die Chance, einfach alles, was in Ihrem Kopf herumschwirrt, völlig wertfrei und neutral zu Papier zu bringen. Dieser Prozess unterstützt dabei, Gedanken loszulassen, neue Ansätze zu finden, eine Struktur zu entdecken und/oder festzulegen, um so in der Folge neue Ideen zu entwickeln.

### Wie führe ich die Methode »Denkbild« durch?

1. Sorgen Sie dafür, die Übung möglichst ungestört durchführen zu können.
2. Es ist hilfreich, wenn Sie sich an einen Ort begeben, an dem Sie sich wohl fühlen.
3. Schreiben Sie Ihre Fragestellung, hier also »Was für Besonderheiten habe ich als Autist?«, als »Überschrift« auf ein leeres Blatt Papier.
4. Nehmen Sie einen Stift, der sich in Ihrer Hand angenehm anfühlt, und setzen Sie ihn irgendwo auf dem Blatt auf. Führen Sie den Stift in schlaufenförmigen Linien, die sich immer mal wieder kreuzen, so lange über das Blatt, bis Sie es nach Ihrer Einschätzung gut gefüllt haben.
5. Beschriften, skizzieren und strukturieren Sie die entstandenen Zwischenflächen nun mit Eindrücken, Begriffen und Überlegungen, die Ihnen hinsichtlich der gewählten Fragestellung durch den Kopf gehen.
6. Füllen Sie die Zwischenräume auf diese Weise, bis Sie alle Aspekte integriert haben.
7. Blicken Sie nun auf Ihr Denkbild und suchen Sie nach Ansätzen zu Ihrer Fragestellung.
   Sie können hierzu folgendermaßen vorgehen:
   - Färben Sie ähnliche Aspekte gleichfarbig ein.
   - Erarbeiten Sie Verweise mit Pfeilen.
   - Markieren Sie besonders Interessantes.
   - Heben Sie Neues hervor.
   - Suchen Sie nach Überraschendem und kennzeichnen Sie dieses.

Ein Beispiel für das Denkbild finden Sie in Kapitel 4 (▶ Abb. 4.3)

Durch Ihr Denkbild ist es Ihnen gelungen, sich dem Thema intensiv zu nähern und eine persönliche Struktur miteinzubringen. In der folgenden Methode haben Sie die Möglichkeit, die so gesammelten Aspekte zu strukturieren und somit Ihren Besonderheiten und auch einer leichteren Einschätzung Ihrer selbst näherzukommen.

Nachdem Sie diese neuen Erkenntnisse gewonnen haben, sollten Sie sich darüber klar werden, auf welche Bereiche Ihres Alltags und auf welche sozialen Kontakte sich Ihre Besonderheiten auswirken. So wird es Ihnen leichter fallen, die Entscheidung zu treffen, welchen Menschen Sie Ihre Diagnose anvertrauen möchten und in welchen Bereichen Ihres Lebens Sie offen damit umgehen möchten.

Dabei unterstützt Sie die nächste Methode.

## 5.1 Besonderheiten erkennen und offenlegen

> **Liste**
> ☺☺
>
> - *Zeit:* 30–60 Minuten
> - *Material:* DIN-A4-Blatt Papier und Stift, drei verschiedenfarbige Textmarker

### Für welche Situationen ist die Methode geeignet?

Mit dieser Methode können Sie herausfinden, in welchen Lebensbereichen Ihre Besonderheiten am deutlichsten sind.

### Wie führe ich die Methode »Liste« durch?

#### Schritt 1
Überlegen Sie, in welche Kategorien sich Ihr Alltag gliedern lässt. Meist können diese unter einen der hier aufgeführten übergeordneten Themenbereiche eingeordnet werden:

- Arbeit/Ausbildung/Studium,
- Freundschaft/soziale Kontakte,
- Gesundheit (z. B. Arztbesuche, Therapie),
- Hobbys/Freizeitbeschäftigungen,
- Familie,
- Überlebensnotwendiges (Einkaufen, Kochen etc.).

#### Schritt 2
Die folgende Methode können Sie mit Hilfe der unten aufgeführten Tabelle umsetzen (▶ Tab. 5.1). Schreiben Sie die Kategorien, für die Sie sich entschieden haben, in die Überschriftszeile der Tabelle.

Zusätzlich nehmen Sie sich ein DIN-A4-Blatt Papier, das Sie mit »Unsicher« beschriften. Hier können Sie Aspekte und Ideen einsortieren, bei denen Sie sich nicht entscheiden können oder die in keine der von Ihnen aufgeführten Kategorien einzusortieren sind.

Versuchen Sie nun, alle mit der vorherigen Methode gesammelten Besonderheiten und Schwierigkeiten den Kategorien zuzuordnen.

#### Schritt 3
Nehmen Sie jetzt das Blatt mit den »unsicheren« Aspekten zur Hand. Versuchen Sie in der Spalte hinter diesen Aspekten zu notieren, wer oder was Ihnen helfen könnte, diese Unsicherheit zu klären.

Versuchen Sie auf diese Weise, nach und nach die »unsicheren« Aspekte mit in die übrigen Spalten einzuordnen. Oder gehen Sie direkt weiter zu Schritt 4.

#### Schritt 4
Bewerten Sie nun, wie stark die Besonderheiten und Schwierigkeiten des jeweiligen Bereiches Ihr Leben beeinflussen:

A geringer Einfluss,
B mittlerer Einfluss,
C großer Einfluss.

Lassen Sie, wenn Sie mögen, auch eine Ihrer vertrauten Personen die Liste bewerten.

Schauen Sie nun, ob Sie Gemeinsamkeiten in den Punkten finden. Sind die Besonderheiten/Schwierigkeiten, die Sie als besonders großen Einfluss eingestuft haben, von ähnlicher Natur? Haben sie zum Beispiel alle mit einem Sinn (z. B. Hören) oder einer sozialen Schwierigkeit zu tun?

Markieren Sie die zusammengehörenden Aspekte in der gleichen Farbe. Die Kategorisierungen könnten zum Beispiel so aussehen:

- Sinneseindrücke,
- soziale Interaktionen,
- Ortswechsel,
- unstrukturierte Abläufe,
- Unzuverlässigkeit,
- etc.

Markieren Sie alle Ideen mit den entsprechenden Farben für A, B und C. Betrachten Sie Ihr Ergebnis unter folgender Fragestellung:

- Wo gibt es eine Überschneidung von Farben und »großer Einfluss«, »mittlerer Einfluss« oder »geringer Einfluss«?

**Tab. 5.1:** Meine Besonderheiten und Schwierigkeiten im Alltag

**Tab. 5.1:** Meine Besonderheiten und Schwierigkeiten im Alltag – Fortsetzung

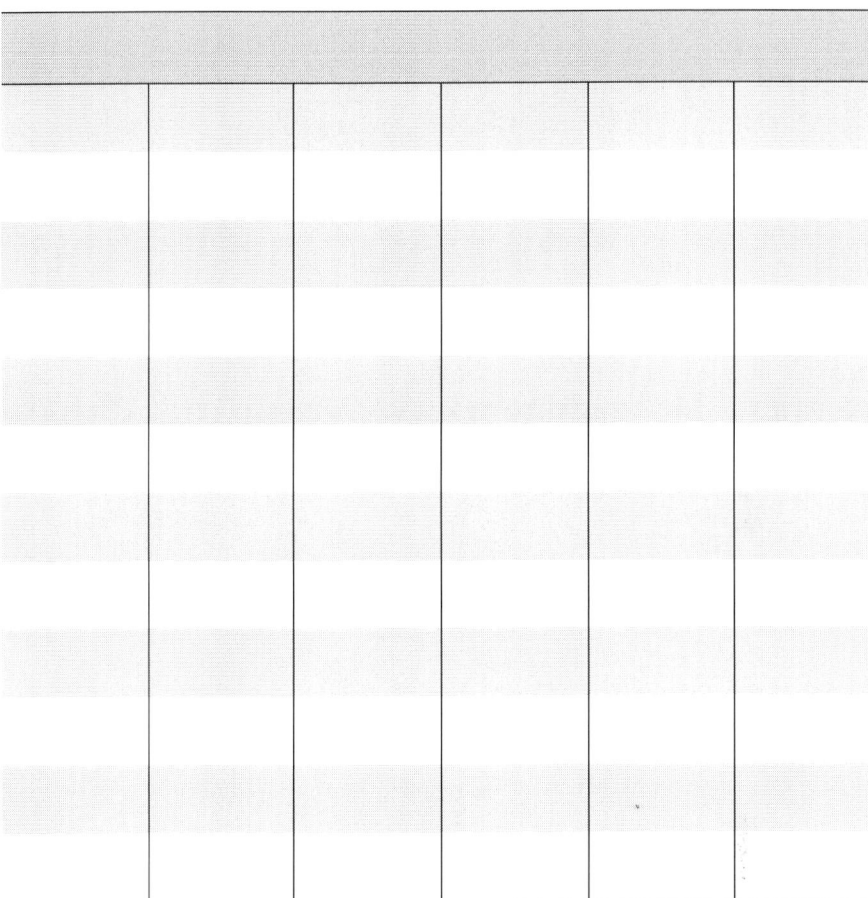

Nun haben Sie einen Überblick, welche Bereiche Ihres Alltags durch Ihren Autismus am stärksten beeinflusst sind. Dies kann Ihnen bei der Entscheidung, ob eine Offenlegung sinnvoll ist, helfen. Die Lebensbereiche, die von Ihren autismusbedingten Schwächen und Stärken am stärksten beeinflusst sind, könnten auch die sein, in denen eine Offenlegung wichtig ist. Leider ist es nicht immer möglich, offen mit Ihrer Diagnose umzugehen, auch nicht in den Lebensbereichen, die am stärksten davon betroffen sind. Überprüfen Sie individuell Ihre Möglichkeiten und schauen Sie gegebenenfalls, ob es andere Lösungsmechanismen für Sie geben könnte, um diese Lebensbereiche umzugestalten.

Wenn ein für Sie besonders herausfordernder Bereich beispielsweise das Einkaufen ist, könnten Sie überlegen, in kleineren Läden einzukaufen oder Uhrzeiten zu wählen, zu denen weniger los ist.

Um zu entscheiden, wem Sie welche Informationen über Ihre Besonderheiten geben möchten, können Sie Ihre sozialen Kontakte in verschiedene Kategorien einordnen.

# 5 Soziale Kontakte – Verstehen Sie Ihre Umgebung

**Einordnung sozialer Kontakte**
☺☺☺

- *Zeit*: 60–120 Minuten
- *Material*: DIN-A4-Blatt Papier und Stift

### Für welche Situationen ist diese Methode geeignet?

Um Ihre Kontakte hinsichtlich eines guten Umgangs mit Ihren Besonderheiten einordnen zu können, haben Sie mit der Methode *Einordnung sozialer Kontakte* die Möglichkeit, Menschen aus Ihrer Umgebung in von Ihnen festgelegten Freigabestufen einzuteilen. So können Sie herausfinden, welche Personen Sie als unterstützend und welche als herausfordernd erleben.

### Wie führe ich die Methode »Einordnung sozialer Kontakte« durch?

 Die unten aufgeführte Tabelle füllen Sie wie folgt aus (▶ Tab. 5.3):

1. Benennen Sie in der ersten Spalte Ihre sozialen Kontakte.
2. Werten Sie in der zweiten Spalte die Wichtigkeit dieses Kontaktes für Sie.
3. Bewerten Sie in der dritten Spalte Ihre Einschätzung, wie offen diese Kontaktperson Ihrer Diagnostik gegenüber ist.
4. Werten Sie in der vierten Spalte, wie wohl Sie sich in einem Gespräch mit dieser Kontaktperson fühlen.

Hier ist ein Beispiel dafür, wie die Tabelle ausgefüllt aussehen könnte (▶ Tab. 5.2):

**Tab. 5.2:** Einordnung meiner sozialen Kontakte – Beispiel

| Kontakt | Wichtig (10) bis unwichtig (0) | Offen (10) bis verschlossen (0) | Sehr wohl (10) bis sehr unwohl (0) | Wert aller drei Kategorien zusammengezählt |
|---|---|---|---|---|
| Paul, vom Schach | 7 | 4 | 5 | 16 |
| Dr. Needlewood, Hausärztin | 8 | 6 | 3 | 17 |

- Der Kontakt ist mir wichtig, weil Frau Needlewood sich um meine Gesundheit kümmert.
- Paul findet Psychologen und alles drumherum „nicht sinnvoll".
- Frau Needlewood hat selten Zeit, mir wirklich zuzuhören.

**Tab. 5.3:** Einordnung meiner sozialen Kontakte

| Kontakt | Wichtig (10) bis unwichtig (0) | Offen (10) bis verschlossen (0) | Sehr wohl (10) bis sehr unwohl (0) | Wert aller drei Kategorien zusammengezählt |
|---|---|---|---|---|
| | | | | |
| | | | | |
| | | | | |
| | | | | |

**Auswertung**

Prüfen Sie, bevor Sie die Tabelle auswerten, ob Sie alle wichtigen sozialen Kontakte Ihres Alltags enthält. Bitten Sie möglicherweise eine Ihnen nahestehende Person darum, einen Blick darauf zu werfen, oder gleichen Sie die Kontakte zum Beispiel mit den Terminen in Ihrem Kalender oder auch mit Ihren Nachrichten auf WhatsApp, Signal oder Ähnlichem ab.

Anhand der Tabelle können Sie sehen, welche Kontakte Sie im Gespräch über Ihre Diagnose und die damit verbundenen Besonderheiten eher unterstützen können und mit welchen Kontaktpersonen ein solches Gespräch anstrengender sein oder sich komplizierter gestalten könnte. Personen, die in der Summe eine hohe Zahl haben, sind in der Regel am geeignetsten.

Reflektieren Sie die angefertigte Tabelle, wenn Sie mögen, noch einmal mit einem Ihnen vertrauten Menschen und lassen Sie sich zu Ihren Einordnungen eine Rückmeldung geben. Dies kann Ihnen dabei helfen, diese noch einmal zu überprüfen und sich sicherer zu sein.

> **Tipp**
>
> *Überarbeiten Sie die Tabelle mindestens einmal pro Jahr. So können Sie Veränderungen in den Beziehungen eintragen und neue soziale Kontakte ergänzen. Setzen Sie sich hierzu ein markantes Datum wie Ihren Geburtstag oder einen bestimmten Feiertag.*

Wenn Sie nun sicher sind, wie viele Informationen Sie an wen weitergeben möchten, können Sie auf die Methode *Steckbriefkarte* zurückgreifen, um festzulegen welche konkreten Informationen Sie welchen Personen mitteilen möchten.

### Steckbriefkarte

☺☺

- *Zeit:* 45–60 Minuten
- *Material:* Karteikarte DIN A5 oder zugeschnittenes stabiles Papier in entsprechender Größe

**Für welche Situationen ist die Methode geeignet?**

Zur Vorbereitung auf soziale Kontakte, die eine möglichst gute emotionale Absicherung von Ihnen erfordern. Die Steckbriefkarten lassen sich leicht mitnehmen oder als Kopie an die betreffende Person übergeben, wenn ein entsprechendes Vertrauensverhältnis besteht.

**Wie führe ich die Methode »Steckbriefkarte« durch?**

Notieren Sie oben auf der Karte, für welche Person oder Personengruppe Sie die Karte erstellen. In der linken Spalte vermerken Sie Ihre Besonderheiten, die Sie mitteilen möchten, in der rechten Spalte die Unterstützungsmöglichkeiten, die Ihren sozialen Kontakten helfen, möglichst individuell auf Sie zu reagieren (▶ Tab. 5.4).

**Tab. 5.4:** Steckbriefkarte

| Besonderheiten | Mögliche Unterstützung |
|---|---|
| Wahrnehmung | |
| Sprachgebrauch | |

**Tab. 5.4:** Steckbriefkarte – Fortsetzung

| Besonderheiten | Mögliche Unterstützung |
|---|---|
| Beruhigende Handlungen (Stimming) | |
| Nähe-/Distanzverhalten | |

Die Informationen auf der Karte sollen inspiriert durch das kleine Format mit den wichtigsten Besonderheiten knapp gefüllt werden. So kann die betreffende Person die relevantesten Informationen immer wieder schnell überfliegen und für Sie hilfreiche Angaben selbst nach Bedarf ergänzen.

## 5.2 Sprachgebrauch

Die Verständigung im Dschungel verläuft zum einen durch Körpersprache sowie Nähe- und Distanzverhalten und zum anderen durch gesprochene Worte. Auf diese Weise kann man sich gut aus dem Weg gehen, um Gefahren zu vermeiden, oder aufeinander zugehen, um voneinander zu profitieren oder miteinander Probleme zu lösen. Zur Verständigung untereinander nutzen Tiere tonale Sprachen. Der Dschungel ist voller Töne und Geräusche, die alle für die jeweiligen Tiere, die diese Laute von sich geben, eine Bedeutung haben. Was aber bei den anderen Tieren ankommt, kann eine vollkommen andere Botschaft enthalten. Tonale Verständigung ist auch im Gesellschaftsdschungel unter Menschen oft eine Herausforderung.

Autistische Menschen verstehen häufig die von der Gesellschaft angewendete Redewendungen oder Sprichwörter nicht. Ursache ist das »Wortwörtlich«-Nehmen. Dabei kann es zu kuriosen Missverständnissen kommen. Eine Werbekarte, auf der z. B. ein Paar Sneaker, deren Schnürsenkel zusammengebunden sind, abgebildet ist, hat den Text: »Nie mehr Bindungsangst« daneben abgedruckt. Hier könnte bei wortwörtlicher Interpretation eine völlig andere Erwartung ausgelöst werden, nämlich: »Hier finde ich Ideen/Hilfe, um keine Angst vor Bindungen zu anderen

Menschen zu haben«. Ein neurotypischer Mensch versteht intuitiv, dass es sich hier aber lediglich um Werbung für Schnürsenkel handelt.

**Abb. 5.3:** Nie mehr Bindungsangst!

Redewendungen wie »Da wird doch der Hund in der Pfanne verrückt« lösen oft automatische innere Bilder aus, die die Situation, dass ein Hund in einer Pfanne sitzt, vor dem inneren Auge erscheinen lassen. Um adäquat zu reagieren, ist eine zusätzliche »Gedankenschleife« nötig, die wiederum weitere »Energiebananen« erfordert. Häufig funktioniert daher die Kommunikation zwischen autistischen Menschen und Nicht-Muttersprachlern besser. Die Nicht-Muttersprachler verwenden in der Regel keine Sprichwörter und Redewendungen. Dies vereinfacht und entspannt die Verständigung untereinander.

Eine weitere Besonderheit im Autismus-Spektrum können auch Wortneuschöpfungen sein, die in der Außenwelt erst einmal irritieren. Nicht selten werden Darstellungen eines autistischen Menschen mit gleichförmiger Stimme in einem längeren Monolog vorgetragen, wodurch der Gesprächspartner gelangweilt oder genervt reagiert und möglicherweise innerlich abschaltet. So kommt es zu inhaltlichen Missverständnissen und zu problematischem sozialen Verhalten. Besonders dann, wenn autistische Menschen ironisch oder sarkastisch sind, kann das für neurotypische Menschen aufgrund der fehlenden typischen Intonation schwierig zu verstehen sein.

Es geht nun darum, die eigenen Besonderheiten herauszufinden und dann gekonnt und souverän damit umzugehen, um im Gesellschaftsdschungel überleben zu können.

**Material**

- 7 Blätter DIN-A4-Papier
- 1 Stift zum Schreiben
- Verschiedenfarbige Bunt- oder Filzstifte
- Akustisches Aufnahmegerät (z. B. Handy)
- Tabelle »Einordnung sozialer Kontakte« (Zusatzmaterial zum Dowload)

*Gesamtbearbeitungszeit:* ca. 5 Stunden

| Methode | Seite | Zeit | Material | Erledigt |
|---|---|---|---|---|
| Denkbild zur Ersteinschätzung | 69–70 | 40–60 Minuten | DIN-A4-Blatt Papier, verschiedenfarbige Stifte und Textmarker | |
| Seriensprint | 70–71 | 5–10 Minuten | DIN-A4-Blatt Papier und Stift | |
| Liste | 72–74 | 20–40 Minuten | DIN-A4-Blatt Papier und Stift, drei verschiedenfarbige Textmarker | |
| Umsetzungsplan | 74–75 | 10–20 Minuten | DIN-A4-Papier und Stift | |
| Stimm- und Sprachcheck | 75–80 | 60–120 Minuten | DIN-A4-Blatt Papier, Stifte, Texte, Handy oder anderes akustisches Aufnahmegerät | |
| Interview | 80–82 | 30–60 Minuten | DIN-A4-Blatt Papier und Stift | |
| Internetrecherche | 82–83 | 05–60 Minuten | DIN-A4-Blatt Papier und Stift | |
| Vier-Schritte-Klärung | 83–84 | 30–60 Minuten | DIN-A4-Blatt Papier und Stift | |

> **Denkbild**
>
> - *Zeit*: 40–60 Minuten
> - *Material*: DIN-A4-Blatt, verschiedenfarbige Stifte, Textmarker

**Für welche Situationen ist diese Methode geeignet?**

Immer wenn Sie etwas beschäftigt und Sie Ihre Gedanken ordnen möchten, ist ein Denkbild eine gute Möglichkeit, zunächst alles aus dem Kopf zu bekommen, was Ihnen dazu einfällt. Die Methode unterstützt Ihr assoziatives Denken und Sie haben die Chance, einfach alles, was in Ihrem Kopf herumschwirrt, völlig wertfrei und neutral zu Papier zu bringen. Dieser Prozess unterstützt dabei, Gedanken loszulassen, neue Ansätze zu finden, eine Struktur zu entdecken und/oder festzulegen, um so in der Folge neue Ideen zu entwickeln.

Jetzt geht es darum, alle Gedanken, Erfahrungen und Erlebnisse, die Ihnen hinsichtlich Ihres Sprachgebrauchs einfallen, zu notieren. Hier ist Platz, um Schwierigkeiten in der sprachlichen Kommunikation unterzubringen. Schreiben Sie alles auf, was Sie mit Freunden, Familie und weiteren sozialen Kontakten in der Gegenwart und in der Vergangenheit erlebt haben. Es kommt hier nicht auf schönes oder fehlerfreies Schreiben an, sondern darauf, alle Eindrücke zu sammeln, die Ihnen zu diesem Thema durch den Kopf gehen.

**Wie führe ich die Methode »Denkbild« durch?**

1. Sorgen Sie dafür, die Übung möglichst ungestört durchführen zu können.
2. Es ist gut, wenn Sie sich an einen Ort begeben, an dem Sie sich wohl fühlen.
3. Schreiben Sie Ihre Fragestellung als »Überschrift« auf ein leeres Blatt Papier.
4. Nehmen Sie einen Stift und setzen Sie diesen irgendwo auf dem Blatt auf. Führen Sie den Stift in schlaufenförmigen Linien, die sich immer mal wieder kreuzen, so lange über das Blatt, bis Sie es nach Ihrer Einschätzung gut gefüllt haben.
5. Beschriften, skizzieren und strukturieren Sie die entstandenen Zwischenflächen nun mit allen Eindrücken, Begriffen und Überlegungen, die Ihnen hinsichtlich der gewählten Fragestellung durch den Kopf gehen.
6. Füllen Sie die Zwischenräume auf diese Weise, bis Sie alle Aspekte integriert haben.
7. Blicken Sie nun auf Ihr Denkbild und suchen Sie nach Ansätzen zu Ihrer Fragestellung.
   Sie können hierzu folgendermaßen vorgehen:
   – Färben Sie ähnliche Aspekte gleichfarbig ein.
   – Erarbeiten Sie Verweise mit Pfeilen.
   – Markieren Sie besonders Interessantes.
   – Heben Sie Neues hervor.
   – Suchen Sie nach Überraschendem und kennzeichnen Sie dies.
   – Umkreisen Sie Ihre Besonderheiten.

Wenn Sie bereits einige Besonderheiten entdeckt haben, an denen Sie arbeiten möchten, können Sie an dieser Stelle direkt mit der *Liste* weiterarbeiten.

Einen weiteren Zugang zu Ihrem Sprachgebrauch erhalten Sie zusätzlich mit der Methode *Seriensprint*, die sich hier gleich anschließt.

Die Ergebnisse aus dem *Denkbild* und dem *Seriensprint* lassen sich dann zur Lösungsentwicklung in der *Liste* zusammenführen.

> **Seriensprint**
>
> - *Zeit:* 5–10 Minuten
> - *Material:* Kurzzeitwecker oder Handy, DIN-A4-Blatt Papier und Stift bereitlegen

### Für welche Situationen ist diese Methode geeignet?

Sie beschäftigt immer wieder ein ähnlicher Gedanke, der sich dann zu einer Grübel-Schleife ausweitet. Der Gedanke lässt sich nicht verdrängen und bietet keine Lösungsansätze oder Unterstützung.

### Wie führe ich die Methode »Seriensprint« durch?

Sorgen Sie dafür, eine Zeit lang ungestört zu sein. Begeben Sie sich an einen Ort, an dem Sie sich wohl fühlen. Nehmen Sie einige Bögen Papier und einen Stift zur Durchführung mit. Zusätzlich ist eine Uhr, die Sie als Timer nutzen können, hilfreich.

Bilden Sie einen Satzanfang, der Ihr »Thema« beinhaltet; hier einige Beispiele, die Sie so verwenden oder nach Ihren Bedürfnissen abändern können:

- Mit anderen reden bedeutet für mich …
- Wenn ich mit anderen spreche …
- Kommunikation ist für mich …
- In Gesprächen …

Danach gehen Sie folgendermaßen vor:

- Schreiben Sie Ihren Satzanfang 10 Minuten lang immer wieder von vorn.
- Nutzen Sie bei jedem Satzanfang eine neue Zeile.
- Schreiben Sie flüssig bzw. möglichst ohne eine Pause.
- Der Stift ist in ständiger Aktion.
- Führen Sie den Satzanfang spontan in jeder neuen Zeile weiter.
- Fällt Ihnen kein Satzende ein, beginnen Sie in der nächsten Zeile wieder von vorne.
- Schreiben Sie ohne Selbstzensur und Bewertung.
- Beenden Sie die Übung nach 10 Minuten und schreiben Sie den letzten Satz zu Ende.

Lesen Sie Ihren Seriensprint durch und suchen Sie nach Hinweisen, die Ihnen weiterhelfen könnten.

Das sind möglicherweise Eindrücke, die Ihnen vorher nicht klar waren, oder Hinweise zu Besonderheiten, die sich in Zukunft vermeiden, verändern oder anders lösen lassen.

Notieren Sie Ihre Besonderheiten, hieraus lassen sich möglicherweise Hinweise für Ihren *Steckbrief* entnehmen, um zukünftigen Missverständnissen vorzubeugen.

Ideen und Neues lassen sich vielleicht weiterentwickeln oder schon umsetzen.

Arbeiten Sie nun mit der Methode Liste weiter und führen Sie Ihre Ergebnisse aus dem Denkbild und dem Seriensprint zusammen.

> **Liste**
> ☺☺
>
> - *Zeit:* 20–40 Minuten
> - *Material:* Papier und Stift, drei verschiedenfarbige Textmarker

### Für welche Situation ist diese Methode geeignet?

Eine *Liste* eignet sich für Situationen, in denen Sie sich von einer Entscheidung überfordert fühlen und die Menge an unterschiedlichen bereits mehrfach durchdachten Möglichkeiten nicht deutlich zuzuordnen ist. Wenn sich trotz intensiven Nachdenkens über die Situation keine klare Position oder eindeutige Handlungsoption für Sie ergibt, unterstützt die *Liste* und deren Bearbeitung Ihren Prozess und führt Sie so zu Handlungsoptionen.

### Wie führe ich die Methode »Liste« durch?

Nutzen Sie die Liste, um die Ergebnisse Ihres *Denkbildes* und des *Seriensprints* zu ordnen. Auf diese Weise strukturieren Sie Ihre Ausarbeitung und können dann leichter Prioritäten setzen und Zusammenhängendes identifizieren.

 Versuchen Sie dann, aus den Spalten »Besonderheiten« und »Neu für mich« Ideen für »Lösungsansätze« abzuleiten (▶ Tab. 5.6).

 Zur Unterstützung Ihrer Lösungssuche bieten sich folgende ergänzende Methoden an (▶ Tab. 5.5):

Tab. 5.5: Ergänzende Methoden

| Heldenfigur befragen | Es war einmal |
|---|---|
| Begeben Sie sich auf eine Gedankenreise und fragen Sie Ihre Heldenfigur nach einer kurzen Einführung in die Besonderheiten nach Lösungsvorschlägen. Was würde die Heldenfigur anders machen? Wie würde sie vorgehen? | Schreiben Sie ein Märchen mit Ihnen als Hauptfigur, die gut aus der Situation herauskommt. Beschreiben Sie kurz die Besonderheiten, um die es geht, und lassen Sie dann eine gute Fee erscheinen, die Ihnen drei Wünsche erfüllt. |
| Leiten Sie hieraus Lösungsmöglichkeiten ab. | Fragen Sie sich, was sich ändert. Woran merken Sie die Veränderung? |
|  | Leiten hieraus Lösungsmöglichkeiten ab. |

## 5.2 Sprachgebrauch

Tab. 5.6: Lösungsmöglichkeiten

| Besonderheiten | Neu für mich | Ideen und Lösungsansätze |
|---|---|---|
| | | |
| | | |
| | | |
| | | |
| | | |
| | | |
| | | |

Sortieren Sie nun Ihre Lösungsansätze und nutzen Sie hierzu drei verschiedenfarbige Textmarker. Jeweils ein Farbe für:

A Ist mir wichtig.
B Ist Menschen, die mir wichtig sind, wichtig.
C Ist wichtig für meine Existenzsicherung.

Lassen Sie, wenn Sie mögen, auch eine Ihnen vertraute Person die Liste bewerten.
Betrachten Sie Ihr Ergebnis unter folgenden Fragestellungen:

- Welche Farbe überwiegt?
- Wo gibt es Lösungsansätze, die alle drei Aspekte oder zumindest zwei beinhalten?
- Welche Schlüsse ziehen Sie daraus?

Notieren Sie in die noch freie Spalte Ihre auf diese Weise sortierten Lösungsansätze.
Entwickeln Sie nun einen *Umsetzungsplan*.

> **Umsetzungsplan**
>
> - *Zeit*: 10–20 Minuten
> - *Material*: DIN-A4-Papier und Stift

**Für welche Situationen ist diese Methode geeignet?**

Da sich nicht alle Lösungsoptionen zu Ihrem Sprachgebrauch sofort umsetzen lassen, können Sie sich hier einen Überblick über Ihre Vorgehensweise verschaffen.

**Wie führe ich die Methode »Umsetzungsplan« durch?**

 Tragen Sie Ihre Ideen in den Umsetzungsplan (▶ Tab. 5.7) untereinander wie folgt ein:

- Zuerst alle mit A.
- Dann alle Ideen mit B.
- Zum Schluss alle Ideen mit C.

Auf diese Weise entsteht ein individuelle Auflistung Ihrer Ideen, die Ihre persönlichen Abstufung berücksichtigt.

Zusätzlich können Sie im Umsetzungsplan noch Ihren geschätzten Energieaufwand für die Umsetzung Ihrer Idee eintragen, darüber hinaus Menschen, die Sie unterstützen könnten, sowie einen angedachten möglichen Zeitraum, innerhalb dessen Ihre Idee realisiert werden könnte.

Sie haben sich nun intensiv mit den Besonderheiten Ihres Sprachgebrauchs beschäftigt und sicherlich schon einige individuelle Lösungsansätze für sich entdeckt. Nun checken Sie bewusst Ihre Sprache und Stimme. Nehmen Sie wahr, wie sich Ihr Sprachgebrauch im Gesellschaftsdschungel anhört.

Tab. 5.7: Mein Umsetzungsplan

| Idee | Energieaufwand | Unterstützermensch | Passender Zeitraum |
|---|---|---|---|
|  |  |  |  |
|  |  |  |  |
|  |  |  |  |
|  |  |  |  |
|  |  |  |  |
|  |  |  |  |
|  |  |  |  |

**Stimm- und Sprachcheck**
☺☺☺

- *Zeit*: 60–120 Minuten
- *Material*: DIN-A4-Papier und Stift, Texte, Handy oder anderes akustisches Aufnahmegerät

### Für welche Situation ist diese Methode geeignet?

- Sie möchten Ihre Stimme bzw. ihre Ausdrucksweise und ihre Wirkung intensiver kennenlernen und besser einschätzen können.
- Sie möchten an dem Ausdruck Ihres sprachlichen Auftritts arbeiten.
- Sie bereiten sich auf eine wichtige Kommunikationssituation vor.

### Wie führe ich die Methode »Stimm- und Sprachcheck« durch?

Nehmen Sie immer mal wieder sprachliche Dialoge im Alltag auf. Achten Sie dabei darauf, das Persönlichkeitsrecht anderer nicht zu verletzen. Wenn Sie unsicher sind, sprechen Sie Ihr Vorhaben erst mit Ihrem Gegenüber ab.

Es eignen sich alle sprachlichen Situationen, die Sie in Ihrem Alltag erleben. Hierzu können Gespräche mit Freunden, Familie, Therapeuten, Fachpersonen jeder Art, Telefonate, Meetings usw. genutzt werden.

Nutzen Sie sowohl Kommunikationssituationen, die Ihnen leichter fallen, als auch solche, die schwierig für Sie sind. Auf diese Weise können Sie beim späteren Anhören der Dialoge Unterschiede selbst feststellen, und vielleicht lassen sich hier schon Merkmale ableiten, die Ihnen anstrengende Situationen erleichtern.

Schwierige und auch belastende Gespräche entstehen im Alltag oft, ohne dass wir sie vorbereiten oder planen können. Für solche Situationen füllen Sie den Analysebogen als Gedächtnisprotokoll aus (▶ Abb. 5.4). Vielleicht können Sie dann nicht alle Aspekte erinnern aber die für Sie wichtigsten Wahrnehmungen sind mit großer Wahrscheinlichkeit noch präsent und die sind besonders wichtig.

Vielen Menschen ist es unangenehm, die eigene Stimme auf Band zu hören; sollte dies auf Sie zutreffen, versuchen Sie sich zu überwinden. Aufnahmen sind eine gute Möglichkeit, die eigene Wahrnehmung zu schulen, und sie lassen sich leicht zum sprachlichen Trainieren einsetzen.

Versuchen Sie, zehn verschiedene Gesprächssituationen zu sammeln. Mindestens drei davon wären als Aufnahme für die stimmliche Weiterarbeit hilfreich.

Analysieren Sie Ihre Aufnahmen nach folgenden Kriterien:

- Anwesende Personen,
- persönliche Verbindung/Wichtigkeit der Person(en),
- Lautstärke der Umgebung,
- Ablenkungen um die Situation herum,
- Uhrzeit,
- Tätigkeiten vorher und nachher,
- vorhandene Temperatur,
- Ihre Kleidung,
- Ihr Ressourcenrucksack,
- Anwendung von Redewendungen oder Sprichwörtern,
- unverständliche Sprache Ihres Gegenübers (Missverständnisse),
- zeitlicher Sprachanteil der Gesprächspartner,
- Klang Ihrer Stimme (Betonung/Lautstärke/Pausen),
- Pausen während des Redens.

5.2 Sprachgebrauch

## Auswertungsbogen

| Anwesende Personen | Wochentag: |
| --- | --- |
| Persönliche Wichtigkeit | Uhrzeit: |
| | Tätigkeit vorher: |
| Räumliche Distanz zu den Personen — Ich | Tätigkeit nachher: |

| Kriterien | Belastung von 0 (keine Belastung) bis 10 (starke Belastung) |
| --- | --- |
| Lautstärke der Umgebung | |
| Ablenkungen um die Situation herum | |
| Temperatur | |
| Ihre Kleidung | |
| Ihr Ressourcenrucksack | |
| Anwendung von Redewendungen oder Sprichwörtern durch Sprachpartner | |
| Unverständliche Sprache Ihres Gegenübers (Missverständnisse) | |
| Klang Ihrer Stimme (Betonung/ Lautstärke/Pausen) | |
| Pausen während des Redens | |
| Sprachlicher Anteil der Beteiligten | |

**Abb. 5.4**: Auswertungsbogen

Analysieren Sie Ihre aufgezeichneten Gespräche mit Hilfe des oben aufgeführten Auswertungsbogens (▶ Abb. 5.4). Die Bewertungsskala in Verbindung mit den Angaben zur Anzahl und physischen Nähe der Personen, persönliche Wichtigkeit sowie Datum, Uhrzeit und Tätigkeiten vorher und nachher geben Ihnen nun wichtige Hinweise für die zukünftige Gestaltung Ihrer Kommunikation.

- Zählen Sie von allen Bögen die Anzahl der Belastungspunkte eines Kriteriums zusammen (▶ Tab. 5.8).

**Tab. 5.8:** Auswertung der einzelnen Kriterien – Teil 1

| Kriterien | Gesamtpunktezahl |
| --- | --- |
| Lautstärke der Umgebung | |
| Ablenkungen um die Situation herum | |
| Empfundene Temperatur | |
| Ihre Kleidung | |
| Ihr Ressourcenrucksack | |
| Anwendung von Redewendungen oder Sprichwörtern | |
| Unverständliche Sprache Ihres Gegenübers (Missverständnisse) | |
| Klang Ihrer Stimme (Betonung/Lautstärke/Pausen) | |
| Pausen während des Redens | |
| Sprachlicher Anteil der Beteiligten | |

- Erstellen Sie eine Liste und setzen Sie an die erste Stelle das Kriterium, welches Sie am meisten belastet, danach dasjenige, das an zweiter Stelle steht, usw. Nutzen Sie hierzu folgende Vorlage (▶ Tab. 5.9).

## 5.2 Sprachgebrauch

**Tab. 5.9:** Auswertung der einzelnen Kriterien – Teil 2

| | Kriterien |
|---|---|
| 1 | |
| 2 | |
| 3 | |
| 4 | |
| 5 | |
| 6 | |
| 7 | |
| 8 | |
| 9 | |
| 10 | |

- Zählen Sie die Belastungspunkte aller Kriterien pro Gesprächssituation also für jeden Analysebogen einzeln zusammen.
- Teilen Sie die Gesamtsumme durch zwei. Mit diesem Wert können Sie nun weiterarbeiten. Bilden Sie zwei Blätterhaufen: einen, der weniger Belastungspunkte als der geteilte Wert hat, und einen, der mehr Belastungspunkte als dieser Wert hat.
- Betrachten Sie zuerst die Situationen, die weniger Belastungspunkte ergeben, und werten Sie diese mit Hilfe des unten aufgeführten Analysebogens aus (▶ Abb. 5.5).
- Führen Sie den gleichen Schritt mit den Situationen durch, die mehr Belastungspunkte haben als Ihr Mittelwert.
- Vergleichen Sie die Ergebnisse und suchen Sie nach Hinweisen, wie Ihre möglichst optimale Gesprächssituation aussieht.
- Halten Sie die Kriterien in einer kurzen Beschreibung fest.

> **Meine optimale Gesprächssituation**

Die Auswertungen geben Ihnen durch die Bewertungsskala Hinweise zur Intensität der verschiedenen Einflussfaktoren und schließlich zu möglichen Veränderungen.

Versuchen Sie, Gesprächssituationen in Zukunft so zu gestalten, dass diese sie nicht mehr so stark belasten.

 Weitere Hinweise dazu finden Sie in folgenden Kapiteln:

- *Ressourcen* (▶ Kap. 7),
- *Smalltalk Vorbereitung* (▶ Kap. 5.3),
- *Kleidung* (▶ Kap. 5.4).

Sie konnten durch die aufgeführten Methoden viel über Ihr persönliches Sprachverhalten im Gesellschaftsdschungel erfahren. Manchmal gibt es in einer fremden, »wilden« Umgebung aber ganze Bereiche, die für uns unverständlich sind. So kann es autistischen Menschen auch in Gesprächssituationen ergehen. Es fehlen vielleicht noch Werkzeuge und Ausrüstung, um diesen Bereich zu erobern. Um sich in solchen »wilden Umgebungen« zurechtfinden zu können, ist es gut, sich an Experten zu wenden und diese nach Erfahrungen, Tipps und Vorgehensweisen zu befragen. Wie so eine Expertenbefragung vorbereitet und durchgeführt werden kann, finden Sie in der nächsten Methode *Interview*.

> **Interview**
> ☺☺
>
> - *Zeit*: 30–60 Minuten
> - *Material*: DIN-A4-Papier und Stift

**Für welche Situation ist diese Methode geeignet?**

Wenn Sie gezielt zu einem Thema oder einer Situation Fragen haben, die für Ihre Entwicklung und Persönlichkeit oder Ihren Alltag wichtig sind.

## 5.2 Sprachgebrauch

### Analysebogen zur Auswertung

| Anzahl der Personen | Relevanz der Person(en) |
|---|---|
| 1 2 3 4 5 6 7 8 9 10 | 1 |
| Mehr als 10 | 2 |
| Mehr als 20 | 3 |

| | |
|---|---|
| Montag | Morgens |
| Dienstag | Mittags |
| Mittwoch | Abends |
| Donnerstag | Nachts |
| Freitag | Ganzer Tag |
| Samstag | |
| Sonntag | |

**Abb. 5.5:** Analysebogen zur Auswertung

### Wie führe ich die Methode »Interview« durch?

- Suchen Sie sich einen Experten für das Gebiet. Unterscheiden Sie je nach Thema, ob es jemand aus dem beruflichen oder privaten Umfeld gibt, den Sie befragen könnten. Machen Sie in Ihrem Bekanntenkreis geeignete Experten ausfindig.

- Fragen Sie die Person, für die Sie sich entschieden haben, ob sie für einige Fragen zu dem ausgesuchten Thema Zeit für Sie hat.
- Zur Kontaktaufnahme können Sie sich mit Hilfe der Methode *Heldenfigur* noch mal Tipps holen.
- Die Methode *Vier-Schritte-Klärung* kann die Kontaktaufnahme als Gesprächsleitfaden erleichtern.
- Bereiten Sie Ihre Fragen sorgfältig vor; hierzu bieten sich die Methoden *Denkbild* und *Liste* an.
- Informieren Sie Ihren Gesprächspartner darüber, dass Sie Fragen vorbereitet haben, damit die Person offen damit umgehen kann, wenn Sie Ihre Fragen als Notiz mitbringen.
- Wenn Sie während des Gesprächs zu den Antworten Notizen anfertigen möchten, fragen Sie Ihren Gesprächspartner vorab, ob das in Ordnung ist. So vermeiden Sie Missverständnisse.
- Bedanken Sie sich für die Unterstützung und die Zeit, die sich Ihr »Experte« genommen hat.

**Meine Fragen**

Als autistischer Mensch ist der allgemeine Sprachgebrauch von neurotypischen Menschen nicht immer sofort verständlich. Die Schwierigkeiten liegen beispielsweise im »Wortwörtlich«Nehmen, in verwendeten Redewendungen oder im Anwenden von Sprichwörtern in Gesprächen. Der Dschungel der Gesellschaft bietet hier einige Hindernisse und Gruben, die einen zu Fall bringen könnten. Die beiden folgenden Methoden sollen Ihnen als »Werkzeuge« für solche Situationen dienen.

### Internetrecherche
☺☺

- *Zeit*: 30–60 Minuten
- *Material*: DIN-A4-Papier und Stift

**Für welche Situation ist diese Methode geeignet?**

- Sie sind sich unsicher, was die Bedeutung eines Begriffes und/oder einer Handlung sein könnte.

## 5.2 Sprachgebrauch

- Sie bemerken, dass Sie sich anders als die meisten Menschen in der Situation fühlen und/oder verhalten.
- Die Reaktion auf Ihren Wortbeitrag war anders, als Sie erwartet haben.

### Wie führe ich die Methode »Internetrecherche« durch?

Wenn es Ihnen möglich ist, führen Sie Ihre Recherche direkt mit dem Handy vor Ort durch. Sollte dies unangemessen oder Ihnen unangenehm sein, besteht vielleicht die Gelegenheit, sich mal kurz zurückzuziehen (auf die Toilette gehen geht meistens). Recherchieren Sie dann mit dem Endgerät, das Ihnen in der aktuellen Situation zur Verfügung steht.

Sie könnten sich die Situation, den Begriff oder den »Spruch« auch merken oder notieren und dann zuhause in Ruhe nachschauen.

Formulieren Sie Ihre Gedanken zur Situation in Frageform.

Beispiele:

- Was bedeutet …?
- Was ist gemeint, wenn …?
- Wie reagiere ich auf …?

Notieren Sie Ihre Ergebnisse in Stichpunkten entweder in Ihrer Notizen-App auf dem Handy oder auf einem Ihnen zur Verfügung stehenden Blatt, Notizbuch oder Ähnlichem.

---

**Tipp**

*Legen Sie ein persönliches digitales oder handschriftliches Notizbuch mit Ihren Ergebnissen an. So können Sie bei ähnlichen Situationen immer wieder nachsehen.*

---

### Vier-Schritte-Klärung
☺☺

- *Zeit*: 30–60 Minuten
- *Material*: DIN-A4-Papier und Stift

### Für welche Situation ist diese Methode geeignet?

- Sie sind in einer Gesprächssituation und unsicher, ob Sie das Gesagte richtig verstanden haben.
- Sie konnten nur Teile des Gesprächs verstehen, haben aber einzelne Inhalte nicht deuten können.
- Sie konnten dem Inhalt des Gesprächs nicht folgen.

**Wie führe ich die Methode »Vier-Schritte-Klärung« durch?**

1. Wiederholen Sie das, was Sie verstanden haben. Formulieren Sie den Inhalt so, dass er für Sie gut verständlich ist.
   Beginnen Sie beispielsweise mit Formulierungen wie:
   - Wenn ich das richtig verstanden habe ...
   - Ich fasse das Gesagte noch mal für mich zusammen ...
   - Bei mir ist gerade folgender Inhalt (folgende Nachricht, Botschaft, Überzeugung) angekommen ...
2. Interpretieren Sie das, was Sie gehört haben, nach Ihren Vorstellungen. Mit Satzanfängen wie:
   - Das würde für mich bedeuten ...
   - Daraus folgt für mich ...
   - Dazu fällt mir ... ein.
3. Fragen Sie Ihr Gegenüber, ob das so korrekt ist oder ob Sie das richtig verstanden haben.
   - Ich möchte gerne wissen, ob das, was ich verstanden habe, so richtig ist.
   - Ist das so gemeint?
   - Stimmen Sie mir zu?
4. Warten Sie die Antwort ab und beginnen Sie, falls es noch nicht verständlich für Sie ist, noch mal mit den noch nicht klar gewordenen Aspekten bei Punkt 1.

Durch diese Vorgehensweise von Wiederholen, Interpretieren des Wahrgenommenen, Nachfragen und dann Abwarten, um dem Kommunikationspartner zu ermöglichen, auf Ihre Deutung und Wahrnehmung einzugehen, hat Ihr Gegenüber die Chance, Sie besser zu verstehen. Dadurch werden Missverständnisse reduziert und gleichzeitig gegenseitiges Verständnis gefördert.

## 5.3 Smalltalk Vorbereitung

Eine Schneeeule ist mit den Ökosystem des Dschungels und dessen Regeln nicht vertraut. Sie hat Probleme in der Kommunikation mit anderen Tieren, denn anders als in ihrer vertrauten Umgebung gibt es hier eine andere Körpersprache und eine andere Rangfolge.

So ähnlich geht es vielen autistischen Menschen, die in neue soziale Situationen geraten oder mit einer fremden Gruppe von Menschen in Kontakt kommen. Es gelten bestimmte Regeln, worüber und wie sich unterhalten wird, der sogenannte »Smalltalk«. Viele erwachsene Autisten hinterfragen zum einen die Sinnhaftigkeit desselben, da der Inhalt selten von Bedeutung ist, und finden sich zum anderen nur schwer in dieser Art von sozialem Gefüge zurecht.

## 5.3 Smalltalk Vorbereitung

**Material**

- 1 Blatt DIN-A4-Papier
- 1 Stift zum Schreiben

*Gesamtbearbeitungszeit:* ca. 1,5 Stunden

| Methode | Seite | Zeit | Material | Erledigt |
|---|---|---|---|---|
| Check-up-Blick | 85–87 | 1–3 Minuten | Keines | |
| Überlebensstrategie Smalltalk | 87–90 | 60–90 Minuten | Zusatzmaterial zum Download, DIN-A4-Blatt Papier und Stift | |

Der Sinn von Smalltalk ist im Grunde nicht der Austausch von Informationen, sondern vielmehr das Gespräch an sich. Gerade im beruflichen Umfeld oder auch im Bildungsbereich können so soziale Beziehungen entstehen und gepflegt werden. Auch der Eindruck, den Sie in diesen Gesprächen hinterlassen, kann Einfluss auf die zukünftige Zusammenarbeit oder Beziehung haben, ob nun im privaten oder beruflichen Kontext.

Zum Meistern solcher Situationen gibt es verschiedene Möglichkeiten. Beispielsweise können Sie, um Ihr Gegenüber besser einzuschätzen, auf die Methode *Check-up-Blick* zurückgreifen.

### Check-up-Blick

- *Zeit*: 1–3 Minuten
- *Material*: Keines

**Für welche Situationen ist diese Methode geeignet?**

Den *Check-up-Blick* können Sie immer dann gut anwenden, wenn Sie einer Person begegnen oder sich in einer Situation befinden, die Sie verunsichert. Auch wenn Sie wärend einer sozialen Situation das Gefühl haben, das Gespräch könnte in eine von Ihnen nicht beabsichtigte Richtung gehen, kann der *Check-up-Blick* Sie dabei unterstützen, Ihr Gegenüber schnell einzuschätzen.

## Wie führe ich die Methode »Check-up-Blick« durch?

Stellen Sie sich zwei Dreiecke vor, das eine Dreieck zeigt mit einer Spitze nach oben, das andere nach unten. Eine Spitze weist zum Kopf des zu betrachtenden Menschen, die andere zu den Füßen. Die Dreiecke treffen sich an den Schultern der Person.

Der *Check-up-Blick* beginnt beim Oberkörper (1) der Person, von dort aus lenken Sie den Blick Richtung Kopf (2) und dann hinunter zu den Schultern (3, 4, 5).

Nun wandert der Blick über die Beine (6, 7, 8) hinunter zu den Füßen (9, 10) und wieder hinauf zu den Schultern. Hier angekommen entscheiden Sie, wie Sie sich weiter verhalten.

1. Steht, sitzt der Mensch Ihnen zugewandt?
2. Blickt der Mensch zu Ihnen?
3. Hat der Mensch eine offene Körperhaltung?
4. Sind die Arme locker?
5. Wo befinden sich die Schultern?
6. Sind die Beine durchgedrückt?
7. Sind die Beine entspannt?
8. Steht der Mensch schulterbreit?
9. Sind die Füße dicht zusammen?
10. Steht der Mensch mehr als schulterbreit?

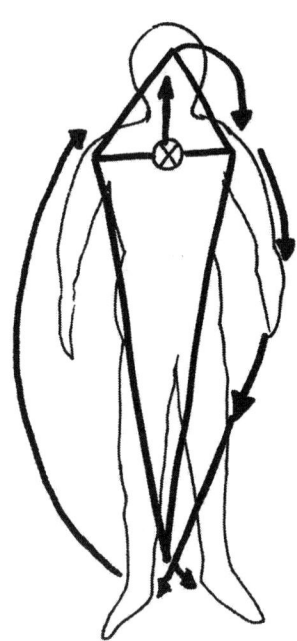

**Abb. 5.6:** Check-up-Blick

## Auswertung

**Tab. 5.10:** Auswertung des *Check-up-Blicks*

|  | Neutral oder zugewandt | Neutral | Abgewandt |
|---|---|---|---|
| Körpersprache | • Offene und lockere Körperhaltung<br>• Zugewandter Blick<br>• Schulterbreiter Stand<br>• Ihnen zugewandt | • Blickt nicht zu Ihnen<br>• Schulterbreiter Stand<br>• Lockere Körperhaltung<br>• Von Ihnen abgewandt | • Blick von Ihnen abgewandt<br>• Angespannte Körperhaltung<br>• Von Ihnen abgewandt |
| Handlungsoption | • Freundliches Grüßen<br>• Kurze Unterhaltung möglich | • Freundliches Grüßen<br>• Kurzes Zunicken<br>• Vorbeigehen | • Neutrales Vorbeigehen |

Der *Check-up-Blick* erlaubt Ihnen eine erste Einschätzung und kann Ihnen helfen, zu entscheiden, wie Sie weiter vorgehen. Er ist ein grobes Raster, das Ihnen eine erste Einschätzung ermöglichen soll.

### Ergänzung
*Wenn Sie das Bedürfnis haben, noch über den Check-up-Blick hinaus eine Situation zu klären können Sie auf die folgende Methode zurückgreifen (siehe auch weiter oben).*

> **Vier-Schritte-Klärung**
>
> Eine genauere Klärung der Situation

Auch kann es Ihnen helfen, weniger angespannt zu sein, wenn Sie sich im Vorhinein überlegen, welche Smalltalk-Themen geeignet wären. So nehmen Sie einen Teil des Drucks aus der akuten Situation und können gut vorbereitet in diesen Teil der sozialen Interaktion gehen. Hierbei hilft Ihnen die *Überlebensstrategie Smalltalk*.

> **Überlebensstrategie Smalltalk**
>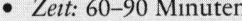
>
> • *Zeit:* 60–90 Minuten
> • *Material:* Papier, Stift

### Für welche Situationen ist diese Methode geeignet?

Zur Vorbereitung auf soziale Interaktionen können Sie diese Methode anwenden. Sie befähigt Sie, Ihre Gedanken im Voraus zu ordnen, und ermöglicht es Ihnen, auch in anstrengenden sozialen Situationen den Fokus auf den Smalltalk beizubehalten.

### Wie führe ich die »Überlebensstrategie Smalltalk« durch?

Suchen Sie sich einen ruhigen Ort, an dem Sie sich gut konzentrieren und gut überlegen können.

Legen Sie nun eine gedachte »Smalltalk-Themenliste« an Ihrem Körper an. Durch eine erdachte Themenliste an Ihrem Körper werden Sie es in Zukunft leichter haben, in Smalltalk-Runden einzusteigen oder sich daranzu beteiligen. Überlegen Sie sich für jedes Körperteil ein Thema, das für den Smalltalk geeignet ist (▶ Tab. 5.11). Orientieren Sie sich dazu an den drei Feldern *Gegenstand*, *Tätigkeit* und *Eigenschaft*.

**Tab. 5.11:** Beispiel für Smalltalk (Hände)

| Körperteil | Gegenstand | Tätigkeit | Eigenschaft |
|---|---|---|---|
| Hände | Ring:<br>• »Mir gefällt Ihr Ring sehr gut. Wo haben Sie den denn her?« | Computerspiele:<br>• »Haben Sie auch mitbekommen, dass das neue FIFA-Spiel gestern rausgekommen ist?« | Tatkräftig:<br>• »Ich habe mir gestern angeschaut, wie man Vogelhäuser baut. Kennen Sie sich da aus?« |

Tragen Sie Ihre Ideen und die unterschiedlichen Gesprächseinstiege für die Körperteile in die unten folgende Tabelle ein (▶ Tab. 5.12).

Mit Hilfe Ihrer Körperteile, die Sie schließlich immer dabeihaben, und Ihren Überlegungen können Sie sich so verschiedene Möglichkeiten und Fragen für den Smalltalk in sozialen Interaktionen merken.

Wenn Sie nun bei einem Event oder im beruflichen Umfeld mit anderen Menschen zusammentreffen, können Sie in Gedanken Ihre Gesprächseinstiege anhand Ihrer Körperteile durchgehen und einen passenden Einstieg für den entsprechenden Anlass auswählen.

Tragen Sie Ihre Ideen und Gesprächseinstiege für die Körperteile in die unten folgende Tabelle ein (▶ Tab. 5.12) und/oder in die Abbildung 5.7 (▶ Abb. 5.7), die Sie auch im Downloadbereich finden.

**Tipp**

*Hängen Sie sich die ausgefüllte Abbildung an einen Ort, den Sie oft sehen, um eine Erinnerung zu haben.*

## 5.3 Smalltalk Vorbereitung

**Wichtig**
Achten Sie darauf, dass Ihre Gesprächseröffnung freundlich und wohlwollend ist, um so eine möglichst angenehme Gesprächsatmosphäre zu erzeugen.

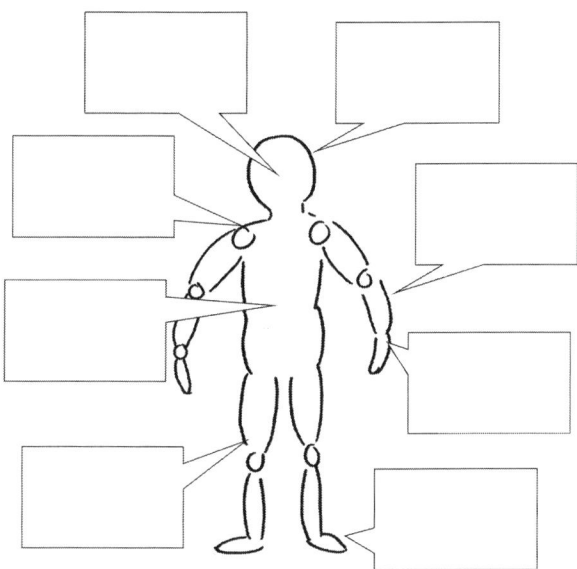

**Abb. 5.7:** Körperumriss für die *Überlebensstrategie Smalltalk* (siehe auch Zusatzmaterial zum Download)

**Tab. 5.12:** Smalltalk-Themenliste anhand von Körperteilen

| Körperteil | Gegenstand | Tätigkeit | Eigenschaft |
|---|---|---|---|
| | | | |
| | | | |
| | | | |

**Tab. 5.12:** Smalltalk-Themenliste anhand von Körperteilen – Fortsetzung

| Körperteil | Gegenstand | Tätigkeit | Eigenschaft |
|---|---|---|---|
|  |  |  |  |
|  |  |  |  |
|  |  |  |  |
|  |  |  |  |
|  |  |  |  |
|  |  |  |  |

Besprechen Sie die Fragen und Themen vielleicht noch einmal mit Ihnen zugewandten Menschen (Familie, Freunde, Therapeuten), auf diese Weise erhalten Sie möglicherweise wichtige Rückmeldungen und Ergänzungen. Achten Sie darauf, dass die von Ihnen gewählten Gesprächseinstiege unverfänglich sind. Themen aus den Bereichen Politik, Glauben oder Religion sind meist ungeeignet.

Mit Ihren Überlegungen zu Smalltalk-Themen sind Sie nun gut auf die nächste soziale Situation vorbereitet und wissen, wie Sie sich in Gespräche einbringen können.

## 5.4 Kleidung

Im Dschungel ist es wichtig, dass die Kleidung, die Sie tragen, ideal für die unterschiedlichsten Situationen geeignet ist. Zum Beispiel kann ein Tropenhelm Sie vor einem Sonnenstich und herabfallenden Ästen beschützen, eine Regenjacke hält Sie während monsunartiger Regenfällen trocken.

Auch die Schneeeule bereitet sich auf ihre Umgebung vor, zwar trägt sie keine Tropenausrüstung, jedoch kann sie sich mit einem Versteck hinter Blättern oder mit einer höheren Flugroute an ihre Umwelt anpassen.

> **Material**
>
> - 2–3 Blätter DIN-A4-Papier
> - 1 Plakatbogen oder Bogen Packpapier
> - 1 Stift zum Schreiben
> - Zeitschriften/Kataloge für Collagen nach Wunsch
> - Akustisches Aufnahmegerät (z. B. Handy)
> - *Checkliste* »Kleidung« (Zusatzmaterial zum Download)
> - Tabelle »Hilfspäckchen-Sammlung« (Zusatzmaterial zum Download)

*Gesamtbearbeitungszeit:* ca. 2,5 Stunden

| Methode | Seite | Zeit | Material | Erledigt |
|---|---|---|---|---|
| **Entdeckungsreise** | 92–94 | 30–60 Minuten | DIN-A4-Blatt Papier, Stift, Handy zum Fotografieren | |
| **Spiral-Labyrinth** | 94–95 | 40–60 Minuten | Ein großer Plakatbogen oder ein Bogen Packpapier, verschiedenfarbige Stifte, Zeitschriften/Kataloge nach Wunsch | |
| **Checkliste** | 97–98 | 15–30 Minuten | Vorbereitete Liste unten (▶ Tab. 5.15) oder Zusatzmaterial zum Download, Stift | |
| **Kreise des Kompromisses** | 99–100 | 20–30 Minuten | DIN-A4-Blatt Papier und ein Stift | |
| **Hilfspäckchen Kleidung** | 100–101 | 30 Minuten | Tabelle Hilfspäckchen-Sammlung (Zusatzmaterial zum Download) oder ein DIN-A4-Blatt Papier und ein Stift | |

Kleidung kann auch im Alltag eine beschützende und vorbereitende Rolle einnehmen. Bestimmt haben Sie auch schon festgestellt, dass Sie andere Ansprüche an Ihre Kleidung haben als der Großteil der neurotypischen Menschen um Sie herum. Bei autistischen Menschen spielen sensorische Faktoren eine große Rolle dabei, ob sie sich in der gewählten Kleidung wohlfühlen können. Einige Stoffe irritieren und können dazu führen, dass eine Reizüberflutung getriggert wird.

Durch die besondere Wahrnehmung kommt hinzu, dass Temperaturen teils anders empfunden werden und so schnell unpassende Kleidung ausgewählt wird, zum Beispiel bei kaltem Wetter T-Shirt und Shorts. Das kann zu Unverständnis aus dem Umfeld oder zu gesundheitlichen Schwierigkeiten wie Erkältungen oder im umgekehrten Fall zu Überhitzung führen.

Die folgenden Methoden führen Sie Schritt für Schritt zu Ihren individuellen Kleidungsbedürfnissen. Sie lassen sich zum Reflektieren und zum Neu-Planen anwenden.

> **Entdeckungsreise**
> ☺☺
>
> - *Zeit:* Je nach Anwendungsgebiet und dessen Relevanz benötigen Sie mehr oder weniger Zeit.
>   Beispiel: Wohlfühlkleidung – 30–60 Minuten.
> - *Material:* DIN-A4-Blatt Papier, Stift und/oder Handy zum Fotografieren

**Für welche Situationen ist diese Methode geeignet?**

Wenn Sie herausfinden möchten, welche Kleidung Sie in einer bestimmten Situation oder auch generell angenehm finden, welche Materialien für Sie geeignet sind und warum das so ist.

**Wie führe ich die »Entdeckungsreise« durch?**

Als Erstes gehen Sie auf »Wohlfühlsafari« in Ihrem Kleiderschrank. Sie sollten versuchen, entweder durch direktes Erfühlen oder durch gesteigerte Aufmerksamkeit im Alltag zu klären, welche Kleidungsstücke ein wohliges Gefühl in Ihnen auslösen. Das Abenteuer besteht also darin, herauszufinden, welche Ausrüstungsgegenstände Sie im Weltendschungel am besten unterstützen können. Das kann sehr anstrengend sein, da wir in der Regel mehr darauf achten, was uns unangenehm ist oder uns stressen könnte. Seien Sie also geduldig mit sich selbst und lassen Sie sich bei dieser Übung genug Zeit. Je öfter Sie dieses Kleidungsstück tragen, desto länger sollten Sie sich Zeit für diese Methode lassen. Wenn Sie sich unsicher sind, für welche Situationen welche Kleidungsstücke geeignet sind, bitten Sie doch eine*n Freund*in oder eine andere Bezugsperson, Ihnen dabei zu helfen. So können Sie Ihre eigene Bewertung noch durch die Außenwirkung ergänzen und auf diese Weise ein noch besseres Ergebnis gewinnen.

Beispiel: Neuer Schlafanzug – mindestens 1 Stunde. Neue Socken – mindestens 10 Minuten.

Sammeln Sie ganz individuell die für Sie positiv besetzten Kleidungsstücke:

- Schreiben Sie eine *Liste*, in der Sie Ihre »Wohlfühlstücke« sammeln.
- Fotografieren Sie die jeweiligen Kleidungsstücke. Legen Sie von ihnen einen separaten Ordner auf Ihrem Handy an. So können Sie auch gleich Kleidungsstücke, die Sie gut kombinieren können, zusammen fotografieren, dann haben Sie in stressigen Momenten etwas weniger, worüber Sie sich Gedanken machen müssen.

Sie können eine der Sammelmöglichkeiten nutzen oder beide kombinieren. Auf diese Weise entsteht nach und nach eine Liste von Kleidungsstücken, die Sie unterstützen und die Ihnen guttun. Sie können dann versuchen, diese gezielt in Ihren Alltag zu integrieren. Vielleicht stellen Sie fest, dass die meisten Ihrer »Wohlfühlstücke« aus demselben Material sind oder eine ähnliche Passform haben. Dies kann Ihnen als Hinweis dienen, wenn Sie neue Kleidungsstücke kaufen.

Die folgende Checkliste (▶ Tab. 5.13), die Sie individuell anpassen und erweitern können, unterstützt Sie bei Ihrer Suche nach Gemeinsamkeiten. Notieren Sie dort die Eigenschaften Ihrer Lieblingsstücke; so sind Sie in der Lage, Gemeinsamkeiten noch einfacher zu erkennen.

**Tab. 5.13:** Meine Liste mit geeigneten Kleidungsstücken

| Eigenschaft | |
|---|---|
| Materialien | |
| Tragegefühl | |
| Muster | |
| Farben | |
| Eng oder weit | |
| Geruch | |

**Tab. 5.13:** Meine Liste mit geeigneten Kleidungsstücken – Fortsetzung

| | |
|---|---|
| | |
| | |

Nun haben Sie gesammelt, was Ihnen an Kleidung besonders auffällt, welche Aspekte für Sie wichtig sind und welche potenziellen Herausforderungen es gibt. Ebenso haben Sie einen besseren Überblick darüber, in welcher Art von Kleidung Sie sich wohl fühlen.

Um die in der *Entdeckungsreise* gesammelten Aspekte besser Sie einordnen zu können, sodass Sie eine fundierte Priorisierung vornehmen können, ist die Methode *Spiral-Labyrinth* hilfreich.

### Spiral-Labyrinth
☺☺

- *Zeit:* 45–90 Minuten + 1 Woche Vorarbeit
- *Material:* Ein großer Plakatbogen oder ein Bogen Packpapier/verschiedenfarbige Stifte/Zeitschriften und Kataloge nach Wunsch

**Für welche Situationen ist diese Methode geeignet?**

Wenn Sie versuchen, verschiedene Aspekte abzuwägen und zu priorisieren, lässt sich diese Methode unterstützend anwenden. Sie befähigt Sie dazu, alles, was Ihnen durch den Kopf geht, auf eine Weise zu ordnen, die einen Fokus bildet. Im Kern der Spirale ist das, was »essenziell« für Sie ist, das Wichtigste, was Sie auf keinen Fall entbehren können.

Das von Ihnen gestaltete Spiral-Labyrinth kann auch dabei helfen, Außenstehenden Ihre besondere Wahrnehmung und die damit verbundenen Bedürfnisse begreifbarer zu machen.

**Wie führe ich die Methode »Spiral-Labyrinth« durch?**

Nutzen Sie die Ergebnisse aus der *Entdeckungsreise* oder sammeln Sie mindestens eine Woche lang Aspekte zu Ihrem Thema.
Im Weiteren wird die Methode hier am Beispiel von »Kleidung« erläutert.
Sortieren Sie zunächst die wichtigsten Aspekte, die dazu beitragen, dass Sie sich in Ihrer Kleidung wohlfühlen. Dies stellt die Mitte der Spirale dar. »Reisen« Sie dann

Wort für Wort oder Bild für Bild immer weiter um diesen zentralen Wohlfühlmittelpunkt herum, bis Sie Ihre Wünsche und gesammelten Aspekte rund um Ihre Kleidung vollständig untergebracht haben.

Es geht hier darum, Ihre Erkenntnisse nach Ihrer persönlichen Gewichtung zu sortieren. In der Mitte steht nach der Übung das, was für Sie unentbehrlich ist. Je weiter sich der Spiralweg von der Mitte entfernt, desto weniger wichtig/notwendig sind diese Aspekte.

Wenn Sie alle Aspekte, die Sie auf der *Entdeckungsreise* gesammelt haben, unterbringen konnten, hängen Sie sich Ihr Werk auf, sodass Sie immer wieder auf Ihre Ausarbeitung schauen. Lassen Sie Ihr Spiral-Labyrinth auf sich wirken und ergänzen Sie, was Ihnen noch fehlt, oder heben Sie optisch hervor, was Ihnen unentbehrlich erscheint. Wenn Sie mögen, können Sie auch über das ganze Kalenderjahr hinweg weiter an Ihrem Spiralbild arbeiten.

Sie können es auch immer mal wieder fotografieren und nach einem Jahr betrachten, um zu schauen, was hinzu- oder auch weggekommen ist. Sie entscheiden und spüren somit Ihren Wohlfühlwohnmomenten immer wieder nach. Mit der Zeit erleben Sie dadurch, wie auch Ihre Kleidung dazu beitragen kann, dass Sie sich in Ihrem Alltag wohler fühlen. Der Bananenrucksack kann so um ein paar Energiepäckchen ergänzt werden.

Besprechen Sie die Spirale mit Ihnen zugewandten Menschen (Familie, Freunde, Therapeuten); vielleicht erhalten Sie dabei wichtige Rückmeldungen und möchten diese für Ergänzungen nutzen. Möglicherweise dient Ihr Spiral-Labyrinth Bild dazu, dass andere Menschen Sie besser verstehen, und so lässt sich das Zusammenleben leichter gestalten.

Jetzt konnten Sie die gesammelten Aspekte einordnen und wissen, was für Sie besonders zu beachten ist. Vielleicht haben Sie dabei vor allem auf die sensorischen Aspekte geachtet, z. B. welche Stoffe und Passformen für Sie am angenehmsten sind. Nun kommt noch eine weitere Komponente hinzu, denn tatsächlich kann Kleidung neben ihren praktischen Funktionen wie Wärme spenden oder unsere Haut schützen auch ein bestimmtes Bild nach außen transportieren.

Da es autistischen Menschen oft schwerfällt, soziale Situationen einzuschätzen, ist auch die Kleiderwahl nicht immer einfach. Hinzu kommt, dass die Gesellschaft zu verschiedenen Anlässen bestimmte Kleidungsstile erwartet. Auch Ihre Wirkung auf andere kann unterschiedlich sein, je nachdem wie Sie gekleidet sind. So kann Kleidung Ihnen helfen, souverän und selbstbewusst aufzutreten, wenn sie richtig gewählt ist. Auch auf diese Punkte können Sie beim Anfertigen der Tabelle achten. Wie fühlen Sie sich in der Kleidung und welche Rückmeldungen bekommen Sie von außen?

Auch eine Recherche im Internet kann helfen. Hier gibt es viele Hinweise darauf, welche Kleidungsstücke und welche Stile zu bestimmten Anlässen erwartet werden. Fragen Sie auch hier Personen, denen Sie vertrauen, ob sie Ihnen helfen können. Vielleicht können Sie so Ihre Kleidung in Kategorien einteilen, um immer zu wissen was gerade angemessen ist.

**Tipp**

*Als weitere Varianten könnten Sie für jede Jahreszeit, Wetterlage oder Situation in Ihrem Leben ein separates Spiral-Labyrinth herstellen.*

**Infokasten: Farben**

Auch Farben können eine Auswirkung auf unsere Stimmung und die Wahrnehmung anderer von uns haben. Schwarz und Weiß beispielsweise vermitteln Seriosität und sind besonders bei offiziellen Anlässen im beruflichen Umfeld gern gesehen.

Powerfarben, die Ihnen und anderen Kraft geben, sind beispielsweise Rot, Grün, Orange und Gelb. Allerdings sollten Sie vorsichtig sein und darauf achten, dass Ihr Outfit auch farblich stimmig ist und nicht so bunt, dass es das Auge des Betrachters überfordert.

Tab. 5.14: Farben und ihre Bedeutung

| | |
|---|---|
| Rot | Energie, Vitalität, Leidenschaft |
| Orange | Optimismus, Lebensfreude, stimmungsaufhellend |
| Gelb | Optimismus, Freude, Lebensfreude |
| Grün | Sicherheit, Harmonie, Hoffnung |
| Türkis | Offenheit, Freiheit, Distanz |
| Blau | Ruhe, Vertrauen |
| Violett | Inspiration, Stolz, Konzentration |
| Pink/Rosa | Idealismus, Mitgefühl, Sicherheit |
| Weiß | Klarheit, Unschuld, Businessfarbe |
| Schwarz | Seriosität, Feierlich, Businessfarbe |
| Braun | Geborgenheit, Sicherheit, Businessfarbe |

Da Ihnen nun bewusst ist, welche Art von Kleidung Sie gerne tragen und was für Sie eher herausfordernd ist, kann es hilfreich sein, Ihren Kleiderschrank einmal durchzugehen und zu schauen, ob die enthaltene Kleidung zu Ihren Bedürfnissen passt. Natürlich ist es aber auch gut, wenn Sie nicht nur Ihnen angenehme Kleidungsstücke haben, sondern auch über eine Ausstattung verfügen, die gesellschaftlich akzeptiert ist. Es gibt also einige Aspekte, die es bei den Kleidungsstücken, die Sie bereits haben, zu berücksichtigen gilt. Damit Sie diese Überlegungen nicht jeden Morgen beziehungsweise jedes Mal, wenn Sie etwas anziehen möchten,

## 5.4 Kleidung

anstellen müssen, können Sie mit der Methode *Checkliste* Ihre Kleidung katalogisieren und einordnen.

> **Checkliste**
> 
> - *Zeit:* 15–30 Minuten
> - *Material:* Vorbereitete Liste unten (▶ Tab. 5.14) oder *Checkliste* »Kleidung« (Zusatzmaterial zum Download), Stift

**Für welche Situationen ist diese Methode geeignet?**

Eine Checkliste kann helfen, erste Gedanken zu einer Entscheidung zu ordnen und die Fragestellung auf den Punkt zu bringen.

**Wie führe ich die Methode »Checkliste« durch?**

Zur Einordnung der Kleidungsstücke führen Sie folgende Schritte durch (▶ Tab. 5.15):

- Lesen Sie die erste Fragestellung und kreuzen Sie an, was für Sie zutreffend erscheint.
- Sollten Sie feststellen, dass Sie die darunter folgenden Fragen ablenken, nutzen Sie ein unbeschriebenes Blatt Papier als Lesezeichen. So sind die folgenden Fragen abgedeckt und Sie können sich in Ruhe auf die vor Ihnen liegende Frage konzentrieren.
- Ist eine Frage für Sie unklar, kennzeichnen Sie diese, indem Sie die Ziffer am Beginn der Frage einkreisen und daneben ein Fragezeichen setzen. Diese Frage sollten Sie zunächst mit einem vertrauten Menschen besprechen und erst danach beantworten.
- Sollten Ihnen Aspekte in dieser Checkliste fehlen, ergänzen Sie sie als Fragestellung in der Tabelle und übernehmen Sie das Bewertungssystem.
- Sobald alle Fragen beantwortet sind, markieren Sie die für Sie zutreffendsten Aussagen.

Wenn Sie selbst eine Checkliste anfertigen möchten, so kann Tabelle 5.15 Ihnen als Beispiel dienen. Sie finden zusätzlich eine *leere Version* dieser Tabelle bei den Zusatzmaterialien zum Download. Notieren Sie alle Fragen, die Ihnen zum Entscheidungsthema durch den Kopf gehen, untereinander und lassen Sie daneben Platz für die Bewertungsskala. Nehmen Sie hierzu Ihre Liste aus der Methode *Entdeckungsreise* zu Hilfe (▶ Tab. 5.13).

Um sich den Alltag zu erleichtern, sollten Sie die Kleidung auch optisch im Kleiderschrank in verschiedene Kategorien einsortieren.

**Tab. 5.15:** Checkliste für die Einordnung meiner Kleidungsstücke

| | Trifft nicht zu | Trifft eher nicht zu | Trifft eher zu | Trifft voll zu |
|---|---|---|---|---|
| Wärmt mich dieses Kleidungsstück? | ☐ | ☐ | ☐ | ☐ |
| Schwitze ich in diesem Kleidungsstück schnell? | ☐ | ☐ | ☐ | ☐ |
| Fühlt sich der Stoff angenehm auf meiner Haut an? | ☐ | ☐ | ☐ | ☐ |
| Ist dieses Kleidungsstück für meinen Arbeitsplatz angemessen? | ☐ | ☐ | ☐ | ☐ |
| Fühle ich mich in diesem Kleidungsstück selbstbewusst? | ☐ | ☐ | ☐ | ☐ |
| Gibt mir dieses Kleidungsstück Kraft? | ☐ | ☐ | ☐ | ☐ |
| Kann ich mich in diesem Kleidungsstück uneingeschränkt bewegen? | ☐ | ☐ | ☐ | ☐ |
| Ist dieses Kleidungsstück für ein Treffen mit Freund*innen geeignet? | ☐ | ☐ | ☐ | ☐ |
| Wann möchte ich das Kleidungsstück tragen? | ☐ | ☐ | ☐ | ☐ |
| | ☐ | ☐ | ☐ | ☐ |
| | ☐ | ☐ | ☐ | ☐ |
| | ☐ | ☐ | ☐ | ☐ |

> **Tipp**
>
> *Es gibt verschiedene Möglichkeiten, wie Sie Ihre Kleidung in verschiedene Kategorien einordnen und Outfits bereits im Voraus planen können.*
>
> - *Wählen Sie Klarsichtboxen und beschriften Sie diese mit dem jeweiligen Inhalt. Zum Beispiel »Schlafanzüge«, »Sportkleidung« oder »Zuhause-Wohlfühlkleidung«.*
> - *Fotografieren Sie Outfits für bestimmte Situationen, drucken Sie sie aus und hängen Sie sie an oder in Ihren Kleiderschrank.*
> - *Codieren Sie Ihre Kleiderbügel farblich, beispielsweise grüne Bügel für Job-Kleidung und orange Bügel für Treffen mit Freunden.*
> - *Schreiben Sie sich auf einen Zettel, welche Kleidungsstücke zusammenpassen.*
> - *Suchen Sie sich eine App zur Outfitkoordination (z. B. Skap, Cladwell oder Combyne).*

5.4 Kleidung

### Infokasten: Accessoires

So wie wir uns mit einer Machete einen Weg durch den Dschungel bahnen, können uns bestimmte Mittel im Alltag helfen. Im Bereich Kleidung sind das z. B. Accessoires. Diese können aber auch ungeschickt eingesetzt werden und in diesem Fall sogar für Einschränkungen oder sensorische Overloads sorgen, so als ob man einen zu schweren Rucksack auf einer langen Wanderung trägt. Darum ist es auch hier wichtig für Sie zu überlegen, mit welchen Accessoires Sie im Alltag zurechtkommen (greifen Sie an dieser Stelle noch einmal auf die in diesem Kapitel vorgestellten Methoden zurück).

Vielleicht hilft es Ihnen, wenn Sie zur Beruhigung oder zum Stressabbau auf Stiften oder Ähnlichem kauen oder eine Kette tragen, die zum Daraufherumkauen entworfen wurde (suchen Sie im Internet einmal die Begriffe »Kauschmuck«, »Kaukette« oder »Stimming-Schmuck«; hier finden Sie auch schöne und für Erwachsene entworfene Dinge wie Fidget-Ringe oder Kauketten in Form von Monstera-Blättern).

Setzen Sie Accessoires als Kraftressource im Alltag ein, wenn Sie mögen.

Nun konnten Sie einen Überblick gewinnen, welche Wirkung Kleidung auf Sie und auf Ihre Umwelt haben kann. Um ein Outfit für einen Tag zusammenzustellen, können Sie versuchen diese Punkte miteinander zu vereinbaren. Hierzu können Sie die Methode *Kreise des Kompromisses* verwenden.

### Kreise des Kompromisses
☺☺

- *Zeit:* 20–30 Minuten
- *Material:* ein DIN-A4-Blatt Papier und ein Stift

**Für welche Situationen ist diese Methode geeignet?**

Wenn Sie verschiedene Aspekte, die beim Zusammenstellen eines Outfits eine Rolle spielen, zusammenbringen möchten.

**Wie führe ich die Methode »Kreise des Kompromisses« durch?**

Überlegen Sie sich, welche Aspekte Ihnen wichtig sind, im Beispiel unten sind das Farbe, eigene Bedürfnisse und Erwartungen von außen (▶ Abb. 5.8). Zeichnen Sie dann so viele Kreise, wie Sie Aspekte haben, so nebeneinander, dass sie sich alle überschneiden. Dann überlegen Sie, welche Ihrer Kleidungsstücke oder Accessoires zu den jeweiligen Aspekten passen. Wenn eine Hose beispielsweise eine angemessene Farbe hat und den äußeren Erwartungen entspricht, fügen Sie diese in die Schnittmenge der beiden Felder ein. Da zu einem Outfit mehr als ein Kleidungsstück gehört, können Sie dann aus den verschiedenen Kreisen, vielleicht schon mit einigen Schnittmengen, Kleidung und Accessoires heraussuchen, um so möglichst aus jedem relevanten Bereich etwas zu tragen.

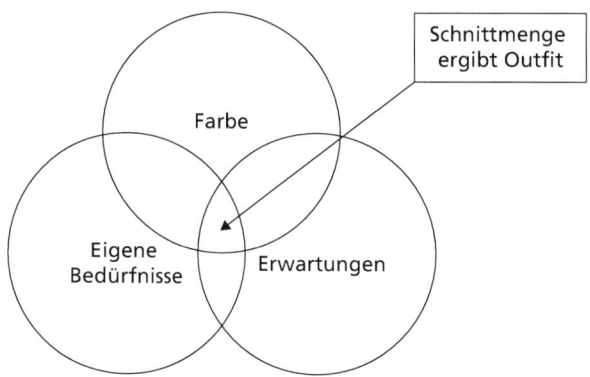

**Abb. 5.8:** Kreise des Kompromisses

### Hilfspäckchen Kleidung

- *Zeit:* ca. 30 Minuten
- *Material:* Tabelle »Hilfspäckchen-Sammlung« (Zusatzmaterial zum Download) oder DIN-A4-Blatt Papier und Stift

### Für welche Situationen ist diese Methode geeignet?

Im Folgenden finden Sie verschiedene Tipps und Tricks bezüglich Ihrer Kleidung, damit Sie diese Ihren Bedürfnissen anpassen können.

### Wie führe ich die Methode »Hilfspäckchen Kleidung« durch?

Suchen Sie sich aus den unten stehenden Hinweisen diejenigen heraus, die Sie am besten umsetzen und in Ihrem Alltag anwenden können. Notieren Sie die für Sie in Frage kommenden Tipps in der Tabelle »Hilfspäckchen-Sammlung« (Zusatzmaterial zum Download) oder auf einem Blatt Papier. So können Sie auf einen Blick erkennen, welche Möglichkeiten Ihnen zur Verfügung stehen.

- **Wohlfühlpulli**
  Suchen Sie sich einen Pullover, der ein oder zwei Nummern zu groß für Sie ist und aus einem weichen Material besteht. Nehmen Sie dann ein ätherisches Öl, beispielsweise Lavendel (zur Entspannung) oder Vanille (zum Wohlfühlen) – testen Sie im Voraus, welche Düfte für Sie angenehm sind – und geben Sie je einen

Tropfen auf die Ärmel des Pullis. Nun können Sie diesen Pullover entweder direkt tragen oder ihn in eine Tüte oder eine Kiste packen und dann hervorholen, wenn Sie sich entspannen möchten.

- **Notfalloutfit**

Nehmen Sie ein Outfit, das Sie sensorisch immer tragen können und das auch für die Außenwelt geeignet ist, und hängen Sie es auf einen Kleiderbügel. Alternativ können Sie die einzelnen Kleidungsstücke auch stapeln und mit einer Schnur oder einer Kordel zusammenbinden. Wenn es Ihnen also gerade nicht gut geht und Sie sich dennoch in die Welt da draußen begeben müssen, haben Sie so immer ein Outfit griffbereit.

- **Poweroutfit**

Legen Sie sich ein Outfit heraus, in dem Sie sich stark fühlen. Dabei kann es sich um Kleidung in Ihrer Lieblingsfarbe handeln oder um solche Kleidungsstücke, in denen Sie sich selbstbewusst fühlen. Machen Sie ein Foto von diesem Outfit und hängen Sie es an oder in den Kleiderschrank; Sie können dann darauf zurückgreifen, wenn ein schwieriger Termin bevorsteht.

- **Reizarme Kleidung**

Obwohl die sensorische Wahrnehmung für jeden autistischen Menschen anders ist, gibt es einige Kleidungsstücke, die für die meisten Autisten für Erleichterung sorgen. Hier einige Beispiele mit passenden Suchbegriffen für die Suchmaschine Ihrer Wahl:

– Hoodie (ein übergroßer, sehr weiter Kapuzenpullover; perfekt für zuhause),
– Gewichtsweste, gewichtete Jacke, Gewichtsschal (Kleidungsstücke mit bereits eingenähten Gewichten; dies kann für eine beruhigende Wirkung sorgen),
– Kapuzenpullover Baumwolle (Die Kapuze ermöglicht eine sensorische Erleichterung),
– Jeans-Jogginghosen (ein lockerer Sitz sorgt für weniger sensorische Belastung und die Jeansoptik ermöglicht eine gepflegte Außenwirkung),
– Bambus-Kleidung (sehr weicher Stoff).

## 5.5 Nähe- und Distanzverhalten

**Material**

- 7 Blätter DIN-A4-Papier
- 1 Plakatbogen oder Bogen Packpapier
- 1 Stift zum Schreiben
- Verschiedenfarbige Bunt- oder Filzstifte

*Gesamtbearbeitungszeit:* ca. 5 Stunden

| Methode | Seite | Zeit | Material | Erledigt |
|---|---|---|---|---|
| Entdeckungsreise | 103–104 | ☺☺ 30–60 Minuten (unterscheidet sich je nach Anwendungsgebiet) | DIN-A4-Blatt Papier, Stift, | |
| Schutzhülle | 105–106 | ☺☺ 30–45 Minuten | DIN-A4-Blatt Papier, Stift, | |
| Steckbriefkarte 📁 | 106–107 | ☺☺ 45–60 Minuten | Zusatzmaterial zum Download, DIN-A4-Blatt Papier und Stift | |
| Termineinordnung 📎📁 | 108–111 | ☺☺☺ 60–120 Minuten | Zusatzmaterial zum Download, DIN-A4-Blatt Papier und Stift | |
| Denkbild | 106 | ☺☺ 40–60 Minuten | DIN-A4-Blatt Papier, verschiedenfarbige Stifte, Textmarker | |

Bei einigen gefährlichen Tieren und Pflanzen macht es Sinn, Abstand zu halten, manchmal ist dies sogar überlebenswichtig. Hier bildet der Gesellschaftsdschungel keine Ausnahme. Besonders für autistische Menschen kann es relevant sein, eine räumliche Distanz zu anderen Menschen beizubehalten.

Autistische Menschen haben oft ein anderes Verhältnis zu Berührungen und zu sogenannten »Distanzzonen«. Damit sind die Abstände gemeint, die Personen einander gegenüber einhalten.

Neurotypische Menschen lernen durch das Beobachten und Nachahmen ihrer Umgebung, in welchen Situationen welche Abstände angemessen sind. Dieser Lerneffekt tritt bei autistischen Menschen nicht ein. Hinzu kommt, dass Autisten eine besondere Wahrnehmung haben; das kann auch den Abstand zum Gegenüber beeinflussen. So kann das, was ein neurotypischer Mensch als »Smalltalk-Abstand« wahrnimmt, für einen autistischen Menschen schon zu weit in seine Intimsphäre hineinreichen.

Auch Berührungen können für Autisten eine Belastung darstellen. Durch die verschobene Wahrnehmung können auch leichte Berührungen am Arm oder an der Schulter zu einer Reizüberflutung führen.

Aber nicht für jeden autistischen Menschen sind die Abstände, die sie ohne Auswirkungen auf ihre Energieressourcen akzeptieren können, gleich. Es gibt individuelle Unterschiede. Welche Abstände für Sie in Ordnung sind, können Sie mit der Methode »Entdeckungsreise« herausfinden.

## 5.5 Nähe- und Distanzverhalten

**Entdeckungsreise**
☺ ☺

- *Zeit:* Je nach Anwendungsgebiet und dessen Relevanz benötigen Sie mehr oder weniger Zeit.
  Beispiel: Persönlicher Abstand – 30–60 Minuten.
- *Material:* DIN-A4-Blatt Papier und Stift

### Für welche Situationen ist diese Methode geeignet?

Wenn Sie herausfinden möchten, welche räumlichen Abstände zu anderen Menschen für Sie noch angenehm sind.

### Wie führe ich die »Entdeckungsreise« durch?

Als Erstes gehen Sie auf »Wohlfühlsafari« in Ihrem Alltag. Versuchen Sie, in verschiedenen Situationen mit anderen Menschen herauszufinden, welcher Abstand Ihnen ein wohliges Gefühl gibt.

Das Abenteuer besteht also darin, herauszufinden, welche Abstände Sie im Alltagsdschungel zu den anderen Menschen einhalten können, um Ihre Ressourcen zu schonen. Das kann erst einmal sehr anstrengend sein, da wir in der Regel mehr darauf achten, was uns unangenehm ist oder uns stressen könnte. Seien Sie also geduldig mit sich selbst und behandeln Sie sich freundlich. Lassen Sie sich genügend Zeit und wenden Sie diese Methode in verschiedenen Situationen an. Je öfter Sie sich selbst beobachten, desto besser sind Ihre Ergebnisse und desto besser lernen Sie Ihre Grenzen und Ihre eigene »Intimsphäre« kennen.

Sammeln Sie die Ergebnisse ganz individuell:

- Schreiben Sie per Hand eine Liste, in der Sie notieren, wer Ihnen wie nah sein kann.
- Legen Sie sich eine Notiz auf Ihrem Smartphone an und notieren Sie in der jeweiligen Situation schnell wer wie nah kommen kann.

Sie können eine der Sammelmöglichkeiten nutzen oder beide kombinieren. Auf diese Weise entsteht nach und nach eine Liste von Abständen, die Sie unterstützen und die Ihnen guttun. Im nächsten Schritt können Sie dann versuchen, diese gezielt in Ihren Alltag zu integrieren.

Zur Unterstützung finden Sie hier eine Checkliste (▶ Tab. 5.16), die sich individuell anpassen und erweitern lässt: Neben Ihrem Wohlfühlabstand gibt es noch die Möglichkeit, Besonderheiten festzuhalten, wie beispielsweise was bei einem Zusammentreffen im Freien gilt oder was wichtig ist, wenn das Licht gedimmt ist, kein Radio läuft etc.

**Tab. 5.16:** Meine Liste mit geeigneten Abständen

| Personen oder Situationen | Wohlfühlabstand | Besonderheiten |
|---|---|---|
| Freunde | | |
| Eltern | | |
| Geschwister | | |
| Fremde | | |
| Verkäufer | | |
| Konzertbesucher | | |
| Romantische Partner | | |
| | | |
| | | |
| | | |

Jetzt kennen Sie Ihre Wohlfühlabstände. Nun stellt sich die Frage, wie Sie es schaffen können, dass diese Abstände in Ihrem Alltag von anderen Personen eingehalten werden. Natürlich ist es gut, wenn Sie vertrauten Menschen einfach mitteilen können, dass Sie gerade einen bestimmten Abstand für Ihr Wohlbefinden benötigen.

Leider wird es im Alltag im Gesellschaftsdschungel immer wieder Situationen geben, in denen die für Sie angenehmen Abstände nicht einzuhalten sind. Beispielsweise in öffentlichen Verkehrsmitteln zur Rushhour oder bei Arztterminen. In solchen Fällen kann es hilfreich sein, wenn Sie Ihre Ausstrahlung so verändern, dass Sie nonverbale Signale aussenden, damit andere Ihnen mehr Raum geben.

## 5.5 Nähe- und Distanzverhalten

> **Schutzhülle**
> ☺☺
>
> - *Zeit:* 30–45 Minuten
> - *Material:* DIN-A4-Blatt Papier und Stift

### Für welche Situationen ist diese Methode geeignet?

Zur Vorbereitung auf gesellschaftliche Situationen, in denen es Ihnen nicht möglich ist, Ihre persönlichen Wohlfühlabstände aufrechtzuerhalten.

### Wie führe ich die Methode »Schutzhülle« durch?

Setzen Sie sich mit Ihren Schreibutensilien an einen ruhigen Ort. Überlegen Sie nun, welche Personen Sie kennen, denen im Alltag Platz gemacht wird. Das sind vielleicht Menschen aus Ihrem persönlichen Umfeld, Personen des öffentlichen Lebens oder auch Figuren aus Filmen, Büchern und Ähnlichem.

Wenn Sie eine Figur oder Person gefunden haben, überlegen Sie, was an diesem Charakter bsonders ist, sodass man ihm/ihr im Alltag Platz macht.

Beispielsweise gibt es Charaktere wie Engel oder Drachen, die Flügel am Rücken tragen und somit mehr Raum brauchen, um sich zu entfalten, oder solche, die besonders breit gebaut sind.

Notieren Sie die Figur sowie alle Eigenschaften, die Ihnen eingefallen sind, weshalb er/sie mehr Platz zugesprochen bekommt als andere.

Stellen Sie sich nun vor, Sie hätten diese Eigenschaften. Beispielsweise Flügel, einen breiten Körperbau oder eine beeindruckende Ausstrahlung. Sie werden spüren, dass sich Ihre Ausstrahlung und vielleicht auch Ihre Körperhaltung verändert. Sie fühlen sich sicherer und stärker.

Wann immer Sie in eine Situation geraten, in der Ihre persönlichen Distanzzonen nicht beachtet werden, erinnern Sie sich an dieses Gefühl und versetzen Sie sich in diese Figur hinein.

Als Hilfestellung können Sie auch eine kleine Figur oder ein Foto des von Ihnen gewählten Charakters an Ihren Rucksack, Ihre Tasche oder in Ihre Hosentasche stecken. So fällt es Ihnen leichter, sich auch in stressigen Situationen an diese Methode zu erinnern.

Dennoch kann es im Alltag Situationen geben, die Ihnen aufgrund der Nicht-Beachtung der Distanzzonen schwerfallen. Hier ist es auch wichtig, abzuwägen und Alternativen zu suchen. Gibt es vielleicht eine andere Möglichkeit, zu einem Termin zu gelangen, als mit dem Bus zu fahren? Möglicherweise mit dem Fahrrad oder zu einer anderen Zeit, um den Berufs- oder Schulverkehr zu vermeiden?

Um hierzu mehr individuelle Lösungen zu finden, können Sie mit den folgenden Methoden arbeiten (▶ Tab. 5.17):

**Tab. 5.17:** Ergänzende Methoden

| Denkbild | Seriensprint |
|---|---|
| Fertigen Sie ein Denkbild mit einem konkreten Anliegen an.<br>Beispiel: »Mehr Platz in der Warteschlange der Kantine«.<br>Suchen Sie nach Lösungsansätzen. | Beginnen Sie den Seriensprint mit immer dem gleichen Satzanfang zu Ihrem Anliegen.<br>Beispiel: »Vor Umarmungen schütze ich mich durch ...« |

**Infokasten**

Sie können auch versuchen, mit Gegenständen Abstand aufzubauen, um so beispielsweise in öffentlichen Verkehrsmitteln dafür zu sorgen, dass Ihre persönliche Distanzzone frei bleibt. Eine andere Möglichkeit ist es, einen Rucksack zu tragen, so können Sie sich nach hinten etwas mehr Platz verschaffen. Oder Sie stellen sich im Verkehrsmittel einfach an eine Wand, sodass Sie auf einer Seite keinen Kontakt zu anderen Menschen haben. Überlegen Sie sich, wenn Sie regelmäßig dasselbe Verkehrsmittel nutzen (zum Beispiel jeden Morgen denselben Bus zur Arbeit), schon im Vorhinein, welche Steh- oder Sitzplätze für Sie geeignet sind, um möglichst viel Distanz zu wahren.

Einen Sonderfall in diesem Kapitel bilden Arztbesuche und Pflegesituationen. Aufgrund der Tätigkeiten ist es für die Fachperson meist nicht möglich, Ihre Distanzzone zu beachten. Hier ist es wichtig, dass Sie Ihre persönlichen Besonderheiten mitteilen. Nur so kann der Arzt oder die Pflegeperson auf Ihre Einschränkungen eingehen.

Mit der Methode *Steckbriefkarte* können Sie diese und weitere Besonderheiten auf einfache Art an Ärzte und andere Fachpersonen weitergeben.

**Steckbriefkarte**
☺ ☺

- *Zeit:* 45–60 Minuten
- *Material:* Karteikarte DIN-A5 oder zugeschnittenes stabiles Papier in entsprechender Größe

**Für welche Situationen ist die Methode geeignet?**

Zur Vorbereitung auf soziale Kontakte, die eine möglichst gute emotionale Absicherung für Sie erfordern. Die Steckbriefkarten lassen sich leicht mitnehmen oder als Kopie an die betreffende Person übergeben, wenn ein entsprechendes Vertrauensverhältnis besteht.

## Wie führe ich die Methode »Steckbriefkarte« durch?

Notieren Sie oben auf der Karte, für welchen professionellen Begleiter Sie die Karte erstellen. In der linken Spalte vermerken Sie Ihre Besonderheiten, die Sie mitteilen möchten, in der rechten Spalte mögliche Unterstützungsansätze, die Ihren professionellen Begleitern helfen können, möglichst individuell auf Sie zu reagieren (▶ Tab. 5.18).

**Tab. 5.18:** Steckbriefkarte

| Besonderheiten | Mögliche Unterstützung |
|---|---|
| Wahrnehmung | |
| Sprachgebrauch | |
| Beruhigende Handlungen (Stimming) | |
| Nähe-/Distanzverhalten | |

Die Informationen auf der Karte sollen inspiriert durch das kleine Format mit den wichtigsten Besonderheiten knapp gefüllt werden. So kann die betreffende Person die relevantesten Informationen immer wieder schnell überfliegen und fehlende Angaben selbst nach Bedarf ergänzen. Professionelle Begleiter sind häufig in Zeitnot; die *Steckbriefkarte* kann hier ein gute Unterstützung für eine gelungene Zusammenarbeit sein.

Es ist wichtig für Sie, Ihre eigenen Grenzen zu kennen und einzuhalten, und zwar sowohl, was den körperlichen Abstand angeht, als auch in Bezug auf Ihre Ressourcen.

Wenn Sie bemerken, dass eine Situation für Sie zu anstrengend ist, versuchen Sie, diese zu umgehen. Sollte das nicht möglich sein, können Sie einige »Notreserven« aus Ihrem Rucksack aktivieren. Anregungen hierzu finden Sie im *Notfallkasten* und unter der Liste der *Hilfspäckchen*. Schließlich gibt es Tage, an denen Ihre Energiebananen vielleicht schon vor einem Treffen aufgebraucht sind.

Dann ist es wichtig abzuwägen, ob der kommende Termin Ihre Kraftreserven auffüllen kann oder ob er eine zusätzliche Belastung ist. Es ist in Ordnung, auch Termine von Zeit zu Zeit abzusagen, um Ihre Energieressourcen zu schonen.

> **Termineinordnung**
>
> ☺☺☺
>
> - *Zeit*: 60–120 Minuten
> - *Material*: DIN-A4-Blatt Papier und Stift

**Für welche Situation ist diese Methode geeignet?**

Wenn Sie bemerken, dass Termine Sie häufig überfordern, Sie sich danach nicht gut fühlen oder Sie sehr überlastet sind, hilft die Methode, nach Lösungsansätzen zu suchen, mit denen Sie Ihre Termine besser einordnen können. Sie erhalten durch das Ausarbeiten der folgenden Tabelle Impulse, Termine ressourcenschonend zu planen und so besser für sich selbst zu sorgen.

**Wie führe ich die Methode »Termineinordnung« durch?**

Die unten aufgeführte Tabelle füllen Sie wie folgt aus (▶ Tab. 5.19):

1. Benennen Sie in der ersten Spalte Ihren Termin.
2. Werten Sie in der nächsten Spalte die Wichtigkeit dieses Termins für Sie. Zur Unterstützung orientieren Sie sich bei Entscheidungsschwierigkeiten mit Hilfe der Methode *Eine Hand voll Reflexion*.
3. In der Spalte PB (Persönliche Balance) notieren Sie mit Hilfe der Kürzel, die im Glossar direkt unter der Tabelle 5.20 erklärt werden, den Bereich, in den der Termin fällt.
4. Bewerten Sie in den nächsten beiden Spalten, ob der Kontakt Sie Energie (Bananen) kostet oder ob Sie Energie tanken können.
5. Wenn es möglich ist, können Sie in den letzten beiden Spalten noch für sich einordnen, ob der Termin in einer für Sie anstrengenden Umgebung (Blitz) oder in einer angenehmen Umgebung (Sonne) stattfindet.

## 5.5 Nähe- und Distanzverhalten

Tab. 5.19: Einordnung meiner Termine

| Termin | Wichtig (10) bis unwichtig (0) | PB | Banane + | Banane – | Umgebung Blitz | Umgebung Sonne |
|---|---|---|---|---|---|---|
| | | | | | | |
| | | | | | | |
| | | | | | | |
| | | | | | | |
| | | | | | | |
| | | | | | | |
| | | | | | | |

**Mögliche Kürzel zum Ausfüllen der Tabelle:**
KG = Körper/Gesundheit; WK = Wert/Kultur; F = Finanzen; TL = Tätigkeit/Leistung; Energieaufwand der Kontakte = Bananen; Blitz = anstrengend/viele Außenreize; Sonne = Wohlfühlatmosphäre

**Auswertung**
Prüfen Sie, bevor Sie die Tabelle auswerten, ob Sie alle wichtigen und regelmäßig notwendigen Termine enthält. Bitten Sie möglicherweise eine nahestehende Person darum, einen Blick darauf zu werfen, oder gleichen Sie die Termine mit denen aus Ihrem Kalender ab.

**Tab. 5.20:** Einordnung meiner Termine – Beispiel

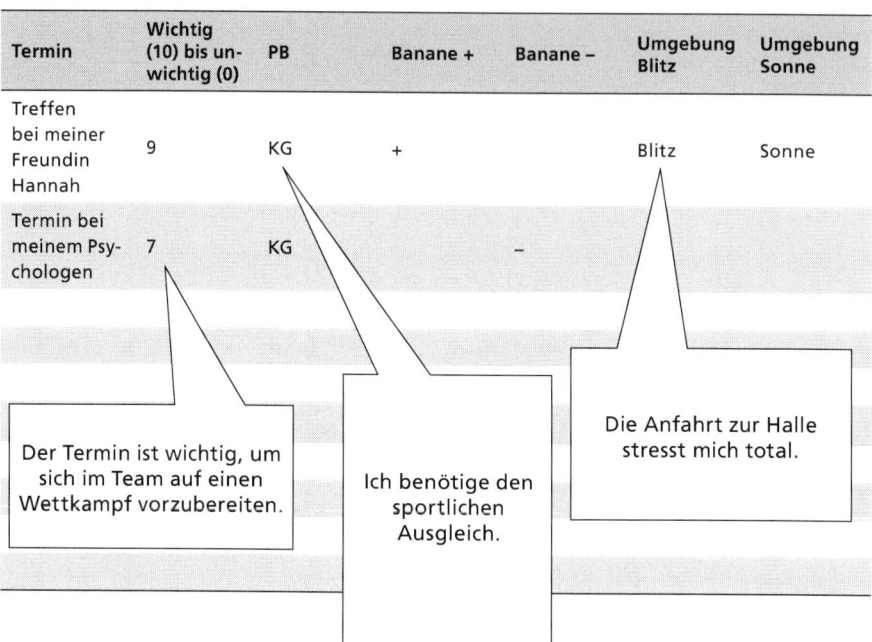

Anhand der Tabelle können Sie nun versuchen, gut mit Ihren Ressourcen umzugehen. Termine, die Ihnen viele »Energiebananen« liefern, sind wichtig. Sie sollten diese häufiger einplanen und versuchen, sie in regelmäßigen Abständen zu wiederholen. Ein solcher Termin kann für Sie auch eine gezielte »Krafttankstelle« sein, wenn Sie Ihren »Energierucksack« füllen möchten.

Prüfen Sie, ob die Tabelle Hinweise enthält, wie Sie herausfordernde Termine für sich angenehmer gestalten können, beispielsweise durch einen Ortswechsel oder durch eine Vorbereitung Ihrerseits auf die Besonderheiten. Wenn es Ihnen möglich ist, dann suchen Sie mit den anderen Beteiligten oder Verantwortlichen, die zum Termin gehören, das Gespräch, um Lösungsansätze für die Schwierigkeiten zu finden; zum Beispiel durch eine Mitfahrgelegenheit zum Training in der Halle.

Ein weiterer Hinweis könnte sein, dass Sie Termine, für die Sie Energiebananen verbrauchen, auf Zeiten legen, zu denen Ihr Energierucksack in jedem Fall ausreichend befüllt ist. Entzerren Sie solche Termine, wenn möglich, und setzen Sie solche, die Ihnen als Krafttankstelle dienen, dazwischen. Das können auch Termine sein, die Sie mit sich selbst planen, beispielsweise ein Filmeabend oder zwei Stunden, in denen Sie ein Buch lesen möchten.

Betrachten Sie die Tabelle als Hilfsmittel für sich, um Ihre Termine nach Möglichkeit ressourcenschonend zu planen. Es gibt wichtige Termine, beispielsweise im beruflichen oder gesundheitlichen Bereich, die für Sie anstrengend sein können und die Sie daher oft absagen müssen. Mit Hilfe dieser Methode ist es Ihnen möglich, solche »bananenraubenden« Termine bewusster auf Zeiten zu legen, in denen Ihnen genügend Energie zur Verfügung steht. So kann Ihnen diese Tabelle dabei helfen, die Struktur Ihres Alltags aufrechtzuerhalten und Ihre Termine wahrzunehmen.

Reflektieren Sie die Tabelle, wenn Sie mögen, mit einem Ihnen vertrauten Menschen und lassen Sie sich zu Ihren Einordnungen eine Rückmeldung geben. Dies kann Ihnen helfen, Ihre Einordnung zu überprüfen.

> **Tipp**
>
> *Überarbeiten Sie die Tabelle mindestens einmal pro Jahr. So können Sie Veränderungen eintragen und neue Termine ergänzen. Setzen Sie sich hierzu ein markantes Datum, wie z. B. Ihren Geburtstag oder einen bestimmten Feiertag.*
>
> *Sie können in Ihre Tabelle auch Aktivitäten, die Sie regelmäßig durchführen, eintragen, wie etwa »Besuch in der Bibliothek« oder »Spaziergang im Park«.*

Für den Fall, dass Sie bemerken, dass Sie trotz einer guten Planung oder aufgrund von nicht vorhersehbaren Ereignissen über Ihre Energiegrenze gegangen sind, können Sie auf Methoden aus dem *Erste-Hilfe-Kasten*, beispielsweise aus dem Bereich *Notfall Overload*, oder auf Ihre erarbeiteten *Hilfspäckchen* zurückgreifen.

> **Eigene Gedanken**

# 6 Soziale Kontakte – Umgang mit den Menschen in Ihrer Umgebung

**Abb. 6.1:** Begegnungen im Dschungel – im Austausch mit anderen

Im Dschungel begegnen einem die verschiedensten Tiere und Gestalten, man weiß nie, was einen hinter dem nächsten Busch oder dem nächsten Baum erwartet. Ganz zu schweigen davon, dass wir das, was wir erkennen, nicht unweigerlich einordnen können. Solche Situationen verunsichern und können beängstigend sein.

Ganz ähnlich verhält es sich bei sozialen Interaktionen im Gesellschaftsdschungel. Was erwartet einen beim Kennenlernen neuer Kollegen? Der soziale Kontakt zwischen Menschen läuft von außen betrachtet mühelos ab, doch was steckt dahinter?

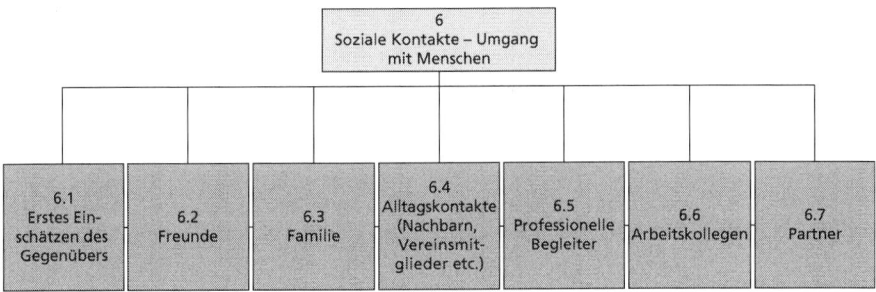

**Abb. 6.2:** Übersicht zum Inhalt von Kapitel 6

Den meisten Autisten fällt der Umgang mit sozialen Kontakten schwer. Dies gilt auch für berühmte autistische Menschen, beispielsweise Anthony Hopkins – ein Schauspieler, der unter anderem durch »Das Schweigen der Lämmer« und »Hannibal« bekannt wurde und seit 2007 eine offizielle Diagnose hat. Er berichtet, dass er ungern auf Partys geht und auch ansonsten nur wenige Freunde hat.

Im Folgenden werden Sie Methoden und Möglichkeiten kennenlernen, die Ihnen dabei helfen, in sozialen Interaktionen sicher und souverän zu agieren.

## 6.1 Erstes Einschätzen des Gegenübers

Im Dschungel können Ihnen Tiere begegnen, die Sie noch nicht kennen oder die Ihnen vom Verhalten her fremd sind. Daher können Sie nur schlecht einschätzen, wie Sie sich ihnen gegenüber verhalten sollten. Im Umgang mit Menschen ist es ebenso: Auch hier kann es zu ungewohnten und schwierig einzuschätzenden Situationen kommen.

> **Material**
>
> - 1 DIN-A4-Blatt Papier
> - Stift

*Gesamtbearbeitungszeit:* ca. 1 Stunde

Wann beginnt für Sie ein sozialer Kontakt? Die Begegnung mit Menschen kann zufällig, geplant, vorhersehbar oder auch überraschend sein. Immer treffen mindestens zwei Personen in einem mehr oder weniger anstrengenden Umfeld aufeinander.

Soziale Interaktion und Kommunikation beginnt bereits bei der Körpersprache. Aber wie lässt sich die Erwartung des Gegenübers einordnen? Checken Sie einige leicht zu erkennende Körpersignale mit dem *Check-up-Blick*.

## 6 Soziale Kontakte – Umgang mit den Menschen in Ihrer Umgebung

| Methode | Seite | Zeit | Material | Erledigt |
|---|---|---|---|---|
| Check-up-Blick | 114–115 | 1–3 Minuten | Keines | |
| Einordnung sozialer Kontakte | 116–119 | 60–120 Minuten | Zusatzmaterial zum Download, DIN-A4-Blatt, Stift | |

### Check-up-Blick

- *Zeit*: 1–3 Minuten
- *Material*: Keines

**Für welche Situationen ist diese Methode geeignet?**

Den *Check-up-Blick* können Sie anwenden, wenn Sie einer anderen Person begegnen und deren Körpersprache einordnen möchten. Auch in einer sozialen Situation, in einem Gespräch beispielsweise, unterstützt Sie diese Methode darin, Ihr Gegenüber schnell einzuschätzen.

**Wie führe ich die Methode »Check-up-Blick« durch?**

Stellen Sie sich zwei Dreiecke vor, das eine Dreieck zeigt mit einer Spitze nach oben, das andere nach unten. Eine Spitze weist zum Kopf des zu betrachtenden Menschen, die andere zu den Füßen. Die Dreiecke treffen sich an den Schultern der Person.

Der *Check-up-Blick* beginnt beim Oberkörper (1) der Person; von dort aus lenken Sie den Blick Richtung Kopf (2) und dann hinunter zu den Schultern (3, 4, 5).

Nun wandert der Blick über die Beine (6, 7, 8) hinunter zu den Füßen (9, 10) und wieder hinauf zu den Schultern. Hier angekommen entscheiden Sie, wie Sie sich weiter verhalten.

1. Steht, sitzt der Mersch Ihnen zugewandt?
2. Blickt der Mensch zu Ihnen?
3. Hat der Mensch eine offene Körperhaltung?
4. Sind die Arme locker?
5. Wo befinden sich die Schultern?
6. Sind die Beine durchgedrückt?
7. Sind die Beine entspannt?
8. Steht der Mensch schulterbreit?
9. Sind die Füße dicht zusammen?
10. Steht der Mensch mehr als schulterbreit?

6.1 Erstes Einschätzen des Gegenübers

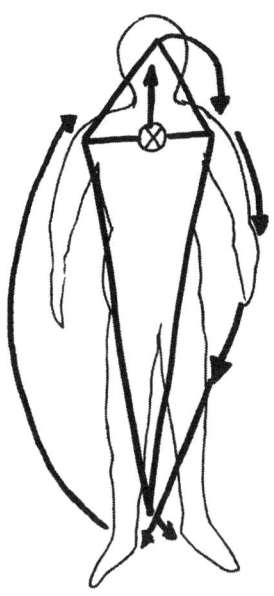

Abb. 6.3: Check-up-Blick

Auswertung

Tab. 6.1: Auswertung des *Check-up-Blicks*

|  | Neutral oder zugewandt | Neutral | Abgewandt |
|---|---|---|---|
| Körpersprache | • Offene und lockere Körperhaltung<br>• Zugewandter Blick<br>• Schulterbreiter Stand<br>• Ihnen zugewandt | • Blickt nicht zu Ihnen<br>• Schulterbreiter Stand<br>• Lockere Körperhaltung<br>• Von Ihnen abgewandt | • Blick von Ihnen abgewandt<br>• Angespannte Körperhaltung<br>• Von Ihnen abgewandt |
| Handlungsoption | • Freundliches Grüßen<br>• Kurze Unterhaltung möglich | • Freundliches Grüßen<br>• Kurzes Zunicken<br>• Vorbeigehen | • Neutrales Vorbeigehen |

In der Tabelle oben (▶ Tab. 6.1) haben Sie die Möglichkeit, Ihre sozialen Kontakte einmal einzuordnen, um sich so mehr Klarheit über Ihre Handlungsoptionen zu verschaffen.

Soziale Kontakte können »Bananenfresser« sein: Sie kosten viel Energie, sodass die weiteren Aufgaben im Gesellschaftsdschungel darunter leiden. Die Konzentration reicht nicht mehr, um die Arbeit fortzusetzen, die Energie für das Einkaufen ist nicht mehr da. Auf diese Weise ist die gesamte Exkursion auf einmal in Frage gestellt. Es ist also sehr wichtig, darauf zu achten, wie viel Energie die betreffende soziale Interaktion Sie eventuell kostet oder wie viel Energie Sie Ihnen vielleicht sogar einbringt.

Dies kann auch mit dem Umfeld zusammenhängen, in dem die soziale Begegnung stattfindet. Ist es hier beispielsweise gerade sehr laut, gibt es viele Ablenkungen oder herrscht ein ungünstiges (Geruchs-)Klima? Es gilt also viel zu berücksichtigen, aber keine Sorge: Durch die folgende Methode *Einordnung sozialer Kontakte* ist die Einteilung gut überschaubar und stellt bei der weiteren sozialen Interaktion eine goße Unterstützung dar. Sie zeigt, wo es gut ist, soziale Kontakte zu pflegen, und wo Sie auf sich aufpassen sollten, also Ihren »Bananenrucksack« im Auge behalten sollten.

**Einordnung sozialer Kontakte**

☺ ☺ ☺

- *Zeit*: 60–120 Minuten
- *Material*: DIN-A4-Blatt Papier und Stift

**Für welche Situationen ist diese Methode geeignet?**

Wenn Begegnungen mit anderen Menschen Sie häufig überfordern, Sie sich danach nicht gut fühlen und nach Lösungsansätzen suchen, die Ihnen dabei helfen, Ihre Kontakte besser einzuschätzen, kann diese Methode für Sie ein guter Einstieg sein. Sie erhalten durch das Ausarbeiten der folgenden Tabelle (▶ Tab. 6.2) Impulse, soziale Kontakte so zu gestalten, dass Ihre Ressourcen nicht angegriffen werden. So können Sie besser für sich selbst sorgen.

**Wie führe ich die Methode »Einordnung sozialer Kontakte« durch?**

 Füllen Sie zuerst die Tabelle 6.2 wie folgt aus (▶ Tab. 6.2):

1. Benennen Sie in der ersten Spalte die in Frage kommenden Personen.
2. Werten Sie in der zweiten Spalte die Wichtigkeit des Kontaktes für Sie.
3. In der Spalte PB (Persönliche Balance) notieren Sie die Relevanz der einzuordnenden Person
   - für Ihre Gesundheit = G,
   - für Sie persönlich = W,
   - für Ihre Finanzen = F,
   - für Ihre Belastbarkeit = B
4. Werten Sie in den nächsten beiden Spalten, wie belastend, anstrengend oder erschöpfend Sie das Zusammensein mit der einzuordnenden Person erleben. Bemessen Sie dies an der Anzahl der Energiebananen, die Sie durch den sozialen Kontakt verbrauchen oder ernten.
5. In den letzten beiden Spalten haben Sie die Möglichkeit, für sich einordnen, ob der Kontakt in einer für Sie anstrengenden Umgebung (Blitz) oder in einer angenehmen Umgebung (Sonne) stattfindet.

**Tab. 6.2:** Meine Kontakte

| Sozialer Kontakt | Wichtig (10) bis unwichtig (0) | PB | Banane + | Banane – | Umgebung Blitz | Umgebung Sonne |
|---|---|---|---|---|---|---|
| | | | | | | |
| | | | | | | |
| | | | | | | |
| | | | | | | |
| | | | | | | |
| | | | | | | |
| | | | | | | |
| | | | | | | |

**Mögliche Kürzel zum Ausfüllen der Tabelle:**
G = Gesundheit; W = Persönliche Werte; F = Finanzen; B = Aufrechterhalten der Belastbarkeit; Energieaufwand der Kontakte = Bananen; Blitz = anstrengend/viele Außenreize; Sonne = Wohlfühlatmosphäre

**Tab. 6.3:** Meine Kontakte – Beispiel

| Sozialer Kontakt | Wichtig (10) bis unwichtig (0) | PB | Banane + | Banane – | Umgebung Blitz | Umgebung Sonne |
|---|---|---|---|---|---|---|
| Meine Nachbarin Hannah | 8 | G/W/F | + | | | Sonne |
| Arbeitskollege Heiner | 8 | TL | | – | Blitz | |

Arbeitskollege Heiner ist wichtig, da er am Arbeitsplatz im gleichen Büro sitzt.

Nachbarin Hannah unterstützt im Alltag, zum Beispiel beim regelmäßigen Walken, bei Kinobesuchen und bei Bankgeschäften.

Der Arbeitsplatz ist anstrengend, er liegt direkt an einer Hauptstraße und ist daher auch bei geschlossenem Fenster sehr laut. Die Fenster sind groß, es ist nicht möglich, sie ausreichend abzudunkeln.

**Auswertung der Tabelle**

Betrachten Sie die Tabelle und markieren Sie alle für Sie wichtigen Kontakte. Diese Menschen sollten Sie unbedingt regelmäßig treffen, da sie Ihnen »Energiebananen« liefern.

Anhand der Tabelle können Sie nun versuchen, ausgewogener und reflektierter mit Ihren Ressourcen umzugehen. Es ist wichtig, dass Sie den Kontakt zu Personen, die Ihnen viele »Energiebananen« liefern, pflegen. Diese sollten Sie regelmäßig treffen und den Austausch mit Ihnen fördern. Ein solcher Kontakt kann auch eine gezielte Anlaufstelle für Sie sein, wenn Sie Ihren »Energierucksack« füllen müssen.

Prüfen Sie, ob Sie bei wichtigen Kontakten Hinweise in der Tabelle entdecken, die für Sie eine Erleichterung bringen könnten, beispielsweise durch einen Umgebungswechsel. Ein Gespräch mit dem Kollegen Heiner wie in dem oben genannten Beispiel könnte in einem anderen bzw. reizärmeren Raum stattfinden.

Oder die Umgebung selbst könnte angepasst werden (z. B. bessere Verdunkelungsmöglichkeiten) oder es werden Hilfsmittel (z. B. Kopfhörer) eingesetzt.

Darüber hinaus sollten Sie, bevor Sie bestimmte Menschen treffen, erst Ihren »Energierucksack« ausreichend befüllt haben, um die soziale Situation gut zu überstehen.

Berücksichtigen Sie, dass alle Bereiche für Ihre persönliche Balance abgedeckt sein sollten; da kann es sein, dass ein weniger wichtiger Kontakt mehr Bedeutung bekommt.

Betrachten Sie die Tabelle als Hilfsmittel, gut für sich und Ihre sozialen Kontakte zu sorgen. Es ist wichtig, Freundschaften zu pflegen. Autistischen Menschen fällt das nicht immer leicht. Die Tabelle kann Ihnen dabei helfen, soziale Kontakte in Ihrem

Leben aufrechtzuerhalten, die Sie in alltäglichen Situationen immer wieder unterstützen können.

Reflektieren Sie die Tabelle, wenn Sie mögen, mit einem Ihnen vertrauten Menschen und lassen Sie sich zu ihren Einordnungen eine Rückmeldung geben. Dies kann Ihnen helfen, diese zu überprüfen.

**Tipp**

*Bearbeiten Sie die Tabelle mindestens einmal im Jahr neu. So vermeiden Sie es, soziale Kontakte vollkommen aus den Augen zu verlieren. Setzen Sie sich hierfür ein markantes Datum, wie beispielsweise Ihren Geburtstag oder einen Feiertag.*

**Eigene Gedanken**

## 6.2 Freunde

Im Dschungel ist es überlebenswichtig, Weggefährten zu haben, auf die man sich verlassen kann. Auf sich allein gestellt kann es schwierig werden, eine Expedition in der Wildnis unbeschadet zu überstehen. Schwierigkeiten und Hindernisse wie zum Beispiel ein Fels, der den Weg versperrt und den Sie nicht ohne Hilfe wegschieben können, lassen sich gemeinsam bewältigen.

Ähnlich ist es auch im Gesellschaftsdschungel; in vielen Situationen ist es leichter, sie zu bestehen, wenn Sie Freunde um sich haben, die Sie unterstützen.

**Material**

- 7 Blätter DIN-A4-Papier
- 1 Plakatbogen oder Bogen Packpapier
- 1 Stift zum Schreiben
- Verschiedenfarbige Bunt- oder Filzstifte
- 3 verschiedenfarbige Textmarker
- Tabelle »Einordnung sozialer Kontakte« (Zusatzmaterial zum Download))

*Gesamtbearbeitungszeit:* ca. 3,5 Stunden

| Methode | Seite | Zeit | Material | Erledigt |
|---|---|---|---|---|
| Spiral-Labyrinth | 121–122 | ☺☺☺ 45–90 | Stift, ein DIN-A4-Bogen Pappe oder Packpapier | |
| Denkbild | 122–123 | ☺☺ 40–60 | Verschiedenfarbige Stifte und Textmarker, DIN-A4-Blatt Papier | |
| Liste | 123–124 | ☺☺ 30–60 | DIN-A4-Blatt Papier, Stifte, verschiedenfarbige Textmarker | |
| Überlebensstrategie Smalltalk 🖥📁 | 124–126 | ☺☺☺ 60–90 | Zusatzmaterial zum Download, DIN-A4-Blatt Papier, Stift | |
| Erwartungen und Dealbreaker | 127–129 | ☺☺ 30–45 Minuten | DIN-A4-Blatt Papier und Stift | |
| Eine Hand voll Reflexion | 130–131 | ☺☺ 15–60 | Keines | |
| Beenden eines Kontaktes 📁 | 132–133 | ☺☺ 60–90 Minuten | Zusatzmaterial zum Download, DIN-A4-Blatt Papier, Stift, möglicherweise Karteikarten und/ oder Ihr Handy | |
| Serienspint | 133–135 | ☺ 5–10 Minuten | DIN-A4-Blatt Papier und Stift | |

Ein Bereich, der in diesem Kapitel nicht explizit bearbeitet wird, ist der der Online-Freundschaften. Auch Freundschaften, die sich nur oder in erster Linie im Bereich des Chattens oder Videotelefonierens bilden, also Freunde, die Sie in Online-Games oder über Chatforen kennen gelernt haben, sind »echte« Freunde. Doch auf die Besonderheiten im Detail einzugehen würde dieses Kapitel sprengen. Die meisten Methoden, die hier enthalten sind, können Sie jedoch auch auf Ihre Online-Freundschaften anwenden.

Für viele Autisten ist es schwierig, Freundschaften zu schließen. Schon das Konzept der Freundschaft und die dazugehörigen, nie ausgesprochenen Regeln, die es in der Gesellschaft gibt, zu durchschauen können eine Herausforderung darstellen. Dies ist ein Grund, weshalb viele Autisten auch im Erwachsenenalter noch Schwierigkeiten haben, Freunde zu finden. Besonders solche, mit denen sie sich wohlfühlen können.

Auf dem Weg zu einer neuen Freundschaft gilt es zunächst einige Fragen zu klären.

- Was erwarten Sie von einer Freundschaft?
- Welche Interessen haben Sie, die Sie gerne mit Freunden teilen würden?

- Wo, also an welchem physischen Ort oder in welchem Umfeld, könnten Sie Freundschaften knüpfen?

Bei diesen Fragen und Anliegen können Ihnen die nachfolgenden Methoden helfen.

Freundschaft bedeutet, eine Person zu haben, mit der Sie etwas unternehmen, über gemeinsame Interessen sprechen oder sich über Probleme austauschen können. Dabei gibt es Unterschiede zwischen einzelnen Freunden. Mit manchen können Sie vielleicht besser über Ihre Probleme sprechen, während Sie mit anderen gerne wandern gehen. Zunächst sollten Sie sich selbst darüber klar werden, was Ihnen in einer Freundschaft wichtig ist.

> **Spiral-Labyrinth**
> ☺☺☺
>
> - *Zeit:* 45–90 Minuten + 1 Woche Vorarbeit
> - *Material:* Ein großer Plakatbogen oder ein Bogen Packpapier/verschiedenfarbige Stifte/Zeitschriften und Kataloge nach Wunsch

**Für welche Situationen ist diese Methode geeignet?**

Wenn Sie versuchen, herauszufinden und abzuwägen, welche Aspekte Ihnen in einer Freundschaft wichtig sind. Diese Methode befähigt Sie, alles, was Ihnen zum Thema Freundschaft durch den Kopf geht, auf eine Art zu sortieren und zu ordnen, die einen Fokus bildet. Im Kern der Spirale ist das, worauf Sie nicht verzichten können.

Das von Ihnen gestaltete Spiral-Labyrinth kann auch dabei helfen, Außenstehenden Ihre besondere Wahrnehmung und die damit verbundenen Bedürfnisse begreifbarer zu machen.

**Wie führe ich die Methode »Spiral-Labyrinth« durch?**

Sammeln Sie zunächst eine Woche lang Aspekte zum Thema Freundschaft und behalten Sie dabei die oben formulierten Fragen im Hinterkopf. Versuchen Sie daran zu denken, in verschiedenen Situationen, beispielsweise während eines Treffens oder in anderen sozialen Kontexten, wenn Ihnen weitere Aspekte einfallen, ein Notizbüchlein und einen Stift dabei zu haben, um Ihre Gedanken gleich aufschreiben zu können, oder nutzen Sie die Notizen-App auf Ihrem Smartphone.

Suchen Sie zunächst die Aspekte aus Ihren Notizen heraus, die Ihnen am wichtigsten sind, und schreiben Sie diese in die Mitte des Plakatbogens/Packpapiers. Sie bilden Ihren zentralen Wohlfühlmittelpunkt. Schreiben Sie nun die übrigen Aspekte um diesen Mittelpunkt herum. Je weiter weg von der Mitte des Plakatbogens/des Packpapiers sie sich befinden, desto weniger wichtig sind sie für Sie.

Wenn Sie alle Erkenntnisse und Notizen untergebracht haben, hängen Sie sich Ihr Werk so auf, dass Sie in Ihrem Alltag immer wieder auf Ihre Ausarbeitung schauen können. Sie dürfen natürlich nach und nach weitere Dinge ergänzen und hervorheben.

Wenn Sie mögen, arbeiten Sie übers Kalenderjahr weiter an Ihrem Spiralbild.

Sie könne es auch immer mal wieder fotografieren und nach einem Jahr betrachten, um zu schauen, was hinzu- oder auch weggekommen ist. Sie entscheiden und spüren somit Ihren Prioritäten in einer Freundschaft immer wieder nach.

Besprechen Sie, wenn Sie mögen, die Spirale mit Ihnen zugewandten Menschen (Familie, Freunde, Therapeuten); vielleicht erhalten Sie so wichtige Rückmeldungen dazu, was noch ergänzt werden sollte.

Möglicherweise dient Ihr Spiral-Labyrinth-Bild dazu, dass andere Menschen Sie besser verstehen, und so lässt sich das Zusammenleben leichter gestalten.

Nun sind Sie schon einen Schritt weiter und wissen, was Ihnen in Freundschaften wichtig ist. Im nächsten Schritt finden Sie heraus, wo Sie potenzielle Freunde kennen lernen können.

**Denkbild**
☺☺

- *Zeit*: 40–60 Minuten
- *Material*: DIN-A4-Blatt, verschiedenfarbige Stifte, Textmarker

**Für welche Situationen ist diese Methode geeignet?**

Mit dem Denkbild haben Sie die Möglichkeit Ihre Gedanken zu ordnen. Indem sie Ihr assoziatives Denken unterstütz sorgt diese Methode dafür, dass Sie alles völlig wertfrei und neutral zu Papier bringen können. Hier können Sie notieren in welchen Interessensgebieten oder an welchen Orten Sie gerne freundschaftliche Kontakte knüpfen würden. So können Sie neue Ansätze finden, Gedanken loslassen und/oder eine Struktur in Ihren Gedanken entdecken.

**Wie führe ich die Methode »Denkbild« durch?**

1. Sorgen Sie dafür, dass Sie die Übung möglichst ungestört durchführen können.
2. Es ist hilfreich, wenn Sie sich an einen Ort begeben, an dem Sie sich wohl fühlen.
3. Schreiben Sie Ihre Fragestellung, hier also »Wie und wo kann ich Freunde finden?«, als »Überschrift« auf ein leeres Blatt Papier.
4. Nehmen Sie einen Stift, der sich in Ihrer Hand angenehm anfühlt, und setzen Sie ihn irgendwo auf dem Blatt auf. Führen Sie den Stift in schlaufenförmigen Linien, die sich immer mal wieder kreuzen, so lange über das Blatt, bis Sie es nach Ihrer Einschätzung gut gefüllt haben.
5. Beschriften, skizzieren und strukturieren Sie die entstandenen Zwischenflächen nun mit Eindrücken, Begriffen und Überlegungen, die Ihnen hinsichtlich der Fragestellung durch den Kopf gehen.
6. Füllen Sie die Zwischenräume auf diese Weise, bis Sie alle Aspekte integriert haben.

7. Blicken Sie nun auf Ihr Denkbild und suchen Sie nach Ansätzen zu Ihrer Fragestellung.
Sie können hierzu folgendermaßen vorgehen:
   – Färben Sie ähnliche Aspekte gleichfarbig ein.
   – Erarbeiten Sie Verweise mit Pfeilen.
   – Markieren Sie besonders Interessantes.
   – Heben Sie Neues hervor.
   – Suchen Sie nach Überraschendem und kennzeichnen Sie dieses.

Ein Beispiel für das Denkbild finden Sie in Kapitel 4 (▶ Abb. 4.3).

Durch Ihr Denkbild ist es Ihnen gelungen, sich der Frage, wie Sie Freundschaften knüpfen möchten, zu nähern und eine persönliche Struktur miteinzubringen. Mit der folgenden Methode *Liste* haben Sie die Möglichkeit, die so gesammelten Aspekte zu strukturieren und somit einer Lösung näherzukommen und Ihre Ergebnisse noch einmal in Form zu bringen.

**Liste**
☺☺

- *Zeit:* 30–60 Minuten
- *Material:* DIN-A4-Blatt Papier und Stift, drei verschiedenfarbige Textmarker

**Für welche Situationen ist die Methode geeignet?**

Mit der Methode *Liste* können Sie die im *Denkbild* gesammelten Gedanken und Ideen in Form bringen. So haben Sie eine Übersicht und können gleichzeitig eine Reihenfolge festlegen, in der Sie die einzelnen Punkte angehen werden.

**Wie führe ich die Methode »Liste« durch?**

Diese Methode können Sie mit der unten folgenden Liste umsetzen.

**Schritt 1**
Schreiben Sie die Interessen und Orte, die Sie in den vorhergegangen Methoden gesammelt haben, geordnet untereinander auf einen Zettel.

**Schritt 2**
Sortieren Sie nun, wie stark die Besonderheiten und Schwierigkeiten des jeweiligen Bereiches Ihr Leben beeinflussen:

A geringer Einfluss,
B mittlerer Einfluss,
C großer Einfluss.

Lassen Sie, wenn Sie mögen, auch eine Ihrer vertrauten Personen die Liste bewerten.

Tragen Sie in die untere Liste nun Ihre Möglichkeiten ein. Ganz nach oben kommen dabei die mit A versehenen Punkte, hiernach folgend die mit B markierten und ganz zum Schluss die mit C bezeichneten Möglichkeiten. Bei gleich markierten Punkten überlegen Sie kurz, welche der beiden Optionen sich für Sie besser anfühlt.

**Rangliste**

1.
2.
3.
4.
5.
6.
7.
8.
9.
10.
11.

Nun wissen Sie, was Sie von Freunden erwarten, welche Interessen Sie mit ihnen teilen können und wo Sie Freundschaften knüpfen könnten. Es bleibt noch die Freundschaft an sich, also der soziale Kontakt. Zunächst ist es wichtig, dass Sie einen Weg finden, über den Sie mit anderen Menschen freundschaftlichen Kontakt aufnehmen können. Für Gesprächseinstiege eignet sich die Methode *Überlebensstrategie Smalltalk* aus dem Kapitel »Smalltalk Vorbereitung« (▶ Kap. 5.3).

**Überlebensstrategie Smalltalk**
☺☺☺

- *Zeit:* 60–90 Minuten
- *Material:* Papier, Stift

## Für welche Situationen ist diese Methode geeignet?

Zur Vorbereitung auf soziale Interaktionen können Sie diese Methode anwenden. Sie befähigt Sie, Ihre Gedanken schon vor der konkreten Begegnung zu ordnen und auch in sozial anstrengenden Situationen Smalltalk führen zu können.

## Wie führe ich die Methode »Überlebensstrategie Smalltalk« durch?

Suchen Sie sich einen ruhigen Ort, an dem Sie sich gut konzentrieren und gut überlegen können.

Nun beginnen Sie bei Ihren Füßen: Überlegen Sie sich ein Thema, das für den Smalltalk geeignet ist und mit Füßen zu tun hat. Orientieren Sie sich an den drei Feldern *Gegenstand*, *Tätigkeit* und *Eigenschaft*. Achten Sie auch darauf, dass Ihre Gesprächseröffnung freundlich und wohlwollend ist, um so eine möglichst angenehme Gesprächsatmosphäre zu erzeugen.

Das könnte für Ihre Füße so aussehen (▶ Tab. 6.4):

Tab. 6.4: Beispiel für Smalltalk (Füße)

| Körperteil | Gegenstand | Tätigkeit | Eigenschaft |
|---|---|---|---|
| Füße | Schuhe | Spazieren | Sportlich |
| | • »Das sind wirklich schöne Schuhe! Wo haben Sie die gefunden?« | • »Kennen Sie den See bei Katzfeld? Ich finde, da kann man wahnsinnig schön spazieren gehen. | • »Sind Sie jede Woche hier im Fintnesstudio?« |

Notieren Sie Ihre Themen sowie Gesprächseinstiege in der folgenden Tabelle (▶ Tab. 6.5).

Tab. 6.5: Smalltalk-Themenliste anhand von Körperteilen

| Körperteil | Gegenstand | Tätigkeit | Eigenschaft |
|---|---|---|---|
| | | | |
| | | | |
| | | | |

**Tab. 6.5:** Smalltalk-Themenliste anhand von Körperteilen – Fortsetzung

| Körperteil | Gegenstand | Tätigkeit | Eigenschaft |
|---|---|---|---|
|  |  |  |  |
|  |  |  |  |
|  |  |  |  |
|  |  |  |  |
|  |  |  |  |
|  |  |  |  |

> **Tipp**
>
> *Behalten Sie gemeinsame Interessen als Gesprächseinstiegsthemen im Hinterkopf. Im freundschaftlichen Kontext können Sie auch auf politische oder religiöse Themen eingehen, die Ihnen wichtig sind. Schließlich geht es nicht ums Networking, sondern darum, mit potenziellen Freunden Bekanntschaft zu machen.*

## 6.2 Freunde

Wenn Sie es nun geschafft haben, einen oder sogar mehrere soziale Kontakte aufzubauen, sollten Sie für sich überprüfen, ob Ihnen diese Freundschaft guttut. Hierzu eignet sich auch die Methode *Erwartungen und Dealbreaker*.

> **Erwartungen und Dealbreaker**
> ☺ ☺
>
> - Zeit: 30–45 Minuten
> - Material: DIN-A4-Blatt Papier und Stift

### Für welche Situationen ist diese Methode geeignet?

Sie können mit der Methode *Erwartungen und Dealbreaker* vor einem Treffen oder auch generell für sich festlegen, welche Grenzen Sie innerhalb einer Freundschaft ziehen möchten, die nicht überschritten werden dürfen. Auch die Erwartungen, die Sie haben, damit eine Freundschaft für Sie vorstellbar ist, können Sie hier sortieren und festhalten.

### Wie führe ich die Methode »Erwartungen und Dealbreaker« durch?

Sammeln Sie zunächst auf einem leeren Blatt Papier alle Aspekte, die Ihnen zu einer Freundschaft einfallen. Welche positiven Erwartungen haben Sie? Was wären Eigenschaften oder gemeinsame Interessen, die Sie in einer Freundschaft schön fänden? Welche Grenzen dürfen auf gar keinen Fall überschritten werden?

Sortieren Sie die gesammelten Punkte nun in die unten folgende Tabelle ein (▶ Tab. 6.6). Auf der linken Seite (»Nice-To-Have«) tragen Sie die Aspekte ein, die Sie an einem Freund positiv fänden, die Ihnen wichtig wären, jedoch nicht »zwingend« notwendig sind.

Auf der rechten Seite (»Dealbreaker«) können Sie die Aspekte einsortieren, die für Sie eine Grenzüberschreitung darstellen. Falls Ihr Freund oder Ihre Freundin einen dieser »Dealbreaker« bedient, wissen Sie, dass Sie die Entwicklung dieser Freundschaft gut im Auge behalten sollten. Einige Dealbreaker können weniger frappierend als die anderen sein, sodass Sie Ihrem Freund dann »Strikes« geben können, er ist sozusagen angezählt. Sprechen Sie diesen Dealbreaker an, sagen Sie Ihrem Freund oder Ihrer Freundin, dass es sich für Sie dabei um ein No-Go handelt. Falls er Ihre Gefühle nicht ernst nimmt oder das Verhalten wiederholt, sollten Sie darüber nachdenken, ob Sie sich in der Freundschaft noch gut aufgehoben fühlen.

Besonders autistische Menschen werden von ihrem Umfeld oft ausgenutzt, ohne es zu bemerken. Es kann also durchaus sein, dass Sie manchmal mit dem vagen Gefühl zurückbleiben, dass etwas nicht stimmt. Um dies zu vermeiden, können Sie mit der folgenden Methode hinterfragen, ob die Freundschaft gut für Sie ist.

**Tab. 6.6:** Freundschaften: Erwartungen und Grenzüberschreitungen

| Nice-To-Have | Dealbreaker |
|---|---|
|  |  |
|  |  |
|  |  |
|  |  |
|  |  |

## Infokasten: Toxische Freundschaften erkennen

- Einseitige Gespräche
  - Sie kommen nicht zu Wort oder Ihr Freund geht nicht auf das ein, was Sie sagen.
- Beleidigungen
  - Direkte Beleidigungen oder es wird, wenn andere dabei sind, schlecht über Sie geredet. Die Witze gehen vielleicht oft auf Ihre Kosten.
- Fehlende Entschuldigungen
  - Wenn Sie das Gefühl haben, sich entschuldigen zu müssen, ohne dass Sie wissen, wofür.
- Freundschaft mit Bedingungen
  - Wenn die Freundschaft an eine politische Überzeugung, eine Religion oder daran geknüpft ist, dass Sie Geld für Ihre Freunde auslegen.
- Missgunst
  - Ihr*e Freund*in gönnt Ihnen Ihre Erfolge nicht und redet beispielsweise Beförderungen klein oder vergleicht sich zu ihrem*seinem Vorteil mit Ihnen.
- Nicht-Respektieren von Grenzen
  - Wenn Sie Ihrem Gegenüber mitgeteilt haben, dass Sie sich bei einer Thematik unwohl fühlen, sollte diese Grenze respektiert werden.

In Freundschaften ist es abgesehen davon, was Sie von der Beziehung erwarten, auch wichtig zu wissen, unter welchen Bedingungen Sie nicht mehr bereit sind, die Freundschaft weiterzuführen.

## Infokasten: Gute Freunde

- Sie haben ein gutes Gefühl, wenn Sie mit dieser Person zusammen sind.
- Sie haben gemeinsame Interessen.
- Es verbindet Sie ein ähnlicher Humor.
- Die Person hört Ihnen aufmerksam zu.
- Die Kommunikation ist ehrlich, ohne zu verletzen.
- Die Person freut sich mit Ihnen bei Erfolgen und ist nicht missgünstig.
- Die Person ist da, wenn Sie sie brauchen,
  - z. B. bei Umzügen, wenn es Ihnen gerade nicht gut geht, wenn Sie krank sind.

Nun konnten Sie herausfinden, welche von Ihren Kontakten dazu geeignet sind, Sie durch den Gesellschaftsdschungel zu begleiten, und welche Sie vielleicht eher belasten. Bei Letzteren kann es gut sein, klare Grenzen zu setzen. Wenn Sie bemerkt haben, dass einer Ihrer sozialen Kontakte Ihnen nicht gut tut, ist es unter Umständen hilfreich, diesen Kontakt zu beenden oder auf ein Minimum einzuschränken. Dies kann auf verschiedene Bereiche Ihres Lebens Einfluss nehmen. Um hierüber einen Überblick zu gewinnen, können Sie die folgende Methode *Eine Hand voll Reflexion* zu Rate ziehen.

> **Eine Hand voll Reflexion – kurz gefasst**
>
> - *Zeit*: 3–5 Minuten
> - *Material*: Ihre Hand

### Für welche Situationen ist diese Methode geeignet?

Mit Hilfe dieser Methode können Sie einen Überblick darüber gewinnen, welchen Einfluss eine Freundschaft auf die verschiedenen Bereiche Ihres Lebens hat.

### Wie führe ich die Methode »Eine Hand voll Reflexion« durch?

In Gedanken gehen Sie Ihre Finger an einer Hand durch. Beginnen Sie beim Daumen, wandern Sie dann vom benachbarten Finger zum nächsten, bis Sie beim kleinen Finger angekommen sind.

Bei jedem Finger fragen Sie sich: »Was bedeutet das für …?«

**Tab. 6.7:** Freundschaften: Einfluss auf verschiedene Lebensbereiche

| Finger | Bedeutung | Merkhilfe | Illustration |
|---|---|---|---|
| Daumen | Körper und Gesundheit | Daumen hoch | |
| Zeigefinger | Soziale Kontakte | Zeigefinger von mir weg deutend | |

**Tab. 6.7:** Freundschaften: Einfluss auf verschiedene Lebensbereiche – Fortsetzung

| Finger | Bedeutung | Merkhilfe | Illustration |
|---|---|---|---|
| Mittelfinger | Wert/Kultur | Der längste Finger »überragt« alle anderen | |
| Ringfinger | Finanzen | Trägt eine wertvolle Last | |
| Kleiner Finger | Leistung/Tätigkeit | Zusammen mit allen Fingern im Einsatz | |

Wenn es Ihnen hilft, tippen Sie mit dem Daumen jeden folgenden Finger an, also nach Ihrem gedanklichen Einstieg mit dem Daumen berühren Sie mit demselben den Zeigefinger, dann den Mittelfinger, dann den Ringfinger und zuletzt den kleinen Finger.

Nachdem Sie diese Methode durchgeführt haben, konnten Sie entweder Aspekte finden, die Sie als Begründung für das Ende der Freundschaft oder den Abbruch des Kontaktes anführen können. Oder Sie haben bei näherer Betrachtung herausgefunden, dass dieser Kontakt vielleicht doch mehr Positives in Ihr Leben bringt, als Sie anfangs dachten. Gehen Sie die Punkte, wenn Sie mögen, noch einmal mit einer Ihnen nahestehenden Person durch, so können Sie sichergehen, dass Sie nichts übersehen haben.

### Tipp

*Falls Sie sich bei einem sozialen Kontakt unsicher sind, können Sie mit Hilfe der Methode »Einordnung sozialer Kontakte« unterstützende Hinweise schaffen.*

Wenn Sie sich dafür entscheiden, die Freundschaft zu beenden, können Sie auf verschiedene Möglichkeiten zurückgreifen. Sie können dieser Person beispielsweise schriftlich, in Form eines Briefes oder mit Hilfe eine Nachricht auf einer Nachrichtenplattform wie WhatsApp oder Signal, mitteilen, dass Sie keinen Kontakt mehr mit ihr haben möchten.

Oder Sie entscheiden sich für ein Telefonat oder sogar für ein Treffen. Unabhängig davon, welche Form Sie gewählt haben, ist es hilfreich, zunächst zu reflektieren, warum Sie den Kontakt beenden und wie Sie dies Ihrem Gegenüber vermitteln möchten.

**Beenden eines Kontaktes**

- *Zeit:* 60–90 Minuten
- *Material:* DIN-A4-Blatt Papier, Stift, möglicherweise Karteikarten und/oder Ihr Handy

### Für welche Situationen ist dies Methode geeignet?

Wenn Sie bemerken, dass ein sozialer Kontakt, beispielsweise eine Freundin, ein Partner oder auch eine professionelle Begleitung, Ihnen nicht mehr guttut und Sie diese Beziehung gerne beenden möchten.

### Wie führe ich die Methode »Beenden eines Kontaktes« durch?

Finden Sie zunächst durch das Ausfüllen der folgenden Tabelle heraus (▶ Tab. 6.8), auf welche Art Sie die Beziehung für Sie am ressourcenschonendsten beenden können.

Tab. 6.8: Checkliste für das Beenden eines Kontaktes

|  | Trifft nicht zu | Trifft eher nicht zu | Trifft eher zu | Trifft voll zu |
|---|---|---|---|---|
| Benötige ich physischen Abstand, um mich sicher zu fühlen? | ☐ | ☐ | ☐ | ☐ |
| Ist ein Treffen zeitnah möglich? | ☐ | ☐ | ☐ | ☐ |
| Fühle ich mich mit einem persönlichen Treffen zum Beenden der Freundschaft wohl? | ☐ | ☐ | ☐ | ☐ |
| Fühle ich mich mit einem Brief/einer Mail wohler als mit einem Treffen? | ☐ | ☐ | ☐ | ☐ |
| Fühle ich mich mit einem Telefonat wohler als mit einem Treffen? | ☐ | ☐ | ☐ | ☐ |

**Tab. 6.8:** Checkliste für das Beenden eines Kontaktes – Fortsetzung

|  | Trifft nicht zu | Trifft eher nicht zu | Trifft eher zu | Trifft voll zu |
|---|---|---|---|---|
| Fühle ich mich mit einem Videotelefonat wohler als mit einem Treffen? | ☐ | ☐ | ☐ | ☐ |
| Sollte ich eine Begleitung (eine Bezugsperson) bei mir haben, um mich wohl und sicher zu fühlen? | ☐ | ☐ | ☐ | ☐ |

Nun können Sie auf einen Blick feststellen, mit welcher Möglichkeit Sie sich am wohlsten und sichersten fühlen und ob Sie eine Person, der Sie vertrauen, bei sich haben möchten.

Im nächsten Schritt notieren Sie sich, was Sie sagen möchten. Überlegen Sie, welche Gründe es für Ihre Entscheidung gibt, und vielleicht auch, welche positiven Aspekte Sie Ihrem Gegenüber noch mit auf den Weg geben möchten. Nutzen Sie, wenn Sie mögen, die Methode *Seriensprint*, wenn Sie eine Hilfestellung benötigen.

> **Seriensprint**
> 🕒
>
> - *Zeit:* 5–10 Minuten
> - *Material:* Eieruhr oder Handy, DIN-A4-Blatt Papier und Stift bereitlegen

**Für welche Situationen ist diese Methode geeignet?**

Hier können Sie Ihre Gedanken und Gründe sammeln, weshalb Sie eine Freundschaft beenden möchten, und kommen auf produktive Art aus einer Gedankenschleife heraus.

**Wie führe ich die Methode »Seriensprint« durch?**

Sorgen Sie dafür, dass Sie eine Zeit lang ungestört sind. Begeben Sie sich an einen Ort, an dem Sie sich wohl fühlen.

Bilden Sie einen Satzanfang, der Ihr Thema beinhaltet. Beispiele dafür wären:

- Ich fühle mich mit Lisa nicht mehr wohl, weil …
- Die Freundschaft mit Tom ist …
- Norbert ist für mich anstrengend, weil …

Danach gehen Sie folgendermaßen vor:

- Schreiben Sie Ihren Satzanfang 10 Minuten lang immer wieder von vorn.
- Nutzen Sie bei jedem Satzanfang eine neue Zeile.

- Schreiben Sie flüssig bzw. möglichst ohne eine Pause.
- Der Stift ist in ständiger Aktion.
- Führen Sie den Satzanfang spontan in jeder neuen Zeile weiter.
- Fällt Ihnen kein Satzende ein, beginnen Sie in der nächsten Zeile wieder von vorne.
- Schreiben Sie ohne Selbstzensur und Bewertung.
- Beenden Sie die Übung nach 10 Minuten und schreiben Sie den letzten Satz zu Ende.

Lesen Sie Ihren Seriensprint durch und suchen Sie nach Hinweisen, die Ihnen weiterhelfen könnten.

Markieren Sie die Aspekte, die Sie der anderen Person unbedingt mitteilen möchten, und notieren Sie sie hier.

**Notizen**

Aus Ihren Notizen können Sie nun, je nachdem für welche Art der Kommunikation Sie sich entschieden haben, einen Brief, eine SMS, eine Mail oder eine Karteikarte mit Stichpunkten formulieren. Letzteres kann Ihnen als Hilfsmittel während eines Telefonates oder eines persönlichen Gespräches dienen.

Ein Brief an eine Freundin, zu der Sie den Kontakt abbrechen möchten, könnte beispielsweise so aussehen:

»*Liebe Katrin, erstmal danke, dass du dir die Zeit genommen hast, jede Woche mit mir zu walken. Leider ist mir die Route, wie bereits erwähnt, aufgrund der vielen Außeneinflüsse zu anstrengend. Auch im Gespräch mit dir hatte ich das Gefühl, nicht verstanden zu werden. Daher möchte ich dir mitteilen, dass ich nicht mehr mit dir walken gehen möchte. Ich hoffe, du findest einen Partner oder eine Partnerin dafür, der oder die besser geeignet ist. Liebe Grüße, xyz.*«

**Hinweis**
*Wenn Sie sehr unter einer Freundschaft oder einem Kontaktabbruch leiden, sollten Sie versuchen externe Hilfe in Anspruch zu nehmen. Das kann ein Therapeut, Psychologe, Coach oder ein guter Freund sein.*

> **Tipp**
>
> *Wenn Sie Gefährten gefunden haben auf Ihrem Weg durch den Alltagsdschungel, ist es manchmal schwierig, die Kontakte zu halten. Oft hilft es, regelmäßige und sich wiederholende Termine zu vereinbaren. Beispielsweise ein Treffen jede dritte Woche am Samstag und jede Woche samstags, wenn man sich nicht trifft, ein Telefonat. Am besten tragen Sie sich diese Termine in Ihren Kalender oder in den Kalender in Ihrem Smartphone ein. So können Sie sich entweder durch die Einträge erinnern oder sich eine Erinnerung in Ihrem Smartphone einrichten.*

## 6.3 Familie

> **Material**
>
> - 4 Blätter DIN-A4-Papier
> - 1 Stift zum Schreiben
> - 3 verschiedenfarbige Textmarker

*Gesamtbearbeitungszeit:* ca. 2 Stunden

| Methode | Seite | Zeit | Material | Erledigt |
|---|---|---|---|---|
| Hinstellen | 137–138 | ◐◐ 15–45 Minuten | DIN-A4-Blatt Papier und Stift | |
| Liste | 139–140 | ◐◐ 20–40 Minuten | DIN-A4-Blatt Papier und Stift, drei verschiedenfarbige Textmarker | |
| Umsetzungsskala | 141–142 | ◐ 10–20 Minuten | DIN-A4-Blatt Papier und Stift | |
| Umsetzungsplan | 142–143 | ◐ 10–20 Minuten | DIN-A4-Blatt Papier und Stift | |
| Hilfspäckchen Familie 🗁 | 143–145 | ◐◐ Ca. 30 Minuten | Tabelle »Hilfspäckchen-Sammlung« (Zusatzmaterial zum Download) oder DIN-A4-Blatt Papier und Stift | |

Das Erleben und Kennenlernen des Gesellschaftsdschungels geschieht oft aus der Familie heraus. Eltern bereiten ihren Nachwuchs auf das Überleben »draußen« vor. Ein Zuhause soll immer wieder zum Auftanken im geborgenen Nest dienen und Sicherheit vor Feinden garantieren. Das Nest bietet Schutz vor schädlichen Außeneinflüssen; es ist im Idealfall Zufluchtsort und Sicherheitsburg.

Nicht immer gelingt es Familien, diesen Ansprüchen gerecht zu werden. Die Widrigkeiten im Dschungel sind oft feindselig und problematisch. So bleiben manche Bedürfnisse und Beziehungen auf der Strecke, sie halten dem »Überlebenskampf« im Dschungel nicht stand und ziehen sich in vermeintlich sicherere und einfachere Lebensumgebungen zurück.

Im Erwachsenenalter ist es Aufgabe eines jeden Menschen, sich diesen Zufluchtsort, also sein Zuhause, nach Möglichkeit selbst zu schaffen. Die Voraussetzungen dafür sind sehr unterschiedlich und äußerst individuell.

Viele autistische Menschen benötigen einen längeren Zeitraum, um selbstständig zu werden, als gleichaltrige neurotypische Menschen. Oftmals ist es hilfreich, wenn sie auch beim Führen eines eigenen Haushalts noch Unterstützung von außen erhalten.

Selbstverständlich gründen auch autistische Menschen ihre eigenen Familien und bauen so ihr eigenes Nest im Gesellschaftsdschungel.

In Bezug auf Familie gilt es daher, mehre Familien-Konstellationen zu berücksichtigen:

- Die *Ursprungsfamilie*, in der der autistische Mensch groß geworden ist.
- Das *Miteinander*, nachdem ein *eigener Hausstand* gegründet wurde.
- Die *selbstgewählte Familienkonstellation* im Erwachsenenalter.

Im Dschungel leben Rudel, Herden und Einzelgänger. Jedes Geschöpf hat seinen Platz, seine Besonderheiten und seine Aufgaben. Im Gesellschaftsdschungel lässt sich ebenfalls so manches Rudel- oder Herdenverhalten beobachten. Auch Einzelgänger finden wir dort. Ganz ähnlich verhält es sich bei Familien. Auch hier gibt es Regeln, Rangordnungen und Aufgaben. Leider sind diese oft nicht klar, es wird aber erwartet, dass alle Familienmitglieder sie intuitiv erfassen und sich daran halten. Genau dies können autistische Menschen allerdings nicht. So kommt es zu Missverständnissen, Auseinandersetzungen und einem problematisierten Umgang miteinander. Dann können die einzelnen Familienmitglieder nicht begreifen, was warum passiert, und es bilden sich schlimmstenfalls Fronten, die sich schwer auflösen lassen.

Es gibt auf der anderen Seite aber auch Menschen, denen es gelingt, diese Situationen zu durchschauen, und die mit viel Offenheit und Verständnis dem autistischen Menschen und der ganzen Familie gegenübertreten. Hier findet der autistische Mensch im Idealfall einen »Expeditionsbegleiter« durch den Gesellschaftsdschungel.

Bei der Methode *Hinstellen* geht es darum, diese unterschiedlichen Verbindungen im Familiengeflecht ein wenig zu entwirren und so Ressourcen zu entdecken.

# 6.3 Familie

> **Hinstellen**
> ☺☺
>
> - *Zeit*: 15–45 Minuten
> - *Material*: DIN-A4-Papier und Stift

## Für welche Situationen ist diese Methode geeignet?

Die Methode *Hinstellen* eignet sich, um zwischenmenschliche Beziehungen visuell darzustellen. So können die Beziehungen zueinander in einer Art Außenansicht betrachtet und analysiert werden.

**Abb. 6.4:** Darstellung der Methode *Hinstellen*

## Wie führe ich die Methode »Hinstellen« durch?

Notieren Sie zuerst, welche Personen Sie zu »Ihrer Familie« zählen. Das können genauso Menschen aus Ihrer Ursprungsfamilie sein wie ein Nachbar oder auch eine engere Freundin. Personen, die für Sie in Ihrem aktuellen Leben eine große Bedeutung haben und Sie in Ihrem Alltag begleiten.

Fertigen Sie als Nächstes für jede Person einen »Papier-Avatar« an. Schneiden Sie jeweils einen Papierstreifen zurecht und falten Sie daraus einen »Aufsteller«. Beschriften Sie den »Papier-Avatar« auf der einen Seite mit seinem Namen und geben ihm auf der Vorderseite ein Gesicht.

Legen Sie nun zwei DIN-A-4 Blätter mit der Längsseite aneinander.

Stellen Sie nun Ihre Avatare auf die vor Ihnen liegenden beiden Blätter und versuchen dabei, das Verhältnis, welches Sie zu diesen Personen haben, zu berücksichtigen.

Wenn Sie mit der Arbeit, die vor Ihnen liegt bzw. steht, zufrieden sind, lassen Sie diese einen Moment auf sich wirken. Halten Sie das Ganze mit einem Foto fest. So können Sie auch im Nachhinein immer mal wieder nachschauen, wie Sie Ihr Verhältnis empfunden haben, und in der Zukunft darauf zurückgreifen. Auf diese Weise können Sie zum einen Veränderungen im Laufe des Lebens nachvollziehen und zum anderen das Foto nutzen, um Situationen in Ihrem Familienleben besser zu verstehen und/oder anderen zu erklären.

Betrachten Sie Ihre Arbeit nun unter folgenden Fragestellungen:

- Was ist Ihr erster Eindruck?
- Wie würden Sie einem Menschen, der Sie nicht kennt, die hingestellten Personen und deren Platz erklären?
- Was für ein Gefühl entsteht in Ihnen, wenn Sie Ihr Werk betrachten?
- Welchen Titel würden Sie Ihrem Werk geben?
- Würden Sie gerne etwas verändern?
- Fehlt Ihnen etwas?

Die Aussagekraft der Avatare lässt sich zur weiteren Verdeutlichung ergänzen. Hierzu können Sie Symbole wie beispielsweise Blitze für ein angespanntes Verhältnis oder ein Herz für besonders wertvolle Beziehungen nutzen.

Auch zum Ressourcencheck ist die Arbeit nützlich. »Verteilen« Sie Energiebananen. Bei wem besteht die Möglichkeit der »Ernte« und wer ist vielleicht ein »Energiefresser«?

Nutzen Sie hierzu kleine Zettelchen mit den aufgezeichneten Symbolen und legen Sie diese zwischen die entsprechenden Avatare oder direkt an den betreffenden Avatar. So können die Symbolzettel zum Ausprobieren auch hin- und hergeschoben werden. Fertigen Sie jeweils Fotos von den einzelnen Veränderungen an, um nach einiger Zeit den Vorgang noch mal nachvollziehen zu können.

Sollten Sie das Bedürfnis haben, etwas verändern zu wollen, so haben Sie nun die Möglichkeit zu experimentieren. Probieren Sie aus, welche Veränderungen Sie umsetzen möchten, und lassen Sie sich immer mal wieder Zeit zur Betrachtung und zum Nachspüren, wie es Ihnen mit den Veränderungen auf dem Papier geht.

Wenn Sie mit dem, was Sie sehen, zufrieden sind, fertigen Sie wieder ein Foto an.

Im nächsten Schritt geht es darum, von Ihren Wünschen möglichst viele in Ihren Alltag zu integrieren. Wenn Ihnen an dieser Stelle bereits klar ist, wie Ihre Familiensituation sich für Sie darstellt, und Ihnen dies als Unterstützung ausreicht, können Sie die Übung für sich stehen lassen.

Wenn für Sie offensichtlich noch weitere Schritte notwendig sind, besteht hier die Möglichkeit, gleich am Umsetzungsplan weiterzuarbeiten.

Sollten Sie sich jedoch unsicher sein, wie Sie mit Ihren Erkenntnissen weiter umgehen möchten, oder sich überfordert fühlen, gehen Sie einfach zum nächsten Schritt über und verwenden die Methode *Liste*.

## 6.3 Familie

### Liste
☺☺

- *Zeit:* 20–40 Minuten
- *Material:* DIN-A4-Blatt Papier und Stift, drei verschiedenfarbige Textmarker

#### Für welche Situationen ist diese Methode geeignet?

Die *Liste* unterstützt Sie dabei, die weitere Vorgehensweise zu strukturieren. In Situationen, in denen Sie sich von einer Entscheidung überfordert fühlen und die Menge an unterschiedlichen, bereits mehrfach durchdachten Argumenten sich nicht deutlich zuordnen lässt, kann die Liste Ihnen helfen. Wenn sich trotz intensiven Nachdenkens über die Situation keine klare Position oder eindeutige Aussage für Sie ergibt, unterstützt die *Liste* und deren Bearbeitung Ihren Entscheidungsprozess und führt Sie so zum Ziel.

#### Wie führe ich die Methode »Liste« durch?

**Schritt 1**
Notieren Sie in der folgenden Tabelle die Optionen, die Sie haben (▶ Tab. 6.9).

Tab. 6.9: Veränderungen in meinen Familienbeziehungen

| Das will ich verändern | Das kann ich tun |
|---|---|
|  |  |
|  |  |
|  |  |

## Schritt 2
In der rechten Spalte sammeln Sie Ideen, was Sie tun könnten und/oder wer Sie dabei unterstützen könnte. Schreiben Sie einfach drauf los, ohne dass Sie Ihre Ideen bewerten oder auf Rechtschreibung achten. Lassen Sie Ihrer Fantasie freien Lauf.

## Schritt 3
Nachdem Sie sich nun schon mit Ihrer Liste beschäftigt haben, priorisieren Sie die links notierten Veränderungen. Was ist sehr wichtig und kann nicht warten, was sollte angepackt werden und was kann noch warten? Hierzu können Sie einfach die Großbuchstaben A, B und C wie in der folgenden Aufzählung verwenden:

A sehr wichtig,
B sollte angepackt werden,
C kann noch warten.

## Schritt 4
Ordnen Sie Handlungen und/oder Personen, die Sie bei Ihrem Vorhaben unterstützen können, aus Ihrer Spalte »Das will ich verändern« mit Pfeilen der Spalte »Das kann ich tun« zu.

## Schritt 5
Nun verfügen Sie über eine Prioritätenliste, die Ihnen deutlich zeigt, was für Sie am bedeutendsten ist.

 Wenn Sie den Eindruck haben, dass Ihnen noch Lösungsansätze fehlen, können Sie mit einer oder mehreren der folgenden Methoden weiterarbeiten (▶ Tab. 6.10). Alle weiteren Ideen nehmen Sie mit in Ihre Liste auf und priorisieren Sie, wie unter Schritt 3 beschrieben.

Tab. 6.10: Ergänzende Methoden

| Denkbild | Heldenfigur | Seriensprint | Interview |
|---|---|---|---|
| Entwerfen Sie ein Denkbild zu der Veränderung, zu der Sie noch Ideen suchen | Befragen Sie Ihre Heldenfigur zu offenen Fragen der gewünschten Veränderung. | Bilden Sie einen Satzanfang zur gewünschten Veränderung und führen Sie diesen wie beschrieben weiter. Beispiel: »Wenn ich allein sein möchte …« (Bis zum Ende geschrieben könnte das dann so aussehen: | Betrachten Sie Ihre Liste mit einer vertrauten Person, tauschen Sie sich zu Ihren Erkenntnissen mit ihr aus und befragen Sie sie wie beschrieben zu Ihren Veränderungswünschen. |

**Tab. 6.10:** Ergänzende Methoden – Fortsetzung

| Denkbild | Heldenfigur | Seriensprint | Interview |
|---|---|---|---|
| | | *»Wenn ich allein sein möchte, bin ich unruhig. Wenn ich allein sein möchte, brauche ich Stille« usw.)* | |

Um Ihre Ideen zu verwirklichen, empfiehlt es sich, einen Umsetzungsplan zu entwerfen. Bevor Sie den Plan anlegen, bewerten Sie Ihre Vorhaben mit der Umsetzungsskala.

> **Umsetzungsskala**
>
> - *Zeit*: 10–20 Minuten
> - *Material*: DIN-A4-Papier und Stift

**Für welche Situationen ist diese Methode geeignet?**

Mit Hilfe der Umsetzungsskala können Sie den Kraftaufwand feststellen, der mit einer geplanten Unternehmung oder Ähnlichem verbunden ist.

**Wie führe ich die Methode »Umsetzungsskala« durch?**

Bewerten Sie Ihre Vorhaben mit Hilfe der nachfolgenden Kriterien:

- Wie hoch ist der Aufwand?/Wie schnell lässt sich das Geplante umsetzen?
- Betrifft mein Vorhaben weitere Menschen in meinem Umfeld? Wenn ja: Wie groß ist die Belastung, diese Person(en) einzubeziehen?
- Benötige ich Unterstützung zur Umsetzung? Wenn ja: Wie leicht lässt sich die Unterstützung beschaffen?

Nutzen Sie zur weiteren Bearbeitung die Kriterien aus der folgenden Tabelle (▶ Tab. 6.11). Hinter jeder »Idee« notieren Sie entweder ein »Häkchen« oder ein »Achtung«.

Aus Ihrer Ideenliste geht nun klar hervor, was für Sie am wichtigsten ist. Dies ist mit dem Großbuchstaben A versehen. Zusätzlich können Sie aus der Liste entnehmen, wie gering bzw. hoch die Belastung bei der Umsetzung ist. Beginnen Sie nun, Ihre Ideen in den folgenden Umsetzungsplan einzutragen.

## 6 Soziale Kontakte – Umgang mit den Menschen in Ihrer Umgebung

Tab. 6.11: Meine Umsetzungsskala

|  | ✓ | ! |
|---|---|---|
| 1. Wie wichtig ist mir das? | Sehr | Weniger |
| 2. Wie hoch ist der Aufwand/Wie schnell lässt sich die Idee umsetzen? | Geringer Aufwand Direkt umsetzbar | Großer Aufwand Hilfe einer anderen Person nötig |
| 3. Betrifft meine Idee weitere Menschen in meinem Umfeld? | Nein | Ja |
| 4. Wenn ja: Wie groß ist die Belastung für mich, wenn ich diese Person(en) einbeziehe? | Gering | Groß |
| 5. Benötige ich Unterstützung bei der Umsetzung? | Nein | Ja |
| 6. Wenn ja: Wie leicht lässt sich die Unterstützung beschaffen? | Sehr leicht | Schwer |

> **Umsetzungsplan**
>
> - *Zeit*: 10–20 Minuten
> - *Material*: DIN-A4-Papier und Stift

### Für welche Situationen ist diese Methode geeignet?

Da sich nicht alle Ideen zur Veränderung Ihrer familiären Situationen sofort umsetzen lassen, können Sie sich hier einen Überblick Ihrer Handlungsschritte verschaffen.

### Wie führe ich die Methode »Umsetzungsplan« durch?

 Tragen Sie Ihre Ideen in den Umsetzungsplan (▶ Tab. 6.12) untereinander wie folgt ein:

- Zuerst alle Ideen mit A und mehr Häkchen als Achtung-Zeichen.
- Danach alle Ideen mit A und mehr Achtung-Zeichen als Häkchen.
- Dann alle Ideen mit B und mehr Häkchen als Achtung-Zeichen.
- Als Nächstes alle Ideen mit B und mehr Achtung-Zeichen als Häkchen.
- Darauf alle Ideen mit C und mit mehr Häkchen als Achtung-Zeichen.
- Zum Schluss alle Ideen mit C und mehr Achtung-Zeichen als Häkchen.

Auf diese Weise entsteht ein individuelle Auflistung Ihrer Ideen, die Ihre persönlichen Abstufung berücksichtigt.

Zusätzlich können Sie im Umsetzungsplan noch Ihren geschätzten Energieaufwand für die Umsetzung Ihrer Idee eintragen, darüber hinaus Menschen, die Sie unterstützen könnten, sowie einen angedachten möglichen Zeitraum, innerhalb dessen Ihre Idee realisiert werden könnte.

**Tab. 6.12:** Mein Umsetzungsplan

| Idee | Energieaufwand | Unterstützermensch | Passender Zeitraum |
|------|----------------|--------------------|--------------------|
|      |                |                    |                    |
|      |                |                    |                    |
|      |                |                    |                    |
|      |                |                    |                    |
|      |                |                    |                    |

### Hilfspäckchen Familie
☺☺

- *Zeit:* ca. 30 Minuten
- *Material:* Tabelle »Hilfspäckchen-Sammlung« (Zusatzmaterial zum Download) oder DIN-A4-Blatt Papier und Stift

### Für welche Situation ist die Methode geeignet?

Mit Hilfe der Methode »Hilfspäckchen Familie« können Sie verschiedene Tipps und Tricks finden, die Sie dabei unterstützen, dass sich Ihre Familie Ihren Bedürfnissen anpassen kann.

### Wie führe ich die Methode »Hilfspäckchen Familie« durch?

Suchen Sie sich hierunter die Hinweise heraus, die Sie am besten umsetzen und in Ihrem Alltag anwenden können. Notieren Sie die für Sie in Frage kommenden Tipps in der Tabelle »Hilfspäckchen-Sammlung« (Zusatzmaterial zum Download) oder auf einem Blatt Papier. So können Sie auf einen Blick erkennen, welche Möglichkeiten Ihnen zur Verfügung stehen.

- **Feste Austauschzeiten**
  Um das Miteinander zu erleichtern, ist es hilfreich, sich *regelmäßig auszutauschen*. Schaffen Sie hierfür feste Termine mit Ihrer Familie.
- **Regeln des wertschätzenden Zusammenlebens**
  Tauschen Sie sich mit Ihren Familienmitgliedern bewusst über Dinge aus, die Ihnen im Zusammenleben wichtig sind. Klären Sie gemeinsam, was jeder braucht, um sich in der familiären Gemeinschaft respektiert und gewürdigt zu fühlen. Halten Sie Ihre gemeinsamen *Grundregeln dieses Zusammenlebens* fest und hängen Sie diese für alle sichtbar auf.
- **Nutzen Sie die »Vier-Schritte-Klärung«**
  Kommunizieren Sie Ihre Bedürfnisse persönlich, soweit es Ihnen möglich ist. Manchmal ist eine schriftliche Botschaft durch einen Brief oder eine Mail oder vielleicht auch eine Sprachnachricht einfacher. Probieren Sie die verschiedenen Möglichkeiten aus und finden Sie Ihren favorisierten Kommunikationskanal. Versuchen Sie Ihrem Gegenüber mit Hilfe der *Vier-Schritte-Klärung* aus dem Kapitel »Sprachgebrauch« (▶ Kap. 5.2) so gut wie möglich deutlich zu machen, warum Sie so vorgehen, wie Sie es tun.
- **Führen Sie ein »Gemeinschaftsbuch«**
  Notieren Sie Wichtiges, Abgesprochenes und auch Schönes in einem Gemeinschaftsbuch. Es dient der *gemeinsamen Erinnerung*. Hier kann jeder nachschlagen, was vereinbart wurde und was schon gut funktioniert.
- **»Bananenskala« für alle**
  Nutzen Sie eine einfache Magnetwand, um zu visualisieren, wie viel Energie Sie und Ihre Mitbewohner haben. So können Sie leicht feststellen, wie belastbar jeder an diesem Tag ist. Es empfiehlt sich, diese Magnetwand im Eingangsbereich aufzuhängen, sodass jeder, der nach Hause kommt, mit seinem Magneten darstellen kann, wie es gerade um ihn steht. Auf diese Weise können Sie leichter *aufeinander Rücksicht nehmen* und lernen, sich und die anderen Familienmitglieder oder *Mitbewohner besser einzuschätzen*.
- **Sondersituation Kontaktabbruch**
  Aufgrund der Besonderheiten im Bereich der zwischenmenschlichen Beziehungen kann es zu Kontaktabbrüchen kommen. Sowohl von der Seite eines Famili-

enangehörigen als auch von der Seite des autistischen Menschen aus. Wichtig ist an der Stelle festzuhalten, dass es in Ordnung sein kann, den Kontakt einzustellen. Manchmal ist eine Kontaktpause sogar hilfreich, um Abstand zu gewinnen und in Ruhe die Geschehnisse zu verarbeiten.

Es kann auch nützlich sein, einen Brief zu schreiben oder ein Video zu machen, nur für sich selbst. Sie müssen der Person dies nicht zeigen, es kann dennoch dabei helfen, mit einer Situation abzuschließen. Möglicherweise erzählen Sie einfach alles, was Sie beschäftigt, und nehmen es als Sprachnachricht auf. So können Sie erst einmal für sich die Geschehnisse und die Situation »abladen«. Oft hilft eine solche Methode dabei, erst einmal Abstand zu bekommen.

Ihre Notizen oder Aufnahmen sind vielleicht zu einem späteren Zeitpunkt nützlich, um die Situation noch einmal zu bearbeiten.

**Hinweis**
*Wenn Sie sehr unter der Beziehung zu einem Familienmitglied oder einem Kontaktabbruch leiden, sollten Sie versuchen, externe Hilfe in Anspruch zu nehmen. Das kann ein Therapeut, Psychologe, Coach oder ein guter Freund sein.*

## 6.4 Alltagskontakte (Nachbarn, Vereinsmitglieder etc.)

Im Dschungel leben wir, um möglichst sicher zu sein, nicht nur in Familienverbänden, sondern gehen auch verständnisvoll miteinander um. Man teilt sich zusammen einen Baum, eine Höhle oder ein Revier und es gibt ein mehr oder weniger friedliches Mit- und Nebeneinander. Die Varianten reichen hier vom Voneinander-Profitieren bis hin zum Sich-gegenseitig-Bekämpfen. Stößt man in ein neues Gebiet vor, müssen diese »Umgangsformen« wieder neu gestaltet werden und das ein oder andere an Gelerntem wird den neuen Gegebenheiten angepasst.

Das Nebeneinander- und Miteinander-Leben fordert autistische Menschen besonders heraus. Es gibt das Zuhause, das bestenfalls unterstützt und Sicherheit gibt, und es gibt weiter entfernte Personen, die sich in räumlicher Nähe (Nachbarn) befinden oder im gelebten Alltag immer wieder auftauchen (im Verein, beim Einkaufen, im Bus usw.). Diese Personen können zu Freunden werden, wie bereits im Kapitel »Freunde« (▶ Kap. 6.2) erläutert, aber sie können auch Alltagskontakte sein. Familienmitglieder können ebenso zu den Alltagskontakten gezählt werden und manchmal entwickelt sich ein Alltagskontakt tatsächlich zu einer engen sozialen Verbindung. Das soziale Miteinander ist sehr dynamisch, verändert sich also ständig und stellt daher für autistische Menschen oft eine der größten Herausforderungen dar. Im Folgenden werden Methoden aufgezeigt, die Sie dabei unterstützen, Alltagskontakte zu erkennen und zu pflegen.

6 Soziale Kontakte – Umgang mit den Menschen in Ihrer Umgebung

**Material**

- 4 Blätter DIN-A4-Papier
- 1 Stift zum Schreiben

*Gesamtbearbeitungszeit:* ca. 4 Stunden

| Methode | Seite | Zeit | Material | Erledigt |
|---|---|---|---|---|
| Check-up-Blick | 146–148 | 1–3 Minuten | Keines | |
| Überlebensstrategie Smalltalk | 148–150 | 60–90 Minuten | Zusatzmaterial zum Download, DIN-A4-Blatt Papier, Stift | |
| Eine Hand voll Reflexion | 150–152 | 15–60 Minuten | DIN-A4-Blatt Papier, Stift | |
| Einordnung sozialer Kontakte | 152–153 | 60–120 Minuten | Zusatzmaterial zum Download, DIN-A4-Blatt Papier, Stift | |

In einer alltäglichen Begegnung kann Ihnen zur ersten Einschätzung der *Check-up-Blick* eine Hilfe sein.

**Check-up-Blick**

- *Zeit*: 1–3 Minuten
- *Material*: Keines

**Für welche Situationen ist diese Methode geeignet?**

Den »Check-up-Blick« können Sie anwenden, wenn Sie einer Person begegnen und deren Körpersprache einordnen möchten, also wenn Sie beispielsweise aus der Wohnungstür kommen und Ihren Nachbarn sehen oder beim Einkaufen auf ein Ihnen bekanntes Vereinsmitglied stoßen. Auch in einer sozialen Situation, z. B. in einem Gespräch, unterstützt Sie diese Methode darin, Ihr Gegenüber schnell einzuschätzen.

6.4 Alltagskontakte (Nachbarn, Vereinsmitglieder etc.)

## Wie führe ich die Methode »Check-up-Blick« durch?

Stellen Sie sich zwei Dreiecke vor, das eine Dreieck zeigt mit einer Spitze nach oben, das andere nach unten. Eine Spitze weist zum Kopf des zu betrachtenden Menschen, die andere zu den Füßen. Die Dreiecke treffen sich an den Schultern der Person.

Der *Check-up-Blick* beginnt bei beim Oberkörper (1) der Person, von dort aus lenken Sie den Blick Richtung Kopf (2) und dann hinunter zu den Schultern (3, 4, 5).

Nun wandert der Blick über die Beine (6, 7, 8) hinunter zu den Füßen (9, 10) und wieder hinauf zu den Schultern. Hier angekommen entscheiden Sie, wie Sie sich weiter verhalten.

1. Steht, sitzt der Mersch Ihnen zugewandt?
2. Blickt der Mensch zu Ihnen?
3. Hat der Mensch eine offene Körperhaltung
4. Sind die Arme locker?
5. Wo befinden sich die Schultern?
6. Sind die Beine durchgedrückt?
7. Sind die Beine entspannt?
8. Steht der Mensch schulterbreit?
9. Sind die Füße dicht zusammen?
10. Steht der Mensch mehr als schulterbreit?

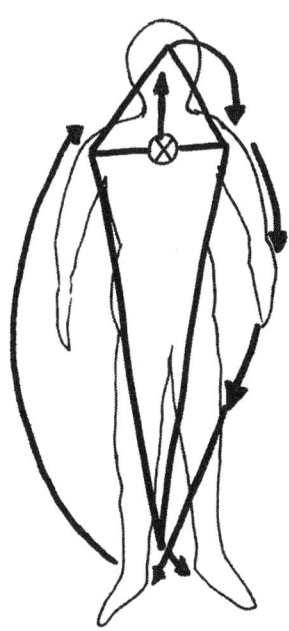

**Abb. 6.5:** Check-up-Blick

## Auswertung

**Tab. 6.13:** Auswertung des *Check-up-Blicks*

|  | Neutral oder zugewandt | Neutral | Abgewandt |
|---|---|---|---|
| Körpersprache | • Offene und lockere Körperhaltung<br>• Zugewandter Blick<br>• Schulterbreiter Stand<br>• Ihnen zugewandt | • Blickt nicht zu Ihnen<br>• Schulterbreiter Stand<br>• Lockere Körperhaltung<br>• Von Ihnen abgewandt | • Blick von Ihnen abgewandt<br>• Angespannte Körperhaltung<br>• Von Ihnen abgewandt |
| Handlungsoption | • Freundliches Grüßen<br>• Kurze Unterhaltung möglich | • Freundliches Grüßen<br>• Kurzes Zunicken<br>• Vorbeigehen | • Neutrales Vorbeigehen |

Falls es zu einer Gesprächssituation kommt, können Sie auf die Methode *Überlebensstrategie Smalltalk* zurückgreifen.

### Überlebensstrategie Smalltalk

- *Zeit:* 60–90 Minuten
- *Material:* Papier, Stift

### Für welche Situationen ist diese Methode geeignet?

Zur Vorbereitung auf soziale Interaktionen können Sie diese Methode anwenden. Sie befähigt Sie, Ihre Gedanken schon vor der konkreten Begegnung zu ordnen und auch in sozial anstrengenden Situationen Smalltalk führen zu können.

### Wie führe ich die Methode »Überlebensstrategie Smalltalk« durch?

Suchen Sie sich einen ruhigen Ort, an dem Sie sich gut konzentrieren und gut überlegen können.

Nun beginnen Sie bei Ihren Füßen. Überlegen Sie sich ein Thema, das für den Smalltalk geeignet ist und mit Füßen zu tun hat. Orientieren Sie sich an den drei Feldern *Gegenstand*, *Tätigkeit* und *Eigenschaft*. Achten Sie auch darauf, dass Ihre Gesprächseröffnung freundlich und wohlwollend ist, um so eine möglichst angenehme Gesprächsatmosphäre zu erzeugen. Gehen Sie darüber hinaus auf Gemeinsamkeiten

## 6.4 Alltagskontakte (Nachbarn, Vereinsmitglieder etc.)

ein, wenn Sie beispielsweise im selben Haus leben oder an den gleichen Vereinsaktivitäten teilnehmen.

Das könnte für Ihre Füße dann so aussehen (▶ Tab. 6.14):

Tab. 6.14: Beispiel für Smalltalk (Füße)

| Körperteil | Gegenstand | Tätigkeit | Eigenschaft |
|---|---|---|---|
| Füße | Schuhe | Spazieren | Sportlich |
| | • »Wie finden Sie es denn, dass wir unsere Schuhe nicht mehr ins Treppenhaus stellen können?« | • »Haben Sie schon die neue Eiche im Park gesehen?« | • »Wir fandest du das Fußballturnier letzte Woche?« |

Notieren Sie Ihre Themen sowie Gesprächseinstiege in der folgenden Tabelle (▶ Tab. 6.15).

Tab. 6.15: Smalltalk-Themenliste anhand von Körperteilen

| Körperteil | Gegenstand | Tätigkeit | Eigenschaft |
|---|---|---|---|
| | | | |
| | | | |
| | | | |

**Tab. 6.15:** Smalltalk-Themenliste anhand von Körperteilen – Fortsetzung

| Körperteil | Gegenstand | Tätigkeit | Eigenschaft |
|---|---|---|---|
|  |  |  |  |
|  |  |  |  |

Entwickelt sich ein längerer Austausch und macht sich bei Ihnen eine Unsicherheit bemerkbar, ob Sie dieses Gespräch in der jeweiligen Situation oder während einer sich wiederholenden Begegnung weiter fortsetzen möchten, nutzen Sie die Methode *Eine Hand voll Reflexion*. Auf diese Weise schützen Sie sich davor, unnötige Energiebananen durch Alltagskontakte zu verlieren, oder Sie entdecken vielleicht eine neue Ressource in Ihren sozialen Kontakten.

> **Eine Hand voll Reflexion**
>
> - *Zeit*: 3–5 Minuten
> - *Material*: Ihre Hand

**Für welche Situationen ist diese Methode geeignet?**

Sicher kennen Sie Situationen, in denen Sie kaum die Möglichkeit haben, sich intensiv mit einer Abwägung der Auswirkungen Ihrer möglichen Entscheidung zu beschäftigen. Im Gesellschaftsdschungel wird häufig erwartet, dass Sie sich »spontan« entscheiden, ob Sie beispielsweise auf einen Kaffee zum Nachbarn kommen möchten oder zum spontanen Grillabend eines Fußballkumpels gehen.

In solchen und ähnlichen Situationen können Sie nach einer kurzen Zeit der Eingewöhnung sehr einfach mit Hilfe einer Ihrer Hände eine recht umfassende Reflexion vornehmen. Auf diese Weise lassen sich grobe Fehleinschätzungen rechtzeitig vermeiden.

**Wie führe ich die Methode »Eine Hand voll Reflexion« durch?**

In Gedanken gehen Sie Ihre Finger an einer Hand durch. Beginnen Sie beim Daumen, wandern Sie dann vom benachbarten Finger zum nächsten, bis Sie beim kleinen Finger angekommen sind.

Bei jedem Finger fragen Sie sich: »Was bedeutet das für …?« (▶ Tab. 6.16).

**Tab. 6.16:** Alltagskontakte: Einfluss auf verschiedene Lebensbereiche

| Finger | Bedeutung | Merkhilfe | Illustration |
|---|---|---|---|
| Daumen | Körper und Gesundheit | Daumen hoch | |
| Zeigefinger | Soziale Kontakte | Zeigefinger von mir weg deutend | |
| Mittelfinger | Wert/Kultur | Der längste Finger »überragt« alle anderen | |
| Ringfinger | Finanzen | Trägt eine wertvolle Last | |
| Kleiner Finger | Leistung/Tätigkeit | Zusammen mit allen Fingern im Einsatz | |

Wenn es Ihnen hilft, tippen Sie mit dem Daumen jeden folgenden Finger an, also nach Ihrem gedanklichen Einstieg mit dem Daumen berühren Sie mit demselben den Zeigefinger, dann den Mittelfinger, dann den Ringfinger und zuletzt den kleinen Finger.

Mit der Methode *Einordnung sozialer Kontakte* haben Sie dann die Möglichkeit, Ihren Alltagskontakt im Hinblick auf Ihre Bedürfnisse einzuschätzen.

**Tipp**

*Als Unterstützung können Sie die Methode »Liste« anwenden, um diese möglichen Kontakte zu sammeln und vorzunotieren.*

**Einordnung sozialer Kontakte**

☺ ☺ ☺

- *Zeit*: 60–120 Minuten
- *Material*: DIN-A4-Papier und Stift

**Für welche Situationen ist diese Methode geeignet?**

Zur Einordnung von Alltagskontakten. Hier können Sie feststellen, wie wichtig der jeweilige Kontakt für Sie ist, ob er Energie frisst und wie Sie sich nach oder während des Kontaktes fühlen.

**Wie führe ich die Methode »Einordnung sozialer Kontakte« durch?**

 Die unten aufgeführte Tabelle füllen Sie wie folgt aus (▶ Tab. 6.17):

1. Benennen Sie in der ersten Spalte Ihren Alltagskontakt.
2. Werten Sie in der zweiten Spalte die Wichtigkeit dieses Kontaktes für Sie.
3. Werten Sie in den nächsten beiden Spalten, ob der Kontakt Sie Energie (Bananen) kostet oder ob Sie Energie tanken können.
4. Bewerten Sie, wie wohl Sie sich in der Gegenwart der Person fühlen.

Tab. 6.17: Meine Alltagskontakte

| Sozialer Kontakt | Wichtig (10) bis unwichtig (0) | Banane + | Banane – | Wohlfühlfaktor wohl (10) bis unwohl (0) |
|---|---|---|---|---|
|  |  |  |  |  |
|  |  |  |  |  |
|  |  |  |  |  |

6.4 Alltagskontakte (Nachbarn, Vereinsmitglieder etc.)

**Tab. 6.17:** Meine Alltagskontakte – Fortsetzung

| Sozialer Kontakt | Wichtig (10) bis unwichtig (0) | Banane + | Banane – | Wohlfühlfaktor wohl (10) bis unwohl (0) |
|---|---|---|---|---|
|  |  |  |  |  |

### Tipp: Gespräche mit Alltagskontakten beenden

*Legen Sie sich ein paar »Notausreden« zurecht, die Ihnen dabei helfen schnell aus Gesprächen auszusteigen, wenn Sie bemerken, dass die Situation für Sie unangenehm wird. Diese »Not-Ausreden« sollten unverfänglich und neutral sein, sodass sich nach Möglichkeit niemand dadurch verletzt fühlt. Zum Beispiel:*

- *»Ich muss nach Hause, die Wäsche wartet auf mich.«*
- *»Ich muss noch schnell was zu essen besorgen.«*
- *Ich habe vergessen ... und muss daher schnell ...«*
- *»Mein Bus kommt gleich.«*
- *»Ich habe gleich noch einen wichtigen Termin.«*
- *»Ich muss meine Katze füttern.«*

### Meine »Notausreden«

### Eigene Gedanken

## 6.5 Professionelle Begleiter

Menschen, die Sie aufgrund ihrer beruflichen Qualifikation zu Ihrer Unterstützung begleiten, benötigen Informationen zu Ihren Besonderheiten, damit sie Ihnen bestmöglich helfen können. Darunter fallen beispielsweise Personen, die Sie als Ärzte, Therapeuten, Pädagogen oder Coach unterstützen. Manchmal ist es auch gut, wenn Sie in Gesprächen mit Ihrer Bank, der Versicherung, Handwerkern oder ähnlichen Institutionen mitteilen können, was warum in einer bestimmten Situation für Sie wichtig ist. Das könnte ein geräuscharmer Raum sein, den Sie benötigen, um dem Gespräch in der Bank zu folgen oder eine Vorwarnung des Handwerkers, bevor es laut wird bei der Reparatur.

Natürlich möchten und sollen Sie nicht jedem Menschen alle Ihre Besonderheiten mitteilen. Dies würde zu weit in Ihre Intimsphäre eingreifen und ist auch sicherlich nicht nötig. Autistische Menschen können Probleme mit den eigenen Grenzen haben, und dann kommt es vielleicht vor, dass auch Sie in Gesprächen zu viel von sich preisgegeben. Das kann ein Gefühl der Unsicherheit und Schutzlosigkeit hinterlassen. Aus all diesen Gründen ist es gut, sich einmal damit zu beschäftigen, was Sie welcher Person anvertrauen möchten. Die folgende Methode soll Ihnen helfen, genauer abzugrenzen, was Sie wem mitteilen. Darüber hinaus kann Sie Ihnen Unterstützung im Kontakt mit den entsprechenden Personen bieten.

**Material**

- 4 Blätter DIN-A4-Papier
- 1 Stift zum Schreiben
- 3 verschiedenfarbige Textmarker
- Karteikarten DIN A5
- Verschiedenfarbige Filz- oder Buntstifte

*Gesamtbearbeitungszeit:* ca. 3,5 Stunden

| Methode | Seite | Zeit | Material | Erledigt |
|---|---|---|---|---|
| Steckbriefkarte | 155–157 | 45–60 Minuten | Zusatzmaterial zum Download, Karteikarten DIN A5 oder zugeschnittenes, stabiles Papier in entsprechender Größe | |
| Denkbild | 157 | 40–60 Minuten | Verschiedenfarbige Stifte und Textmarker | |
| Liste | 157 | 30–60 Minuten | DIN-A4-Blatt Papier, Stifte, verschiedenfarbige Textmarker | |

6.5 Professionelle Begleiter

| Methode | Seite | Zeit | Material | Erledigt |
|---|---|---|---|---|
| Beenden eines Kontaktes 🗁 | 157 | ☺☺ 45–80 Minuten | Zusatzmaterial zum Download, DIN-A4-Blatt Papier, Stift | |

Nutzen Sie Ihre Erkenntnisse aus dem Kapitel »Offenlegung der Diagnose« (▶ Kap. 5.1). Falls Sie diese noch nicht erarbeitet haben sollten, beginnen Sie bitte in diesem Kapitel und bearbeiten dann die folgende Methode *Steckbriefkarte*.

Die Ergebnisse aus diesen erarbeiteten Methoden geben Ihnen schon viele Anhaltspunkte. Die folgende Methode »Steckbriefkarte« kann Ihnen in den jeweiligen Situationen Unterstützung bieten. Das Format ist hier bewusst klein gewählt, so lassen sich die Karten einfach abfotografieren und als Notfalldatei im Handy hinterlegen.

> **Steckbriefkarte**
> ☺☺
>
> - *Zeit:* 45–60 Minuten
> - *Material:* Karteikarte DIN A5 oder zugeschnittenes stabiles Papier in entsprechender Größe

### Für welche Situationen ist die Methode geeignet?

Zur Vorbereitung auf soziale Kontakte, die eine möglichst gute emotionale Absicherung von Ihnen erfordern. Die Steckbriefkarten lassen sich leicht mitnehmen oder als Kopie an die betreffende Person übergeben, wenn ein entsprechendes Vertrauensverhältnis besteht.

### Wie führe ich die Methode »Steckbriefkarte« durch?

Notieren Sie oben auf der Karte, für welchen professionellen Begleiter Sie die Karte erstellen. In der linken Spalte vermerken Sie Ihre Besonderheiten, die Sie mitteilen möchten, in der rechten Spalte notieren Sie mögliche Unterstützungsansätze, die Ihren professionellen Begleitern helfen können, möglichst individuell auf Sie zu reagieren (▶ Tab. 6.18).

Die Informationen auf der Karte sollen inspiriert durch das kleine Format mit den wichtigsten Besonderheiten knapp gefüllt werden. So kann die betreffende Person die relevantesten Informationen immer wieder schnell überfliegen und fehlende Angaben selbst nach Bedarf ergänzen. Professionelle Begleiter sind häufig in Zeitnot; die »Steckbriefkarte« kann hier ein gute Unterstützung für eine gelungene Zusammenarbeit sein.

**Tab. 6.18:** Steckbriefkarte

| Besonderheiten | Mögliche Unterstützung |
|---|---|
| Wahrnehmung | |
| Sprachgebrauch | |
| Beruhigende Handlungen (Stimming) | |
| Nähe-/Distanzverhalten | |

> **Tipp: Wie kann ich die passende Unterstützung erlangen?**
>
> *Menschen, die Sie professionell unterstützen und begleiten, sollten Vertrauenspersonen für Sie sein. Überlegen Sie einmal, was Sie benötigen, um einem Menschen zu vertrauen.*
> *Mögliche Kriterien könnten sein:*
>
> - *Ist der Profi bereit, sich mit Ihren Besonderheiten auseinanderzusetzen?*
> - *Besteht ein gegenseitiges Verständnis?*
> - *Besteht die Bereitschaft, sich mit anderen Unterstützern aus Ihrem Helferteam auszutauschen?*
> - *Gibt es bereits Erfahrungen mit autistischen Menschen?*
> - *Ist das räumliche Umfeld für Sie in Ordnung?*
> - *Besteht die Bereitschaft, auf Ihre Besonderheiten einzugehen?*

Falls Sie das Bedürfnis haben, die wichtigsten Merkmale im Hinblick auf die Erlangung der passenden Unterstützung für sich festzuhalten, können Sie eine oder beide der folgenden Methoden verwenden (▶ Tab. 6.19).

Tab. 6.19: Ergänzende Methoden

| Denkbild | Liste |
| --- | --- |
| Schreiben Sie alles, was Ihnen durch den Kopf geht, auf und nutzen Sie Ihr assoziatives Denken. | Strukturieren und priorisieren Sie die Gedanken, die Ihnen durch den Kopf gehen. |

Wie bereits erwähnt, ist es auch vollkommen in Ordnung, wenn Sie merken, dass Ihnen die professionellen Begleiter nicht guttun. Das kann sich mit der Zeit auch ändern, vielleicht stellen Sie fest, dass eine Therapeutin oder ein Therapeut, mit der oder dem Sie bisher gut zurechtgekommen sind, plötzlich nur noch eine Bananenfresserin/ein Bananenfresser ist. Auch zu professionellen Begleitern können Sie den Kontakt beenden.

## 6.6 Arbeitskollegen

**Material**

- 7 Blätter DIN-A4-Papier
- Tabelle »Einordnung sozialer Kontakte« (Zusatzmaterial zum Download)
- 1 Stift zum Schreiben
- 1 Bogen Pappe oder Packpapier
- 3 verschiedenfarbige Textmarker

*Gesamtbearbeitungszeit:* ca. 3 Stunden

| Methode | Seite | Zeit | Material | Erledigt |
| --- | --- | --- | --- | --- |
| Überlebensstrategie Smalltalk | 159–162 | 60–90 Minuten | Zusatzmaterial zum Download, Stift, DIN-A4-Blatt Papier | |
| Hinstellen | 162–164 | 15–45 Minuten | DIN-A4-Papier und Stift | |

6 Soziale Kontakte – Umgang mit den Menschen in Ihrer Umgebung

| Methode | Seite | Zeit | Material | Erledigt |
|---|---|---|---|---|
| Umsetzungsplan | 164–166 | ☺☺☺ 60–90 Minuten | Stift und DIN-A4- Papier | |

Um am Arbeitsplatz Ihre Leistungen abrufen und den Arbeitsalltag gut in Ihr Leben integrieren zu können, ist es wichtig, dass es Ihnen gut geht. Sie sollten also möglichst viele Energiebananen zur Verfügung haben. Damit dies gelingt, spielen verschiedene Aspekte eine Rolle. Hierzu zählen Ihre Wahrnehmungsbesonderheiten, Ihre Bewältigungsstrategien und Ihre soziale Interaktion am Arbeitsplatz.

Idealerweise werden Ihre Besonderheiten bei allen drei Aspekten in Ihrem Arbeitsumfeld akzeptiert und berücksichtigt. So würden Sie nur eine geringe Menge an Energiebananen während Ihrer Arbeitszeit benötigen. Leider ist diese Rücksichtnahme nicht immer gegeben, sodass Sie für sich individuelle Lösungen suchen können, um Ihren Arbeitsalltag möglichst angenehm zu gestalten. Greifen Sie auf Methoden aus dem Bereich »Ressourcen« zurück (▶ Kap. 7), um Ihren Arbeitsplatz angenehmer zu gestalten und Ihre Pausen möglichst effizient zu nutzen.

Einige Punke aus dem Bereich »Wohnen« (▶ Kap. 7.1) können Sie auch auf Ihren physischen Arbeitsplatz übertragen. Wenn Sie einen Schreibtischjob haben, können Sie beispielsweise darauf achten, ob das Licht für Sie angenehm ist und welche »Wohlfühlmomente« Sie auch bei der Arbeit erleben können (▶ Kap. 7.1).

Auch in den Kapiteln »Kleidung« (▶ Kap. 5.4) und »Stimming« (▶ Kap. 7.4) finden Sie Methoden, die Ihnen dabei helfen, dass möglichst wenige Energiebananen in Ihrem Arbeitsalltag verloren gehen.

Damit Sie sich also dauerhaft gestärkt Ihrer Arbeit widmen können, lohnt es sich, die Ergebnisse und Methoden unter »Ressourcen«, »Kleidung« und »Stimming« noch einmal anzusehen. Die Ideen, die Ihnen dabei kommen, können Sie im folgenden Kasten notieren.

**Meine Arbeitsressourcen**

In diesem Kapitel wird es vordergründig um den Kontakt zu Ihren Arbeitskollegen gehen. Der Umgang mit ihnen wird durch verschiedene Faktoren beeinflusst. Es ist gut, wenn Sie Ihre Herausforderungen am Arbeitsplatz für sich selbst klar benennen und formulieren können. Denn nur dann ist es für Sie möglich, mit Ihren Kollegen eine transparente Kommunikation über Ihre Besonderheiten zu führen und/oder passende Schutzmaßnahmen für sich selbst aufzubauen.

Ein wichtiger Punkt beim Umgang mit den Kollegen ist Ihre Kommunikation bezüglich Ihrer Diagnose. Ihre Besonderheiten können auch erklärt und berücksichtigt werden, ohne dass Sie Ihren Autismus nach außen tragen.

Das hängt im Einzelfall von Ihrer Arbeitsstelle und den dort gegebenen Arbeitsbedingungen ab. Hilfestellungen zu der Frage, wie und ob Sie Ihre Diagnose offenlegen möchten, finden Sie in dem Kapitel »Offenlegung der Diagnose« (▶ Kap. 5.1 »Besonderheiten: Erkennen und Offenlegen«).

Ein weiterer Punkt beim Umgang mit Ihren Kollegen ist der soziale Austausch. Für autistische Menschen kann es eine Herausforderung darstellen, den von anderen Kollegen geliebten »lockeren Kaffeeplausch« zu halten. Da kann es eine Erleichterung darstellen, wenn Sie bereits im Voraus überlegt haben, welche Themen für solche Situationen geeignet sind. Hierzu können Sie auf die Methode *Überlebensstrategie Smalltalk* zurückgreifen und einen Themenschatz für Ihre Arbeit anlegen. Das könnte im Arbeitsalltag eine Absicherung für lockere Begegnungen sein.

### Überlebensstrategie Smalltalk
☺☺☺

- *Zeit:* 60–90 Minuten
- *Material:* Papier, Stift

**Für welche Situationen ist diese Methode geeignet?**

Zur Vorbereitung auf soziale Interaktionen können Sie diese Methode anwenden. Sie befähigt Sie, Ihre Gedanken im Voraus zu ordnen und ermöglicht es Ihnen, auch in anstrengenden sozialen Situationen den Fokus auf den Smalltalk beizubehalten.

**Wie führe ich die Methode »Überlebensstrategie Smalltalk« durch?**

Suchen Sie sich einen ruhigen Ort, an dem Sie sich gut konzentrieren und gut überlegen können.

Nun beginnen Sie bei Ihren Armen: Überlegen Sie sich ein Thema, das für den Smalltalk geeignet ist und mit Armen zu tun hat. Orientieren Sie sich an den drei Feldern *Gegenstand*, *Tätigkeit* und *Eigenschaft*. Achten Sie auch darauf, dass Ihre Gesprächseröffnung freundlich und wohlwollend ist, um so eine möglichst angenehme Gesprächsatmosphäre zu erzeugen.

Wenn Sie sich für ein Thema entschieden haben, können Sie sich eine Frage oder einen Gesprächsbeginn überlegen. Lassen Sie die Gemeinsamkeiten aus Ihrem Job gerne mit einfließen. Für die Arme könnte das dann so aussehen (▶ Tab. 6.20).

Mit Hilfe Ihrer Körperteile, die Sie schließlich immer dabeihaben, und Ihren Überlegungen können Sie sich so verschiedene Möglichkeiten und Fragen für den Smalltalk in sozialen Interaktionen merken.

**Tab. 6.20:** Beispiel für Smalltalk (Arme)

| Körperteil | Gegenstand | Tätigkeit | Eigenschaft |
|---|---|---|---|
| Arm | Armband: | Badminton: | Geschickt: |
| | • »Ach cool, ist das ein Armband von der Spendenaktion letzte Woche?« | • »Hast Du mitbekommen, dass es bald ein Badmintonturnier von der Firma geben soll?« | • »Ich habe mir gestern angeschaut, wie man Vogelhäuser baut. Kennen Sie sich da aus?« |

Wenn Sie nun im beruflichen Umfeld mit anderen Menschen zusammentreffen, können Sie in Gedanken Ihre Gesprächseinstiege anhand Ihrer Körperteile durchgehen und einen passenden Einstieg für den entsprechenden Anlass auswählen.

Tragen Sie Ihre Ideen und die unterschiedlichen Gesprächseinstiege für die Körperteile in die unten folgende Tabelle ein (▶ Tab. 6.21) und/oder in die Abbildung 6.6 (▶ Abb. 6.6), die Sie auch im Downloadbereich finden.

**Tipp**

*Hängen Sie sich die ausgefüllte Abbildung an einen Ort, den Sie oft sehen, um eine Erinnerung zu haben.*

**Wichtig**
Achten Sie darauf, dass Ihre Gesprächseröffnung freundlich und wohlwollend ist, um so eine möglichst angenehme Gesprächsatmosphäre zu erzeugen.

Besprechen Sie die Fragen und Themen vielleicht noch einmal mit Ihnen zugewandten Menschen (Familie, Freunde, Therapeuten), auf diese Weise erhalten Sie möglicherweise wichtige Rückmeldungen und Ergänzungen. Achten Sie darauf, dass die von Ihnen gewählten Gesprächseinstiege unverfänglich sind. Themen aus den Bereichen Politik, Glauben oder Religion sind meist ungeeignet.

Abhängig von der betrieblichen Größe und Ihren Tätigkeiten ist die Anzahl der Kollegen verschieden. Wenn Sie Teil eines größeren Kollegiums sind, kann es sein, dass sich aus unterschiedlichsten Gründen Gruppierungen bilden. Jede Gruppe hat dann ihre besonderen, unausgesprochenen Regeln im Umgang miteinander, beispielsweise über welche Themen geredet wird oder auch die Art der Scherze, die in der Gruppe gern gesehen werden.

Es ist also gut, sich Verbündete zu suchen. Menschen, die offen sind für Ihre Besonderheiten und die Sie als sympathisch empfinden. Wenn Sie noch keine Verbündeten am Arbeitsplatz haben, probieren Sie mit der Methode *Hinstellen*, Ihre Arbeitsgruppe zu visualisieren. Fragen Sie sich, wer Ihnen nahe steht. Wer hat Ihnen schon mal weitergeholfen oder Dinge erklärt, mit Ihnen gelacht und Ihren Humor geteilt? Wer versteht Sie gut, wenn Sie von etwas berichten, etwas fragen oder erklären?

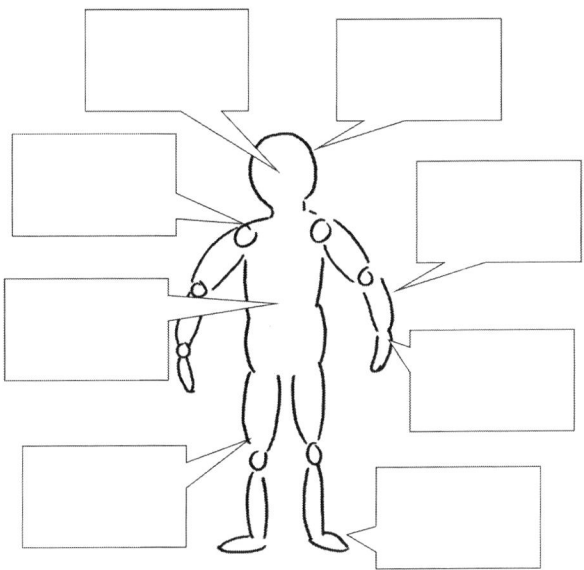

**Abb. 6.6:** Körperumriss für die *Überlebensstrategie Smalltalk* (siehe auch Zusatzmaterial zum Download)

**Tab. 6.21:** Smalltalk-Themenliste anhand von Körperteilen

| Körperteil | Gegenstand | Tätigkeit | Eigenschaft |
|---|---|---|---|
| | | | |
| | | | |
| | | | |

Tab. 6.21: Smalltalk-Themenliste anhand von Körperteilen – Fortsetzung

| Körperteil | Gegenstand | Tätigkeit | Eigenschaft |
|---|---|---|---|
| | | | |
| | | | |
| | | | |
| | | | |

### Hinstellen
☺☺

- *Zeit*: 15–45 Minuten
- *Material*: DIN-A4-Papier und Stift

**Für welche Situationen ist diese Methode geeignet?**

Die Methode *Hinstellen* eignet sich, um zwischenmenschliche Beziehungen visuell darzustellen. So können die Beziehungen zueinander in einer Art Außenansicht betrachtet und analysiert werden. Es ist einfacher, Beziehungen und mögliche Gruppen zu erkennen und mit diesen dann umzugehen.

**Wie führe ich die Methode »Hinstellen« durch?**

Notieren Sie zuerst, welche Personen es an Ihrem Arbeitsplatz gibt, mit denen Sie regelmäßig Kontakt haben.
Fertigen Sie als Nächstes für jede dieser Personen einen »Papier-Avatar« an. Schneiden Sie jeweils einen Papierstreifen zurecht und falten Sie daraus wie unten

aufgeführt einen »Aufsteller«. Beschriften Sie auf der einen Seite den Papier-Avatar mit seinem Namen und geben Sie ihm auf der anderen Seite ein Gesicht.

Legen Sie nun zwei DIN-A-4 Blätter mit der Längsseite aneinander.

Stellen Sie nun Ihre Avatare auf die vor Ihnen liegenden beiden Blätter und versuchen dabei, das Verhältnis, welches Sie zu diesen Personen haben, zu berücksichtigen.

Wenn Sie mit der Arbeit, die vor Ihnen liegt bzw. steht, zufrieden sind, lassen Sie diese einen Moment auf sich wirken. Halten Sie das Ganze mit einem Foto fest. So können Sie auch im Nachhinein immer mal wieder nachschauen, wie Sie Ihr Verhältnis empfunden haben, und in der Zukunft darauf zurückgreifen. Auf diese Weise können Sie zum einen Veränderungen im Laufe des Lebens nachvollziehen und zum anderen das Foto nutzen, um Situationen in Ihrem beruflichen Umfeld besser zu verstehen und/oder anderen zu erklären.

Betrachten Sie Ihre Arbeit nun unter folgenden Fragestellungen:

- Was ist Ihr erster Eindruck?
- Wie würden Sie einem Menschen, der Sie nicht kennt, die hingestellten Personen und deren Platz erklären?
- Was für ein Gefühl entsteht in Ihnen, wenn Sie Ihr Werk betrachten?
- Welchen Titel würden Sie Ihrem Werk geben?
- Würden Sie gerne etwas verändern?
- Fehlt Ihnen etwas?

Die Aussagekraft der Avatare lässt sich zur weiteren Verdeutlichung ergänzen. Hierzu können Sie Symbole wie beispielsweise Blitze für ein angespanntes Verhältnis oder ein Herz für besonders wertvolle Beziehungen nutzen.

Auch zum Ressourcencheck ist die Arbeit nützlich. »Verteilen« Sie Energiebananen. Bei wem besteht die Möglichkeit der »Ernte« und wer ist vielleicht ein »Energiefresser«?

Nutzen Sie hierzu kleine Zettelchen mit den aufgezeichneten Symbolen und legen Sie diese zwischen die entsprechenden Avatare oder direkt an den betreffenden Avatar. So können die Symbolzettel zum Ausprobieren auch hin- und hergeschoben werden. Fertigen Sie jeweils Fotos von den einzelnen Veränderungen an, um nach einiger Zeit den Vorgang noch mal nachvollziehen zu können.

Sollten Sie das Bedürfnis haben, etwas verändern zu wollen, so haben Sie nun die Möglichkeit zu experimentieren. Probieren Sie aus, welche Veränderungen Sie umsetzen möchten, und lassen Sie sich immer mal wieder Zeit zur Betrachtung und zum Nachspüren, wie es Ihnen mit den Veränderungen auf dem Papier geht.

Wenn Sie mit dem, was Sie sehen, zufrieden sind, fertigen Sie wieder ein Foto an.

Sehen Sie sich Ihr fertiges Werk an und suchen Sie die Personen heraus, die die folgenden Punkte erfüllen:

- keine Energiefresser,
- wertvolles oder neutrales Verhältnis.

Tragen Sie diese potenziellen Verbündeten hier ein:

| Verbündete |
|---|
|  |

Auf diese Weise erhalten Sie einen guten Überblick, um sich einen *Umsetzungsplan* zur »Suche nach Verbündeten« zu entwerfen.

**Umsetzungsplan**
☺☺☺

- *Zeit*: 60–90 Minuten
- *Material*: DIN-A4-Papier und Stift

**Für welche Situationen ist diese Methode geeignet?**

Wenn Sie auf der Suche nach Verbündeten in einem Bereich Ihres Lebens sind. Hier ist das Beispiel Arbeitskollegen gewählt, die Methode eignet sich jedoch auch für Schulen, Universitäten, Sportvereine und ähnliche Lebensbereiche.

**Wie führe ich die Methode »Umsetzungsplan« durch?**

Überlegen Sie sich zunächst, welche Möglichkeiten Sie haben, Verbündete zu gewinnen.

Schauen Sie sich Ihre Ideen an, entscheiden Sie sich für eine Option und legen Sie eine Liste an, in welcher Reihenfolge Sie diese Ideen umsetzen möchten.

**Ergänzung**
*Falls Sie Unterstützung brauchen, um auf Ideen zum Thema »Gewinnen von Verbündeten« zu kommen oder diese zu strukturieren, können Sie die folgenden Methoden verwenden (▶ Tab. 6.22).*

Tab. 6.22: Ergänzende Methoden

| Denkbild | Liste |
|---|---|
| Sammeln Sie Ihre Gedanken und Ideen zum Gewinnen von Verbündeten. | Strukturieren Sie die Möglichkeiten, die Sie für sich gefunden haben. |

Notieren Sie nun die Teilschritte, die zu jeder Idee gehören. Wenn Sie die Mittagspause beispielsweise jeden Dienstag mit einer bestimmten Kollegin verbringen möchten, könnten die Teilschritte folgendermaßen aussehen:

1. Fragen Sie die Kollegin, wo und wann sie üblicherweise Mittagspause macht.
2. Fragen Sie die Kollegin, ob es in Ordnung wäre, an einem Dienstag einmal mitzukommen/gemeinsam mit ihr Pause zu machen.
3. Fragen Sie die Kollegin, ob Sie beide die Pause an einem Dienstag gemeinsam verbringen können.
4. Fragen Sie die Kollegin, ob sie Lust hätte, dies zu einem regelmäßigen Treffen zu machen.

Notieren Sie hinter diesen Teilschritten, wie lange Sie benötigen, um sie umzusetzen.

Hiernach können Sie beginnen, Ihren Plan in die unten folgende Tabelle einzutragen (▶ Tab. 6.23).

Bedenken Sie dabei, welche weiteren Änderungen oder Belastungen sich in der vor Ihnen liegenden Zeit befinden. Streben Sie die nächste Veränderung hin zu einem neuen Verbündeten erst an, wenn die aktuelle Veränderung in Ihren Alltag integriert ist und für Sie eine Erleichterung bringt.

**Tab. 6.23:** Gewinnen von Verbündeten im Arbeitsumfeld

| Handlungsschritte | Umsetzungszeitraum (mindestens eine Woche) |
|---|---|
| 1. | |
| 2. | |
| 3. | |
| 4. | |
| 5. | |
| 6. | |

> **Tipp**
>
> *Verwandeln Sie Ihren Umsetzungsplan in eine Zeitachse. Vielleicht haben Sie Platz an einer Wand oder in/an einem Schrank. Hängen Sie jeden Handlungsschritt, den Sie auf einer Karteikarte aufgeschrieben haben, in der zeitlichen Reihenfolge auf, die Sie sich vorgenommen haben. Immer wenn eine Sache erledigt ist, kommt die Karteikarte weg. Auf diese Weise sehen Sie, wie nah Sie Ihrem Ziel schon gekommen sind. Vielleicht bemerken Sie auch zwischendurch, dass Sie Ihre Handlungsschritte vertauschen möchten, da Ihnen manches auf einmal viel leichter oder sinnvoller umzusetzen scheint.*

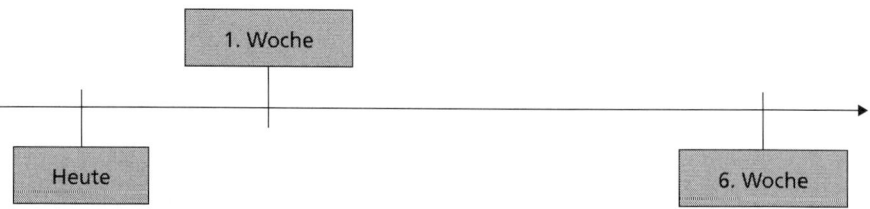

**Abb. 6.7:** Zeitachse

Es bietet sich an, für jede Person, die Sie als potenziellen Unterstützermenschen ansprechen möchten, einen separaten Umsetzungsplan zu erstellen. Die Teilziele beinhalten die für Sie möglichen Handlungsschritte, um die Person für sich zu gewinnen. Das kann vom Ansprechen der Person bis zu einer Verabredung zu gemeinsamen Aktivitäten oder einfach dem Entdecken gemeinsamer Themen oder einem vertrauensvollen Gespräch reichen.

Binden Sie, wenn Sie unsicher sind, Menschen Ihres Vertrauens in Ihre Planung mit ein und/oder lassen Sie Maßnahmen, die Sie bereits bei anderen Menschen in Bezug auf Ihren zukünftigen Verbündeten beobachtet haben, mit einfließen.

Versuchen Sie über einen realistischen Zeitraum zu planen, der Ihre weiteren Termine, Aktivitäten und Ihren Energielevel berücksichtigt.

Überlegen Sie sich, was Sie motivieren könnte, die Teilschritte umzusetzen, und halten Sie sich an Ihren Belohnungsplan. Auf diese Weise hat Ihre Handlung, egal wie Sie sich entwickelt, immer eine positive Folge, die Sie ermuntert, Ihre Ziele weiter zu verfolgen.

## 6.7 Partner

Wie bei allen Begleitern, die man im Dschungel um sich haben kann, ist es auch bei romantischen Partner gut, darauf zu achten, dass Sie sich in ihrer Anwesenheit sicher und wohl fühlen. Auch eine Eule, die im Dschungel unterwegs ist, sucht sich

## 6.7 Partner

einen Partner, der zu ihr passt. Jemand, mit dem sie sich wohl und sicher fühlen kann.

Denn im Dschungel kann es schnell passieren, dass man sich verirrt oder unvorhersehbaren Gefahren ins Auge blickt. Dann ist es schön, einen Partner oder eine Partnerin bei sich zu haben, die einen auch in solchen Momenten unterstützt und entlastet.

> **Material**
>
> - 5 Blätter DIN-A4-Papier
> - 1 Stift zum Schreiben
> - 1 Bogen Pappe oder Packpapier

*Gesamtbearbeitungszeit:* ca. 3,5 Stunden

| Methode | Seite | Zeit | Material | Erledigt |
|---|---|---|---|---|
| Spiral-Labyrinth | 167–169 | ☺☺☺ 45–90 Minuten | Stift, ein DIN-A4-Bogen Pappe oder Packpapier | |
| Liste | 170–171 | ☺☺ 20–40 Minuten | DIN-A4-Blatt Papier, Stift, verschiedenfarbige Textmarker | |
| Erwartungen und Dealbreaker | 172–173 | ☺☺ 30–45 Minuten | Papier und Stift | |
| Einordnung Ihrer Beziehung | 173–175 | ☺☺☺ 60–120 Minuten | DIN-A4-Papier und Stift | |

Um herauszufinden, ob Ihr Partner, die für Sie relevanten Kriterien erfüllt, ist es zunächst gut zu wissen, worum es sich dabei handelt. Sie können herausfinden, was Ihnen persönlich wichtig ist, indem Sie die folgende Methode *Spiral-Labyrinth* nutzen.

> **Spiral-Labyrinth**
> ☺☺☺
>
> - *Zeit:* 45–90 Minuten + 1 Woche Vorarbeit
> - *Material:* 1 großer Plakatbogen oder ein Bogen Packpapier/verschiedenfarbige Stifte/Zeitschriften und Kataloge nach Wunsch

### Für welche Situationen ist diese Methode geeignet?

Wenn Sie versuchen, herauszufinden und abzuwägen, welche Aspekte Ihnen in einer Partnerschaft wichtig sind. Diese Methode befähigt Sie dazu, alles, was Ihnen zum Thema Partnerschaft durch den Kopf geht, auf eine Art zu sortieren und zu ordnen, die einen Fokus bildet. Im Kern der Spirale ist das, worauf Sie nicht verzichten können.

Das von Ihnen gestaltete Spiral-Labyrinth kann auch dabei helfen, Außenstehenden Ihre besondere Wahrnehmung und die damit verbundenen Bedürfnisse begreifbarer zu machen.

### Wie führe ich die Methode »Spiral-Labyrinth« durch?

Sammeln Sie zunächst eine Woche lang Aspekte zum Thema Partnerschaft und behalten Sie dabei die Frage »*Was ist mir in einer Partnerschaft wichtig?*« im Hinterkopf. Versuchen Sie daran zu denken, in verschiedenen Situationen, beispielsweise während eines Treffens oder in anderen sozialen Kontexten, wenn Ihnen weitere Aspekte einfallen, ein Notizbüchlein und einen Stift dabei zu haben, um Ihre Gedanken gleich aufschreiben zu können, oder nutzen Sie die Notizen-App auf Ihrem Smartphone.

Suchen Sie zunächst die Aspekte aus Ihren Notizen heraus, die Ihnen am wichtigsten sind, und schreiben Sie diese in die Mitte des Plakatbogens/Packpapiers. Sie bilden Ihren zentralen Wohlfühlmittelpunkt. Schreiben Sie nun die übrigen Aspekte um diesen Mittelpunkt herum. Je weiter weg von der Mitte des Plakatbogens/des Packpapiers sie sich befinden, desto weniger wichtig sind sie für Sie.

Wenn Sie alle Erkenntnisse und Notizen untergebracht haben, hängen Sie sich Ihr Werk so auf, dass Sie in Ihrem Alltag immer wieder auf Ihre Ausarbeitung schauen können. Sie dürfen natürlich nach und nach weitere Dinge ergänzen und hervorheben.

Wenn Sie mögen, arbeiten Sie übers Kalenderjahr weiter an Ihrem Spiralbild.

Sie können es auch immer mal wieder fotografieren und nach einem Jahr betrachten, um zu schauen, was hinzu- oder auch weggekommen ist. Sie entscheiden und spüren somit Ihren Prioritäten in einer Partnerschaft immer wieder nach.

Besprechen Sie, wenn Sie mögen, die Spirale mit Ihnen zugewandten Menschen (Familie, Freunde, Therapeuten); vielleicht erhalten Sie so wichtige Rückmeldungen dazu, was noch ergänzt werden sollte.

Falls Sie den Eindruck haben sollten, dass Sie noch mehr Struktur in Ihre Gedanken im Spiral-Labyrinth bringen müssen, können Sie die folgende Methode durchführen.

Nun haben Sie eine Übersicht darüber, welche Aspekte Ihnen in Beziehungen wichtig sind. Der nächste Schritt hängt von Ihrem persönlichen Beziehungsstatus ab; falls Sie bereits in einer existierenden Partnerschaft sind, können Sie mit der Methode *Einordnung Ihrer Beziehung* auf Seite 173 weitermachen. Sind Sie auf der Suche nach einer Partnerschaft, wissen jedoch nicht, wo und wie Sie diese beginnen können, sollten Sie mit der hier folgenden Methoden fortfahren.

Als Nächstes folgt das *Denkbild*, auch hier können Sie auf die Methode *Denkbild* aus dem Kapitel »Freunde« (▶ Kap. 6.2) zurückgreifen. Erarbeiten Sie die Frage »Wo kann ich potenzielle romantische Partner finden?«. Orientieren Sie sich gegebenenfalls auch an Ihrem Denkbild zu Freunden.

**Infokasten: Dating-Apps**

Dating-Apps zu benutzen ist in der heutigen Zeit Normalität und das kann auch hilfreich sein. Besonders, wenn es einem schwerfällt, sich in neue, unbekannte Situationen zu begeben. Durch Apps wie Tinder, Bumble oder Hinge ist es Ihnen möglich, eine Vorauswahl zu treffen. Wie alt sollte Ihr potenzieller Partner sein, wie weit entfernt darf er leben und welches Geschlecht sollte er haben? Das alles können Sie mit Hilfe von Filtern einstellen.

Auch Dating-Apps und Websites speziell für Menschen auf dem Autismus-Spektrum gibt es (z. B. hiki). Dort kann man Menschen mit ähnlichen Besonderheiten kennen lernen. Dennoch birgt auch das Online-Dating Tücken und Risiken. Es gibt einige Punkte, auf die Sie achten sollten, insbesondere bei Treffen im echten Leben:

- Sie kennen Ihr Gegenüber nur durch den Filter des Chattens oder Telefonierens, Menschen können sich da leicht verstellen.
- Treffen Sie sich beim ersten Mal nur an öffentlichen Plätzen; so sind andere Menschen in der Nähe, falls es während des Dates zu unangenehmen oder gefährlichen Situationen kommen sollte.
- Teilen Sie einem Ihnen nahestehenden Menschen mit, wann Sie sich mit wem an welchem Ort treffen.
- Überlegen Sie sich schon im Vorhinein, was Sie tun können, wenn Sie sich unwohl fühlen, also sozusagen eine »Exit-Strategie«. Die kann so aussehen, dass Sie sich einen Satz überlegen, den Sie sagen können (z. B. »Ich muss jetzt leider auch nach Hause, ich habe morgen noch eine Prüfung«), oder ein Zeichen, das Sie mit einem unterstützenden Menschen ausmachen, der Sie dann anrufen und einen Notfall vorspielen kann.

Für ein erstes oder auch zweites Date ist es hilfreich, wenn Sie sich Gedanken darüber machen, in welchem Umfeld dies für Sie möglich ist. Ein Date kann eine anstrengende und fordernde soziale Interaktion sein, sodass es gut ist, sich schon vorher zu überlegen, welche Umgebung geeignet ist.

**Ergänzung**

*Wenn Sie den Eindruck haben, dass Sie noch ein wenig Unterstützung dabei brauchen, herauszufinden was eine Partnerschaft für Sie bedeuten könnte, können Sie auf die folgenden Methoden zurückgreifen (▶ Tab. 6.24).*

## 6 Soziale Kontakte – Umgang mit den Menschen in Ihrer Umgebung

Tab. 6.24: Ergänzende Methoden

| Entdeckungsreise | Liste |
|---|---|
| Finden Sie heraus, was für Sie in einer Partnerschaft wichtig ist. | Bringen Sie Ordnung in Ihre Ideale und Vorstellungen rund um eine Partnerschaft. |

### Liste
☺☺

- *Zeit:* 20–40 Minuten
- *Material:* DIN-A4-Blatt Papier und Stift, drei verschiedenfarbige Textmarker

**Für welche Situationen ist diese Methode geeignet?**

Eine *Liste* eignet sich für Situationen, in denen Sie sich von einer Entscheidung überfordert fühlen und die Menge an unterschiedlichen bereits mehrfach durchdachten Argumenten sich nicht deutlich zuordnen lässt. Hier können Sie reflektiert eine Entscheidung treffen, mit der Sie sich wohl fühlen.

**Wie führe ich die Methode »Liste« durch?**

**Schritt 1**
Nehmen Sie ein Blatt Papier und beginnen Sie Orte aufzuschreiben, an denen Sie sich regelmäßig oder gerne aufhalten. Das können Parks, Cafés, Restaurants, Theater, Kinos oder Ähnliches sein. Bedenken Sie, dass Sie auf der Suche nach einer Location im öffentlichen Raum sind.

**Schritt 2**
Sortieren Sie nun Ihre Sammlung in diese Tabelle ein (▶ Tab. 6.25):

Tab. 6.25: Wo ich mich oft oder gerne aufhalte

| Reizarm | Einige Reize | Viele Reize |
|---|---|---|
|  |  |  |
|  |  |  |
|  |  |  |
|  |  |  |

**Tab. 6.25:** Wo ich mich oft oder gerne aufhalte – Fortsetzung

| Reizarm | Einige Reize | Viele Reize |
|---|---|---|
|  |  |  |
|  |  |  |
|  |  |  |
|  |  |  |
|  |  |  |

## Schritt 3
Weisen Sie nun den Orten einen der folgenden Buchstaben und somit Eigenschaften zu:

A Ich fühle mich hier sehr wohl.
B Ich fühle mich hier wohl.
C Ich fühle mich hier nicht so wohl.

## Schritt 4
Lassen Sie, wenn Sie mögen, auch eine Ihnen vertraute Person über die Liste schauen.

Um nun zu einer Entscheidung zu gelangen, betrachten Sie Ihr Ergebnis und suchen Sie einen Ort heraus, der ein möglichst geringes Reizniveau hat und an dem Sie sich gleichzeitig wohl fühlen. Nun haben Sie einen Ort gefunden, an dem Sie sich treffen können, ohne eine Reizüberflutung zu provozieren.

Versuchen Sie, sich über die Aspekte, die für Sie in einer Partnerschaft relevant sind, vor einem Date klar zu werden. Ebenso wie in Freundschaften wird es Aspekte geben, die für Sie nicht akzeptabel sind. Es ist einfacher für Sie, wenn Sie sich schon vor einem Treffen und einer potenziellen Partnerschaft darüber im Klaren sind, damit Sie, sobald eine dieser Grenzen überschritten wird, dies wahrnehmen und artikulieren können.

> **Erwartungen und Dealbreaker**
> ☺☺
>
> - *Zeit:* 30–45 Minuten
> - *Material:* DIN-A4-Blatt Papier und Stift

### Für welche Situationen ist diese Methode geeignet?

Damit Sie vor einem Treffen oder auch grundsätzlich für sich festlegen können, welche Grenzen innerhalb einer Beziehung oder während eines Dates nicht überschritten werden dürfen und welche Erwartungen Sie haben, damit Sie sich eine solche Beziehung vorstellen können.

### Wie führe ich die Methode »Erwartungen und Dealbreaker« durch?

Sammeln Sie auf einem Blatt Papier alle Aspekte, die Ihnen zu einer Beziehung einfallen. Welche positiven Erwartungen haben Sie? Was wäre eine Eigenschaft, die Sie an ihrem Partner oder ihrer Partnerin gut fänden? Welche Grenzen dürfen auf keinen Fall überschritten werden?

 Sortieren Sie nun die von Ihnen gesammelten Aspekte in die unten folgende Tabelle ein (▶ Tab. 6.26).

Auf der linken Seite («Nice-to-have«) handelt es sich um die Aspekte, die Sie gerne an Ihrem Gegenüber sehen oder bemerken würden. Das sind also Dinge, die Ihnen auch im Laufe einer Beziehung wichtig wären, jedoch kein »Muss« sind.

In die zweite Kategorie (»Dealbreaker«) können Sie die Aspekte einsortieren, die für Sie eine Grenzüberschreitung darstellen. Falls Ihr Date oder Ihr Partner einen dieser »Dealbreaker« bedient, wissen Sie, dass eine Beziehung für Sie nicht in Frage kommen kann. Dabei gibt es in diesem Bereich verschiedene Abstufungen. Einige können weniger frappierend sein, sodass Sie Ihrem Partner dann »Strikes« geben können, er ist sozusagen angezählt. Sprechen Sie an, dass Sie sich mit dem Verhalten nicht wohl fühlen. Falls Ihr Partner nicht versucht, Ihre Gefühle in Betracht zu ziehen, und das Verhalten wiederholt, sollten Sie darüber nachdenken, ob Sie sich in der Partnerschaft noch gut aufgehoben fühlen.

Tab. 6.26: Partnerschaften: Erwartungen und Grenzüberschreitungen

| Nice-To-Have | Dealbreaker |
|---|---|
|  |  |
|  |  |
|  |  |

**Tab. 6.26:** Partnerschaften: Erwartungen und Grenzüberschreitungen – Fortsetzung

| Nice-To-Have | Dealbreaker |
|---|---|
|  |  |
|  |  |
|  |  |
|  |  |
|  |  |
|  |  |
|  |  |

Wenn Sie sich in einer Beziehung oder in einer Dating-Phase befinden und sich dabei unsicher sind, ob diese Beziehung gut für Sie ist oder wie wohl Sie sich mit Ihrem Gegenüber fühlen, können Sie mit Hilfe der nächsten Methode überprüfen, wie es für Sie um die Beziehung steht.

### Einordnung Ihrer Beziehung
☺☺☺

- *Zeit*: 60–120 Minuten
- *Material*: DIN-A4-Papier und Stift

## Für welche Situationen ist diese Methode geeignet?

Wenn Sie einschätzen müssen, inwiefern Sie die romantische Beziehung weiterführen möchten, ob diese Ihnen guttut oder Sie möglicherweise überfordert. Sie erhalten durch das Ausarbeiten der folgenden Tabelle Impulse, in welchen Bereichen Sie auf sich aufpassen sollten (▶ Tab. 6.27).

## Wie führe ich die Methode »Einordnung Ihrer Beziehung« durch?

 Die unten aufgeführte Tabelle füllen Sie wie folgt aus (▶ Tab. 6.27):

1. Benennen Sie in der ersten Spalte Ihren Partner/Ihr Date.
2. Werten Sie in der zweiten Spalte die Wichtigkeit dieses Kontaktes für Sie.

**Ergänzung**
*Die folgende Methode unterstützt Sie bei der Einschätzung der Wichtigkeit Ihres Kontaktes:*

> **Eine Hand voll Reflexion**
>
> Finden Sie heraus, welchen Einfluss Ihr Partner auf die verschiedenen Bereiche Ihres Lebens hat.

3. Werten Sie in den nächsten beiden Spalten, ob der Kontakt Sie Energie (Bananen) kostet oder ob er Ihnen Energie liefert.
4. In der fünften Spalte können Sie bewerten, wie wohl Sie sich in der Gegenwart der Person fühlen.
5. Tragen Sie in der sechsten Spalte ein, ob Sie romantische Gefühle für die betreffende Person haben.

Tab. 6.27: Welchen Einfluss hat mein Partner auf die verschiedenen Lebensbereiche?

| Lebensbereich | Wichtig (10) bis unwichtig (0) | Banane + | Banane – | Wohlfühlfaktorwohl (10) bis unwohl (0) | Romantische Gefühle (Ja/Nein) |
|---|---|---|---|---|---|
| In Freundesgruppen | | | | | |

Tab. 6.27: Welchen Einfluss hat mein Partner auf die verschiedenen Lebensbereiche?
– Fortsetzung

| Lebensbereich | Wichtig (10) bis unwichtig (0) | Banane + | Banane − | Wohlfühlfaktorwohl (10) bis unwohl (0) | Romantische Gefühle (Ja/Nein) |
|---|---|---|---|---|---|
| Bei Familientreffen | | | | | |
| In der Zweisamkeit | | | | | |
| Im öffentlichen Raum (Straßenbahn, Stadt, Kino, Restaurant u. Ä.) | | | | | |

Sofern Sie bei der Auswertung dieser Tabelle zu dem Schluss kommen, dass die Beziehung Ihnen nicht guttut, gibt es verschiedene Möglichkeiten, diese zu beenden. Am besten überlegen Sie sich im Vorhinein, was Sie sagen möchten, welcher Ort am besten dafür geeignet ist und ob Sie Ihrem Gegenüber die Trennung persönlich, als Textnachricht, im Brief oder per Anruf mitteilen möchten.

**Beenden eines Kontaktes**

Falls Sie zu dem Entschluss kommen, die Beziehung zu beenden, finden Sie hier Hilfestellungen, wie Sie vorgehen könnten.

**Infokasten: Toxische Beziehungen**

An folgenden Merkmalen können Sie eine toxische Beziehung (also eine Beziehung, die für Sie schlecht oder sogar schädlich ist) erkennen:

- Auch wenn Sie sich Mühe geben, können Sie Ihrem Partner nichts recht machen.
- Sie verteidigen sein/ihr inakzeptables Verhalten vor anderen Menschen (z. B. Freunde, Familie, Therapeuten)
- Ihr Partner verletzt Sie verbal oder körperlich.
- Ihr Partner verwendet die Schwächen, von denen er weiß (vielleicht weil Sie ihm davon erzählt haben), gegen Sie.
- Während und/oder nach Konflikten schiebt Ihr Partner die Schuld immer auf Sie.
- Ihr Partner isoliert Sie von Freunden und Familienangehörigen, sodass Sie keine Möglichkeit mehr haben, sich mit einer Person außerhalb Ihrer Beziehung auszutauschen.

**Eigene Gedanken**

# 7 Ressourcen – Lichtungen und Helfer im Gesellschaftsdschungel

**Abb. 7.1:** Kraftorte im Dschungel

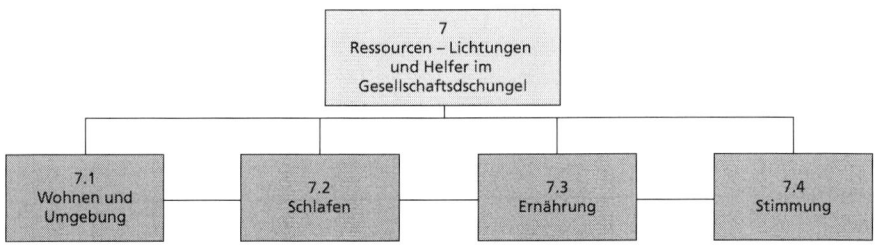

**Abb. 7.2:** Übersicht zum Inhalt von Kapitel 7

Im Dschungel ist es manchmal überlebenswichtig zu wissen, wo Sie Pausenplätze finden können. Ruheoasen, an denen keine Gefahren drohen und ein Durchatmen möglich ist. Diese Ruheplätze sehen, je nachdem für welches Tier sie geeignet sind, anders aus: Während ein Papagei einen Platz hoch in den Bäumen bevorzugt, von dem aus er seine Umgebung im Blick haben kann, ziehen Krokodile einen Platz in einem ruhigen Gewässer nahe einer Weide, an der sie Futter finden, vor. Dort sind sie dann zuhause und haben alles, was für sie wichtig ist.

Schwierig ist es allerdings, wenn ein Tier sich in einem Ökosystem befindet, an das es eigentlich gar nicht angepasst ist. So ist es für eine Schneeeule eine Herausforderung, im Dschungel einen Platz zu entdecken, an dem sie sich sicher und wohl fühlt, sodass sie sich dort für eine Weile ausruhen und neue Kraft tanken kann.

Auch für Autisten kann sich diese Suche schwieriger gestalten als für neurotypische Menschen. Denn die Ruheplätze, die von der Gesellschaft vorgesehen sind, sind nur selten für autistische Erwachsene geeignet. Oft gibt es dort zu viele Reize, sodass es um so wichtiger ist, dass Sie wissen, wie Sie selbst dafür sorgen können, dass Ihre Speicher wieder aufgefüllt werden.

Sein Leben weitestgehend selbstorganisiert und autonom zu führen ist eines der größten Ziele als erwachsener Mensch. Für einen Autisten kann dies auf unterschiedliche Weise eine große Herausforderung darstellen. Doch es ist durchaus möglich, diesen Zustand zu erreichen, sofern die Umgebung an die besonderen Bedürfnisse angepasst wird. Das zeigen Beispiele berühmter Autisten, beispielsweise das von Susan Boyle, die mit ihren Katzen in ihrem Elternhaus in Schottland wohnt. Hier hat sie sich in einer vertrauten Umgebung eine Rückzugsoase geschaffen, in der sie Kraft tanken kann.

Für einige autistische Erwachsene sind die Verantwortung und die Verpflichtungen, die eine eigene Wohnung oder ein Leben als Selbstversorger mit sich bringen, eine enorme Herausforderung.

Im Folgenden sollen verschiedene Aspekte dargestellt werden, die eine Selbstversorgung erleichtern können. Dies gilt sowohl für das Leben alleine als auch das Zusammenleben mit anderen Personen.

Je klarer Menschen auf dem Autismus-Spektrum ihre Besonderheiten benennen und berücksichtigen, desto ressourcenschonender können sie ihren Alltag gestallten.

Die Ressourcensuche beschränkt sich in diesem Buch auf vier wesentliche Bereiche: *Wohnen*, *Schlafen*, *Ernährung* und *Stimming*.

Natürlich ließen sich noch weitere wichtige Fähigkeiten hinzufügen, die zum eigenständigen Leben notwendig sind. Wir haben hier versucht, durch die vier Themen eine sichere Basis zu schaffen, von der aus die Reise in ein eigenständiges Leben beginnen kann.

## 7.1 Wohnen und Umgebung

Auch im Dschungel ist es wichtig, sich einen Rückzugsort zu schaffen, an dem ein Ausruhen und Verweilen möglich ist. Ein Ort, an dem man sich wohlfühlt und keinerlei Gefahren fürchten muss.

7.1 Wohnen und Umgebung

Obwohl die Schneeeule eigentlich nicht in den Dschungel gehört, kann sie doch dafür sorgen, dass sie ein Nest hat, das an ihre Bedürfnisse angepasst ist und in dem sie sich sicher und geborgen fühlt.

Und ebenso können auch Sie dafür sorgen, dass Ihre Umgebung Ihr sicherer Wohlfühlort ist.

**Material**

- 1 Blatt DIN-A4-Papier
- 1 Stift zum Schreiben
- 1 Bogen Pappe oder Packpapier
- Handy zum Fotografieren
- Verschiedenfarbige Filz- oder Buntstifte
- Zeitschriften/Kataloge für Collagen (optional)

*Gesamtbearbeitungszeit:* ca. 2 Stunden

| Methode | Seite | Zeit | Material | Erledigt |
|---|---|---|---|---|
| Entdeckungsreise | 180–186 | 10–60 Minuten (unterscheidet sich je nach Anwendungsgebiet) | DIN-A4-Blatt Papier, Stift und/oder Handy zum Fotografieren | |
| Powerrückzugsort | 186–187 | 45–60 Minuten | Verschiedenfarbige Klebezettel, Stift, eine größere Pappe oder eine leere Schrankwand | |

Die spezifische Wahrnehmung und die besondere Individualität eines jeden autistischen Menschen hat natürlich auch einen entsprechenden Einfluss auf das eigene Wohnumfeld. Das kann von der Raumgröße und -höhe über Farben und Muster der Räume bis zur weiteren Umgebung mit Nachbarn oder Hauptverkehrsstraßen reichen. Zum einen kann die Besonderheit der reizarmen Umgebung wichtig sein, zum anderen aber auch die Funktionalität der Einrichtung.

Hierzu einige Beispiele:

- Wenn Duschen aufgrund der sensorischen Wahrnehmung schwierig ist, sollte eine Badewanne zur Verfügung stehen.
- Zur leichteren Orientierung im Alltag bietet es sich an, Lebensbereiche klar abzutrennen. Hierzu könnte das Kochen und Essen zählen, das Wohnen und Schlafen, das Arbeiten und Entspannen. Klare Farbschemen können dabei genauso unterstützen wie verschiedene Raumtrenner oder Bodenbeläge.

- Gut geplante und integrierte Rückzugsmöglichkeiten sollten leicht zugänglich sein und einen dabei unterstützen, dass man zur Ruhe kommt. Dies könnte beispielsweise eine schallgedämpfte Sitzecke oder ein abgetrennter Bereich mit einem Schaukelstuhl sein.
- Wenn einem Lichtreize unangenehm sind, kann man auf verschiedene Möglichkeiten zur Verdunklung zurückgreifen (Gardinen, Rollos, Fensterfolien, Fenstergröße). Zusätzlich können dimmbare Lampen eingesetzt werden, um das elektrische Licht zu dämpfen.
- Zur Lärmdämmung sind leise Türschlösser sowie Textilien im Raum und andere schallschluckende Elemente sehr gut geeignet.
- Bei der Wohnungsauswahl sollte man nach Möglichkeit auf eine weniger laute Umgebung achten. Auch häusliche Pflichten wie die Kehrwoche erfordern eine weitreichendere Kommunikation und umfangreichere Planung der eigenen Aufgaben. Weitere Störungen können von rauchenden Nachbarn, Geruchsbelästigungen durch ortsansässige Gastronomie oder von produzierendem Gewerbe ausgehen.
- Lichtreize von Ampelanlagen oder Leuchtreklamen im Dunkeln sollten ebenfalls berücksichtig werden.

Die Liste ließe sich noch beliebig ergänzen, nicht jeder Aspekt trifft auf jeden Menschen aus dem Autismus-Spektrum zu, und daher sollen die folgenden Methoden Sie zu Ihren individuellen Ansätzen und Möglichkeiten führen.

Dies geschieht mit einem Fokus vom kleinsten Wohlfühlort bis hin zum Wohnort, in dem Sie leben (möchten). Die folgenden Anregungen führen Sie Schritt für Schritt zu Ihren individuellen Wohnbedürfnissen. Sie lassen sich zum Reflektieren oder auch Neu-Planen anwenden.

> **Entdeckungsreise**
> ☺ ☺
>
> - *Zeit:* Je mehr Zeit Sie mit der Tätigkeit oder an dem Ort verbringen, desto länger sollten Sie sich Zeit für diese Methode lassen.
>   Beispiel: Neuer Wohnort – mindestens eine Woche; Besuch eines neuen Restaurants zu einem einmaligen Essen 10–30 Minuten vorher.
> - *Material:* DIN-A4-Blatt Papier, Stift oder Handy zum Fotografieren

**Für welche Situationen ist diese Methode geeignet?**

Wenn für Sie ein längerer Ortswechsel ansteht oder Sie in einer neuen Umgebung möglichst ressourcenschonend aktiv sein möchten. Dies kann einen neuen Arbeitsplatz genauso betreffen wie einen Wohnungswechsel oder ein neues Restaurant, das Sie besuchen möchten. Die Methode kann Sie ebenso dabei unterstützen, Ihre jetzige Umgebung individuell an Ihre Bedürfnisse anzupassen.

## Wie führe ich die Methode »Entdeckungsreise« durch?

Als Erstes gehen Sie auf »Wohlfühlsafari«. Versuchen Sie, in Ihrem Alltag herauszufinden, wann, wo und wodurch ein wohliges Gefühl in Ihnen entstanden ist. Das Abenteuer besteht darin, im Weltendschungel die Dinge, Lebewesen oder Umstände wahrzunehmen, die gut für Sie sind. Das kann am Anfang sehr anstrengend sein, da wir in der Regel mehr darauf achten, was uns stressen könnte. Seien Sie also geduldig mit sich selbst und lassen Sie sich bei dieser Übung genügend Zeit. Je mehr Zeit Sie mit der entsprechenden Tätigkeit oder am jeweiligen Ort verbringen, desto länger sollte die Suche nach Ihren »Wohlfühlmomenten« dauern.

- Notieren Sie Ihre Wohlfühlmomente hier.
- Fotografieren Sie Ihre »*Wohlfühlmomente*« und halten Sie auf diese Weise fest, was Sie als angenehm wahrgenommen haben. Legen Sie von diesen Momenten einen separaten Ordner auf Ihrem Handy an.

**Meine liebsten Wohlfühlmomente**

Sie können auch nur eine der Sammelmöglichkeiten nutzen oder beide kombinieren. Auf diese Weise entsteht nach und nach eine Liste von Merkmalen, die Sie unterstützen und die Ihnen guttun und die Sie dann gezielt in Ihren Alltag integrieren können.

Gehen Sie auf Entdeckungsjagd und suchen Sie die Besonderheiten auf Ihren Fotos und in Ihrer Liste, die für Sie einen »Wohlfühlfaktor« darstellen.

Zur Unterstützung finden Sie hier eine Checkliste, die sich individuell anpassen  und erweitern lässt (▶ Tab. 7.1).

Tab. 7.1: Checkliste für meine Wohlfühlmomente

| Aspekt | Notizen |
|---|---|
| Materialien | |
| Beleuchtung | |

**Tab. 7.1:** Checkliste für meine Wohlfühlmomente – Fortsetzung

| Aspekt | Notizen |
| --- | --- |
| Muster | |
| Farben | |
| Größen | |
| Überschaubarkeit | |
| Gerüche | |
| Geräusche | |
| Räume | |
| Fenster | |
| Türen | |
| Etage | |
| Hausform | |
| Strukturen | |
| Oberflächen | |

**Tab. 7.1:** Checkliste für meine Wohlfühlmomente – Fortsetzung

| Aspekt | Notizen |
|---|---|
| Angrenzende Kontakte | |
| Pflanzen | |
| Wege | |
| Straßen | |
| Gärten | |
| Parks | |
| Geschäfte | |
| Anzahl der Häuser | |
| Ländlich | |
| Dorf | |
| Städtisch | |
| Großstadt | |
| Außenbeleuchtung | |

**Tab. 7.1:** Checkliste für meine Wohlfühlmomente – Fortsetzung

| Aspekt | Notizen |
|---|---|
| Tiere | |
| Insekten | |
| | |
| | |
| | |
| | |

Mit der *Entdeckungsreise* konnten Sie viele Eindrücke sammeln, die Ihnen im Gesellschaftsdschungel eine Unterstützung bieten. Im nächsten Schritt wird es darum gehen, diese Eindrücke zu priorisieren. Versuchen Sie, die wesentlichsten Hilfen, auf die Sie nicht verzichten können, herauszufiltern. So kann es Ihnen gelingen, in Ihrem Alltag mehr und mehr Wohlfühlmomente zu etablieren.

⊕ **Ergänzung**
*Falls Sie das Gefühl haben, dabei noch etwas Hilfe zu brauchen, können Sie die folgenden Methoden verwenden (▶ Tab. 7.2).*

**Tab. 7.2:** Ergänzende Methoden

| Spiral-Labyrinth | Liste |
|---|---|
| Sammeln Sie Aspekte und Gedanken. | Bringen Sie Struktur in Ihre Gedanken. |

7.1 Wohnen und Umgebung

### Tipp

*Beobachten Sie Ihre Umgebungsaspekte über das Jahr verteilt immer mal wieder, sodass Sie alle Besonderheiten wie Feiertage und Jahreszeiten mitberücksichtigen. Der Gesellschaftsdschungel verändert sich und durch Ihre Beobachtungen »Was sind meine Wohnwohlfühlmomente?« können Sie immer wieder nachbessern.*

*Suchen Sie nach Möglichkeiten, die Sie in verschiedene Lebensbereiche übertragen können, um eine angenehme Atmosphäre zu schaffen. Hierzu einige Beispiele:*

- *eine dimmbare Lampe am Arbeitsplatz,*
- *ein Lieblingsstück zum Sitzen (z. B. ein Kissen) beim Besuch von Verwandten,*
- *wenige bis keine Bilder an der Wand einer gemeinsamen Wohnung,*
- *Pinnwände, die an der Schrankinnentür am Arbeitsplatz angebracht werden.*

### Meine wichtigsten Wohnaspekte zum Wohlfühlen

### Ergänzung

*Die Umsetzung in den Alltag lässt sich mit folgenden Methoden gut ergänzen und durchführen (▶ Tab. 7.3):*

Tab. 7.3: Ergänzende Methoden

| Eine Hand voll Reflexion | Umsetzungsplan | Stationsplanung |
|---|---|---|
| Unterstützt Sie bei der Abwägung, wie intensiv Ihre Ideen in Ihren Alltag eingreifen und wer oder was dadurch betroffen sein könnte. | Gibt Ihnen einen Überblick, was Sie zu welcher Zeit gerne umsetzen möchten | Verschafft Ihnen einen visuellen Überblick und berücksichtigt Besonderheiten bei der Umsetzung wie Personen, die zur Ausführung nötig sind, oder Material, das noch beschafft werden müsste. |

## 7 Ressourcen – Lichtungen und Helfer im Gesellschaftsdschungel

> **Tipp**
>
> *Das soziale Netzwerk, das Sie auf ganz unterschiedliche Art und Weise unterstützt, sollte für Sie gut erreichbar sein. Hierzu zählen beispielsweise Betreuungspersonen, Freunde, Familie, Therapeuten, Ärzte, Ihre Arbeitsstelle sowie Orte, an denen Sie ihren Hobbys nachgehen, und Geschäfte für den täglichen Bedarf.*

> **Tipp**
>
> *Durchforsten Sie Ihre Wohlfühlliste nach »mobilen Möglichkeiten«. Welche »Wohlfühlmomente« könnten Sie »mitnehmen« oder an bestimmten Orten suchen? Vielleicht gibt Ihnen Ihr Lieblingstee ein gutes Gefühl, dann stecken Sie einfach ein paar Teebeutel davon ein oder nehmen Sie sich gleich einen Thermobecher voll mit. Wenn Pflanzen Ihnen Ruhe vermitteln, »scannen« Sie in schwierigen Situationen die Umgebung und suchen nach Pflanzen.*

---

**Powerrückzugsort**
☺☺

- *Zeit:* 45–60 Minuten
- *Material:* Verschiedenfarbige Klebezettel, Stift, eine größere Pappe oder eine leere Schrankwand.

---

### Für welche Situationen ist diese Methode geeignet?

Wenn Sie einen Rückzugsort, hier zum Beispiel ein Bett, für Ihre Bedürfnisse geeignet gestalten möchten. So können Sie Kraftzentralen für sich selbst schaffen, die an Ihre individuellen Besonderheiten angepasst sind.

### Wie führe ich die Methode »Powerrückzugsort« durch?

Ihr Schlafplatz soll zur Kraftzentrale werden. Dazu ist es wichtig, dass Sie diesen Ort so gestalten, dass er sie sofort in eine positive Stimmung versetzt. Um diese Gefühle rund um Ihr Bett zu etablieren, lohnt es sich, den Schwerpunkt erst einmal hierauf zu legen.

Stöbern Sie dazu in der Liste »Schlafstörer aufspüren« (▶ Tab. 7.7) und nutzen Sie die Methode *Hilfspäckchen – Schlafhelfer gewinnen* aus dem Kapitel »Schlafen« (▶ Kap. 7.2). Notieren Sie auf kleinen Notizzetteln die für Sie relevanten Punkte.

Dann schaffen Sie sich die folgenden fünf Rubriken:

- Kann ich sofort umsetzen.
- Kann ich heute noch umsetzen.

- Muss ich vorbereiten.
- Brauche ich Hilfe für.
- Langfristig machbar.

Hierzu können Sie eine (Schrank-)Tür, eine größere Pappe oder Ähnliches nutzen. Schreiben Sie die Überschriften der fünf Sparten jeweils auf einen Notizzettel und kleben Sie diese zuerst auf. Dann ordnen Sie alle Ihre vorher angefertigten Klebezettel den einzelnen Rubriken zu.

Jetzt haben Sie eine klare Vorstellung davon, was nötig ist, um Ihr Bett in eine Powerzentrale zu verwandeln. Nun können Sie Ihre Planung umsetzen.

Alles, was Sie sofort und heute verwirklichen können, gehen Sie direkt an.

Die Punkte, die vorbereitet werden müssen, bringen Sie in eine Zeitachse. Welches Vorhaben wird wohl am längsten dauern? Diesen Endpunkt notieren Sie am Ende eines Zeitstrahls. Alle weiteren Klebezettel bekommen eine zeitliche Zuordnung bis hin zum heutigen Datum. Alle langfristig machbaren Notizen haben ihren Platz nach dem spätesten Zeitpunkt auf der Achse. Sozusagen einen »Parkplatz für die Zukunft«.

Ihren Notizen für die Zukunft schauen Sie sich noch einmal an, wenn Sie ihren Zeitstrahl abgearbeitet haben. Gibt es hier noch Anregungen, die Sie verfolgen möchten? Ansonsten archivieren Sie die Zettel zum Beispiel durch Abfotografieren. Auf diese Weise können Sie von Zeit zu Zeit noch einmal nachsehen, wenn Sie neue Anregungen bekommen möchten.

## 7.2 Schlafen

> **Material**
> 
> - 3 Blätter DIN-A4-Papier
> - 1 Stift zum Schreiben
> - 2 verschiedenfarbige Textmarker
> - Tabelle »Hilfspäckchen-Sammlung« (Zusatzmaterial zum Download)

*Gesamtbearbeitungszeit*: 24 Stunden bis eine Woche

| Methode | Seite | Zeit | Material | Erledigt |
|---|---|---|---|---|
| Rhythmus und Ritual  | 189–191 |  Vorbereitung ca. 20 Minuten Durchführung wahlweise über 1 bis 7 Tage Auswertung ca. 20 Minuten | Zusatzmaterial zum Download, Stift, zwei verschiedenfarbige Textmarker | |

187

| Methode | Seite | Zeit | Material | Erledigt |
|---|---|---|---|---|
| Umsetzungs-matrix | 191–192 | ⓒ<br>10–20 Minuten | DIN-A4-Blatt Papier und Stift | |
| Umsetzungs-plan | 193–194 | ⓒⓒ<br>10–40 Minuten | DIN-A4-Blatt Papier und Stift | |
| Hilfspäckchen Schlafroutinen 📁 | 195–202 | ⓒⓒ<br>30–60 Minuten | Tabelle »Hilfspäck-chen-Sammlung« (Zusatzmaterial zum Download), Stift | |

Ein autistischer Mensch, der im Gesellschaftsdschungel unterwegs ist, sammelt viele Eindrücke. Nur wenige sind vorhersehbar und viele erscheinen bedrohlich bis unüberwindbar. Nach einem Tag voller ungewollter Herausforderungen, die sich aufgrund der besonderen Wahrnehmungen kaum filtern lassen, kann es natürlich sein, dass das Abschalten oder Umschalten in eine Ruhephase schwerfällt. Die vielen Eindrücke können das Einschlafen erschweren und das Durchschlafen unterbrechen. Nun ist aber ein guter Schlaf essenziell, um ausgeglichen und energiegeladen den neuen Tag beginnen zu können.

Eine wichtige Etappe im Umgang mit dem eigenen Autismus ist es daher, für einen möglichst guten Schlaf zu sorgen. Schlaf liefert viele »Energiebananen«, die das Durchstreifen des Gesellschaftsdschungels bzw. das Überleben darin maßgeblich mitbestimmen.

### Wozu Schlaf gut ist

Im Schlaf regeneriert sich der der Körper, Krankheiten werden abgewehrt, der Blutdruck sinkt, Atmung und Herzschlag verlangsamen sich und die Muskulatur entspannt sich. Dadurch kann der Körper neue Energie für den Tag aufbauen.

Das Gehirn hingegen hat die Aufgabe, Erlebtes zu verarbeiten und es dabei in »wichtig« und »unwichtig« zu unterteilen. Durch diese Sortierarbeit wird eine Überflutung von Inhalten im Gedächtnis vermieden. So kommt Wesentliches in das Langzeitgedächtnis, um dauerhaft abrufbar zu sein. Am Morgen ist dann wieder Platz für neue Eindrücke.

Guter Schlaf soll hier im Gesamtkontext des Tages und der Lebensumstände betrachtet werden. Aufgrund der besonderen autistischen Wahrnehmungen und der damit verbundenen Filterschwierigkeiten von Reizen besteht insbesondere für den Menschen aus dem Autismus-Spektrum die große Herausforderung darin, einen individuellen Ansatz für die eigene Schlafhygiene zu finden.

Ein wichtiger, seit Menschengedenken ausschlaggebender Impuls für das Schlafen ist der Tag- und Nachtrhythmus.

> **Rhythmus und Ritual**
> ☺☺
>
> - *Zeit*: Vorbereitung ca. 20 Minuten
>   Durchführung wahlweise über 1 bis 7 Tage
>   Auswertung ca. 20 Minuten
> - *Material*: Zusatzmaterial zum Download, DIN-A4-Blatt Papier, Stifte, zwei verschiedenfarbige Textmarker

### Für welche Situationen ist diese Methode geeignet?

Die Tagesstruktur ist durcheinander oder so eingeteilt, dass es für Sie eine Belastung darstellt. Um in Erfahrung zu bringen, welche Ansatzpunkte am besten verändert werden sollten, damit es Ihnen besser geht, können Sie die Methode *Rhythmus und Ritual* durchführen.

### Wie führe ich die Methode »Rhythmus und Ritual« durch?

Schreiben Sie alle Begriffe, die Sie mit dem Tag (Sonne) und der Nacht (Mond) verbinden, jeweils im Kreis um die Sonne und den Mond herum (▶ Abb. 7.3). Es gibt hier auch die folgenden Übergänge: zum einen vom Tag in den Abend und dann in die Nacht hinein sowie zum anderen von der Nacht hin zum Morgen und zum Tag. Vielleicht möchten Sie das ebenfalls berücksichtigen.

Lassen Sie sich mehrere Tage Zeit für diese Aufgabe. Sicherlich fallen Ihnen immer mal wieder neue Aspekte ein, dann ergänzen Sie diese natürlich. Auf jeden Fall sollten Sie mindestens eine Nacht vergehen lassen, um dann noch mal Ihre Notizen zu betrachten und zu bearbeiten.

Markieren Sie nun Ihre Notizen, indem Sie eine Farbe für »Das ist gut für mich« und eine andere für »Das stört mich« nutzen.

Schauen Sie sich im Anschluss Ihre Ausarbeitung aus etwas größerer Entfernung (ca. 2 Meter) an.

- Was fällt Ihnen als Erstes auf?
- Gehen Sie langsam näher auf das Bild zu.
- Was fällt Ihnen nun auf?
- In welchen Bereichen gibt es viele Markierungen von »Das ist gut für mich«?
- Könnten Sie davon mehr in Ihren Alltag integrieren?
- Finden diese Aspekte regelmäßig in Ihrem Alltag statt?
- Lässt sich daraus eine »Energiebananen«-Ressource erschließen?
- Wo gibt es eine Ansammlung von »Das stört mich«-Markierungen? Welche Ursachen hat das?
- Welche »Das stört mich«-Markierungen lassen sich ändern?
- Wer könnte Sie dabei unterstützen?
- Gibt es Hilfsmittel, die Sie einsetzen könnten?

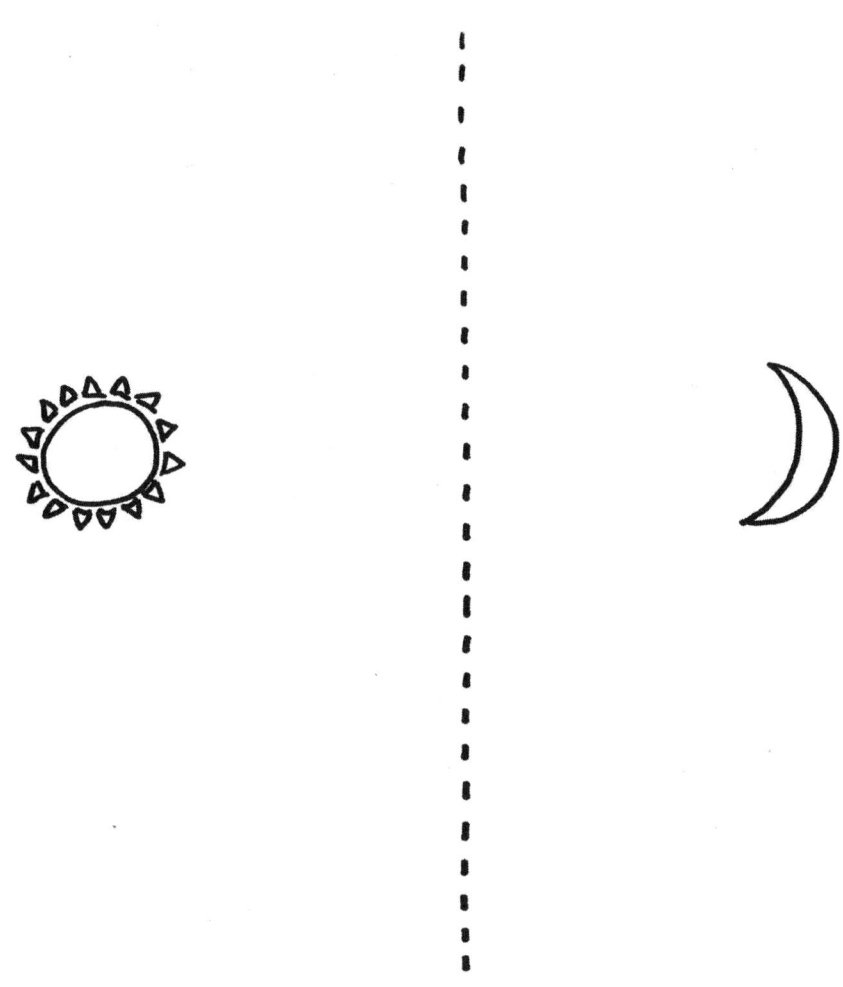

**Abb. 7.3:** Tag- und Nachtrhythmus (siehe auch Zusatzmaterial zum Download)

Alle Bereiche, die Sie mit »Das ist gut für mich« markiert haben, sind möglicherweise gute *Kraftpäckchen*, um Ihren Energierucksack zu füllen. Notieren Sie sich Ihre Kraftpäckchen in Ihrer »Hilfspäckchen-Sammlung« (Zusatzmaterial zum Download) oder in den freien Kasten unten.

> **Tipp**
>
> *Zu jeder Jahreszeit kann diese Übung neue Erkenntnisse bringen. Es kann spannend sein, einen Sonne-Mond-Kreis für den Sommer, den Frühling, den Herbst und den Winter zu erstellen diese und dann zu vergleichen.*
>
> *Wenn Sie die Methode bei einem mehrere Tage andauernden Aufenthalt wie Urlaub, Geschäftsreise oder Ähnlichem anwenden, könnten ebenfalls neue Ideen und Erkenntnisse entstehen.*

Nach dieser individuellen Bestandsaufnahme haben Sie sicherlich schon einige Ideen für Ihren »guten Schlaf« gefunden. Sie können sich nun entweder direkt an die Umsetzung machen oder vorab eine Umsetzungsmatrix anfertigen, wie in der nächsten Methode beschrieben; auf diese Weise haben Sie die Möglichkeit, Ihre Ideen noch mal zu sortieren und abzusichern, dass Sie Ihre Vorhaben in die Tat umsetzen.

> **Umsetzungsmatrix**
> ⊙
>
> - *Zeit*: 10–20 Minuten
> - *Material*: DIN-A4-Papier und Stift

Hierzu nehmen Sie ein neues Blatt und falten es jeweils der Länge und der Breite nach. So erhalten Sie die Mitte des Blattes. In diese Mitte zeichnen Sie ein Bett als Symbol Ihres »guten Schlafes«.

Tragen Sie nun, wie in der folgenden Abbildung zu sehen (▶ Abb. 7.4), Ihre Erkenntnisse aus der Methode *Rhythmus und Ritual* dort ein.

In das Feld »Was ich schon mache« notieren Sie alle bereits im Alltag etablierten und unterstützenden Aspekte.

Im Feld »Übernehme ich sofort in meinen Alltag« listen Sie alles auf, was Sie ohne größere Belastung in Ihren Tagesablauf integrieren können.

Im Feld »Neue Impulse, die ich demnächst umsetzen will« tragen Sie alle Ideen ein, die aus unterschiedlichsten Gründen noch warten müssen.

Im Feld »Erweiterte Ideen« findet alles seinen Platz, was in unmittelbar planbarer Zeit nicht berücksichtigt werden kann.

Ihre direkten *Kraftpäckchen* leiten sich aus dem Feld »Was ich schon mache« ab.

Aus den Anmerkungen im Feld »Übernehme ich sofort in meinen Alltag« können sich die nächsten *Kraftpäckchen* bilden, sobald Sie diese in Ihrem Alltag etabliert und als Unterstützung eingeordnet haben.

Nun können Sie aus den Ideen im Feld »Neue Impulse, die ich demnächst umsetzen will« einen *Umsetzungsplan* nach Ihren eigenen Vorstellungen entwickeln.

Aus dem Feld »Erweiterte Ideen« ergeben sich für die Zukunft vielleicht noch Ergänzungen.

Beginnen Sie nun Ihren *Umsetzungsplan* zusammenzustellen.

| Was ich schon mache | Übernehme ich sofort in meinen Alltag |
|---|---|
| | |

🛏

| Neue Impulse, die ich demnächst umsetzen will | Erweiterte Ideen |
|---|---|
| | |

**Abb. 7.4:** Umsetzungsmatrix für einen guten Schlaf

## 7.2 Schlafen

**Umsetzungsplan**
☺☺

- *Zeit*: 10–40 Minuten
- *Material*: DIN-A4-Papier und Stift

### Für welche Situationen ist diese Methode geeignet?

Wenn viele Ideen in Ihren Alltag integriert werden sollen, Sie aber Sorge haben, den Überblick zu verlieren, ist die Methode *Umsetzungsplan* eine gute Unterstützung. Sie kann dabei helfen, die Motivation dranzubleiben aufrechtzuerhalten.

### Wie führe ich die Methode »Umsetzungsplan« durch?

Überlegen Sie sich zunächst einen realistischen und angemessenen Zeitraum zur Umsetzung Ihres Vorhabens.

Hilfreich ist hierbei die Methode *Eine Hand voll Reflexion*, da sie die allermeisten Lebensbereiche abdeckt, die Einfluss auf Ihren Alltag nehmen.

Bedenken Sie dabei, welche weiteren Änderungen oder Belastungen in der vor Ihnen liegenden Zeit auf Sie warten. Streben Sie die nächste Veränderung hin zu einem guten Schlaf erst an, wenn die aktuelle Veränderung in Ihren Alltag integriert ist und für Sie eine Erleichterung bringt. So sammeln Sie mit der Realisierung Ihres Umsetzungsplans immer mehr *Kraftpäckchen* für Ihren Alltag (▸ Tab. 7.4).

Tab. 7.4: Mein Umsetzungsplan für einen guten Schlaf

| Handlungsschritte hin zu einem guten Schlaf | Umsetzungszeitraum |
|---|---|
| 1. | |
| 2. | |
| 3. | |
| 4. | |
| 5. | |
| 6. | |

## 7 Ressourcen – Lichtungen und Helfer im Gesellschaftsdschungel

**Tipp**

*Verwandeln Sie Ihren Umsetzungsplan in eine Zeitachse. Vielleicht haben Sie Platz an einer Wand oder einem Schrank.*
*Notieren Sie jeden Handlungsschritt auf einer Karteikarte.*
*Hängen Sie die Karteikarten mit den jeweiligen Handlungsschritten in einer zeitlichen Reihenfolge auf.*
*Immer wenn eine Sache erledigt ist, kommt die Karteikarte weg. Auf diese Weise sehen Sie, wie nahe Sie Ihrem Ziel schon gekommen sind.*
*Sie können jederzeit Handlungsschritte vertauschen oder ergänzen, wenn Sie bemerken, dass Ihnen manche Handlungen auf einmal viel leichter oder sinnvoller umzusetzbar erscheinen.*
*Zusätzlich können Sie Ihre Karten mit Symbolen versehen, die Ihnen zur weiteren Orientierung bei der Einordnung und Umsetzung dienen, wie zum Beispiel:*

- ☺ Smiley = *Sie benötigen Unterstützung bei der Umsetzung.*
- ! Ausrufezeichen = *Was Ihnen besonders wichtig ist.*
- ? Fragezeichen = *Für alle Ideen, für die noch etwas vorbereitet oder besorgt werden muss.*

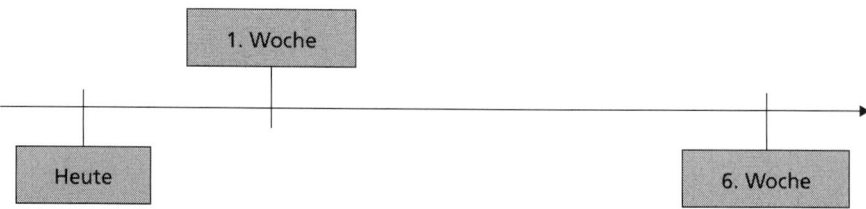

**Abb. 7.5:** Zeitachse

Da Schlaf ein so wichtiges Thema für die Belastbarkeit darstellt, finden Sie im weiteren Verlauf des Kapitels einige *Hilfspäckchen*. Diese Hilfspäckchen sind Inspirationen, um dafür zu sorgen, dass Ihr Energierucksack immer möglichst gut gefüllt ist. In den *Hilfspäckchen* sind durch die Umsetzung möglicherweise noch ein paar Powerbananen für Sie drin.

Notieren Sie die Hilfspäckchen, die Sie für sich entdeckt haben, in der Tabelle »Hilfspäckchen-Sammlung« (Zusatzmaterial zum Download) oder in den freien Kasten unten.

## 7.2 Schlafen

### Hilfspäckchen Schlafroutinen

- *Zeit*: 30–60 Minuten
- *Material*: DIN-A4-Papier und Stift

Ein schlafförderndes Verhalten lässt sich über einen guten Tag- und Nachtrhythmus steuern. Dazu gehört auch, dass man zur passenden Zeit ins Bett geht und aufsteht.

Mit dem folgenden Schlaftracker können Sie herausfinden, welche »Kernschlafzeit« für Sie am besten passt (▶ Tab. 7.5). Sie tragen jeden Tag ein, um welche Uhrzeit Sie ins Bett gegangen und wann Sie aufgestanden sind. Diese beiden Einträge verbinden Sie einfach mit einem Textmarker. So ergibt sich langsam, aber sicher ein gut sichtbarer senkrechter Balken auf dem Blatt, der Ihnen zeigt, wo Ihre Kernzeiten im Moment sind (▶ Abb. 7.6). Die Energiebananen, die Sie vergeben, visualisieren zusätzlich, wie Sie sich am Morgen gefühlt haben. Durch diese Kombination stellt sich langsam heraus, welche Uhrzeiten für Sie besonders geeignet sind, um ein persönliche Ritual zu beginnen, das Ihren erholsamen Schlaf fördert.

Versuchen Sie, sich an diese Zeiten zu halten. Insbesondere wenn Sie damit beginnen, einen Schlafrhythmus aufzubauen, sollten Sie sich mindestens sechs Wochen an Ihre festen Zeiten halten. Natürlich macht eine halbe Stunde hin oder her nicht so viel aus. Vielmehr sollte es in der Eingewöhnung aber nicht sein. Wenn Sie Ihren Schlafrhythmus etabliert haben, können Sie auch nach einem Ausreißer immer wieder zu Ihren Einschlafzeiten zurückkehren.

Klappt es mit dem Einschlafen gar nicht, schieben Sie die Einschlafzeit eine Stunde nach vorne und stehen dann für einige Tage um sechs Uhr am Morgen auf. Nach ein paar Tagen werden Sie merken, wie Ihre Müdigkeit einsetzt und Sie Ihren Rhythmus angleichen können.

**Tab. 7.5:** Mein Schlaftracker

| Datum | 21:00 bis 11:00 Uhr | Energie | Besonderheiten |
|---|---|---|---|
|  |  |  |  |
|  |  |  |  |

### Hilfspäckchen Schlaflust wecken

Wecken Sie Ihre Schlaflust durch immer wiederkehrende Abläufe, die möglichst viele Ihrer Sinne bedienen. Rituale entlasten uns im Alltag, wir brauchen nicht darüber nachzudenken, was jetzt richtig oder falsch ist, sondern spüren ein wohliges inneres »Alles ist gut«. So ein »Alles ist gut«-Gefühl können Sie sich selbst erschaffen. Einiges an Inspirationen konnten Sie schon in diesem Kapitel kennenlernen.

# 7 Ressourcen – Lichtungen und Helfer im Gesellschaftsdschungel

| Datum | Schlaf von 22–8 Uhr | Energie | Besonderheiten |
|---|---|---|---|
| 10. März | 22······3······8 | +++ | Sport gemacht |
| 11. März |  | ++ |  |
| 12. März |  | +++ |  |
| 13. März |  | ++++ | frei |
| 14. März |  | +++++ | frei |
| 15. März |  | + | verschlafen |
| 16. März |  | + |  |
| 17. März |  | + |  |
| 18. März |  | + |  |
| 19. März |  | − |  |
| 20. März |  | − |  |
| 21. März |  | − |  |
| 22. März |  | ++ |  |
| 23. März |  | ++ |  |
| 24. März |  | ++ |  |
| 25. März |  | +++ |  |
| 26. März |  | +++ |  |
| 27. März |  | ++++ |  |
| 28. März |  | +++++ |  |
| 29. März |  | +++++ |  |
| 30. März |  | +++++ |  |
| 31. März |  | +++++ | lustiger Tag :) |
| 01. April |  | ++++ |  |
| 02. April |  | ++ |  |
| 03. April |  | ++ |  |
| 04. April |  | + | Einkaufen laut |
| 05. April |  | − |  |
| 06. April |  | − |  |
| 07. April |  | − |  |
| 08. April |  | + |  |

**Abb. 7.6:** Schlaftracker – Beispiel

Reflektieren Sie zunächst, wie Sie zurzeit Ihren Ablauf vor dem Zu-Bett-Gehen gestalten. Halten Sie diesen Ablauf hier schriftlich fest (▶ Tab. 7.6).

**Tab. 7.6:** Meine Abendroutine

| Uhrzeit | Handlung vor dem Schlafengehen | Ergänzung |
|---|---|---|
|  |  |  |
|  |  |  |
|  |  |  |
|  |  |  |

Überprüfen Sie nun, welche Handlungen sich durch die Ideen aus den vorangegangenen Listen ergänzen lassen oder welche Aspekte Sie neu aufgreifen möchten. Wie lang Ihr persönliches Ritual dauert, hängt natürlich zum einen von Ihrem Zeitbudget ab und zum anderen von Ihren Handlungsschritten. Ein abendlicher Spaziergang nimmt vielleicht mehr Zeit in Anspruch als das Aufräumen des Küchentisches. Da das Ritual Sie auf das Zu-Bett-Gehen und das Einschlafen vorbereiten soll, darf es auf jeden Fall mindestens 30 Minuten lang sein.

Vielleicht hilft es Ihnen auch, wenn Sie überlegen, welchen Ihrer Sinne Sie noch mit ansprechen möchten, um sich auf den Schlaf einzustimmen. Hier einige Beispiele:

- riechen (Duftöle, Cremes, Körperöle),
- schmecken (Kakao, Tee),
- hören (Schlafgeschichte, Geräuschkulisse Ventilator),
- sehen (entspannendes Bild, Schlafbrille zum Abdunkeln),
- fühlen (Seitenschläferkissen, Plüschtier, Schlafsocken oder Kuscheldecke).

Wenn Sie zum Grübeln neigen, kann es Ihnen helfen, wenn Sie Ihre Gedanken noch einmal schriftlich festhalten. Das muss kein langer Text sein, oft reichen schon einige kurze handgeschriebene Notizen, um Sie zur Ruhe zu bringen. Nutzen Sie hierzu ruhig das gute alte Tagebuch, es hat nicht umsonst viele Generationen von Menschen erfolgreich überdauert.

Vielleicht hilft es Ihnen, wenn Sie den Tag, der vor Ihnen liegt, am Abend noch einmal durchgehen und schriftlich festhalten.

### Hilfspäckchen Schlafkiste

In diese Kiste kommt alles, was Sie entspannt und womit Sie sich auf jeden Fall ablenken können. Aber Achtung, hier gehören keine Dinge hinein, die Sie mitunter wach machen, weil sie Sie zu sehr fesseln oder zu spannend sind, wie vielleicht Rätsel oder Krimis.

Es können auch Ideenkarten sein, wie zum Beispiel »Kissen aufschütteln«, »noch mal lüften«, »duschen« usw.

Inspirationen erhalten Sie auch aus den vorangegangenen Listen und Überlegungen.

Falls Sie einmal nicht ein- oder durchschlafen können, dann sollten Sie Ihre Schlafkiste in greifbarer Nähe aufbewahren, damit Sie gleich auf sie zugreifen können, um wieder zur Ruhe zu kommen und wieder in den Schlaf zu finden.

### Hilfspäckchen Schlafstörer aufspüren

Durch Ihren Schlaftracker (*Hilfspäckchen Schlaflust wecken*) konnten Sie vielleicht schon den einen oder anderen »Schlafstörer« entdecken. Im Folgenden sollen noch einige Hinweise aufgeführt werden, die Sie dabei unterstützen, Ihren Schlafstörern auf die Spur zu kommen.

 In der unten aufgeführten Tabelle tragen Sie direkt Ihre ersten Gedanken zu den dort jeweils beschriebenen Schlafstörern ein (▶ Tab. 7.7).

**Tab. 7.7:** Schlafstörer aufspüren

| Schlafstörer | Eigene Notizen |
| --- | --- |
| Technische Geräte | |
| Abweichende Schlafzeit | |
| Kurz vor dem Schlafengehen zu viel gegessen | |
| Konsum von Genuss- oder Rauschmitteln (Kaffee, Alkohol) | |
| Intensive sportliche Betätigung kurz vor dem Schlafengehen | |

**Tab. 7.7:** Schlafstörer aufspüren – Fortsetzung

| Schlafstörer | Eigene Notizen |
|---|---|
| Anstrengende Gespräche | |
| Unbequeme Schlafkleidung | |
| Intensive Gedanken, die sich im Kreis drehen oder verselbstständigen (Grübeln, Gedankenkarussell) | |
| | |
| | |
| | |

Vielleicht haben Sie Lust, sich auf eine kleine Expedition zu begeben und eine Zeit lang zu notieren, welche Schlafstörer Ihnen zum Beispiel im Laufe eines Monats zu schaffen machen.

Sind die Schlafstörer erst entlarvt, haben Sie gute Ansatzpunkte gefunden, um diese zu vermeiden.

### Hilfspäckchen Schlafhelfer gewinnen

»Schlafhelfer« sind Dinge, Methoden oder Handlungen, die Sie dabei unterstützen, zur Ruhe zu kommen und in den Schlaf zu finden. Im Folgenden sind völlig wertfrei Schlafhelfer aufgeführt, die Ihnen als Inspiration dienen sollen. Suchen Sie sich unter ihnen diejenigen heraus, die Sie als hilfreich und angenehm empfinden, und notieren Sie sie auf einem leeren Blatt, in einem Büchlein oder in der Tabelle »Hilfspäckchen-Sammlung« (Zusatzmaterial zum Download).

- **Wecker**
  Stellen Sie Ihren Wecker außerhalb des Gesichtsfelds auf, sodass Sie nicht immer wieder, wenn Sie noch oder wieder wach sind, auf die Uhrzeit schauen. Damit vermeiden Sie negative Gedanken, die Ihnen beispielsweise dann durch den Kopf gehen, wenn Sie zu wenig schlafen, und die Sie zusätzlich am Schlaf hindern.
- **Dunkelheit**
  Dunkelheit sorgt dafür, dass Sie besser schlafen. Das »Schlafhormon« Melatonin kann nur dann erzeugt werden, wenn es dunkel ist. Hierzu können Sie den Raum abdunkeln und/oder eine *Schlafbrille* nutzen.
- **Ohrstöpsel**
  Ohrstöpsel können Sie dabei unterstützen, zur Ruhe zu kommen, gerade wenn Außengeräusche Sie um Ihren Schlaf bringen.
- **Düfte**
  Düfte, die Sie entspannen, lassen sich gezielt als »Kopfkissenspray« oder in einem Aromadiffuser zum Einschlafen einsetzen. Manchmal ist es auch gut, sich mit einem beruhigenden Duft einzureiben oder Duftöl auf das Kissen zu träufeln. Räucherstäbchen eignen sich ebenfalls sehr gut dafür, den Abschluss des Tages einzuläuten.
- **Tee**
  Es gibt sehr viele schlaffördernde Tees, aber vielleicht haben Sie auch einfach schon einen beruhigende Tee, den Sie gerne mögen. Diesen könnten Sie in Ihr Schlafritual einbauen oder ihn in einem Thermobecher neben Ihr Bett stellen, sodass er auch in der Nacht griffbereit seinen Zweck erfüllen kann.
- **Gewichtsdecken**
  Einigen Menschen tut es gut, wenn sie eine gewisse Schwere am und auf dem Körper spüren, ganz ähnlich wie in einer Umarmung. Diese Wirkung hat vielleicht eine Gewichtsdecke auf Sie. Eine Gewichtsdecke wird je nach Körpergröße und Gewicht angepasst im Handel angeboten. Beachten Sie beim Kauf das Außenmaterial, damit es sich für Sie angenehm anfühlt.
- **Bettsocken**
  Bettsocken können beim Schlafen von Nutzen sein. Mit kalten Füße lässt sich nicht gut einschlafen, da helfen ein paar Kuschelsocken. Einigen Menschen bieten Socken im Bett zusätzliche gefühlte Sicherheit. Wichtig ist, dass »Ihre Bettsocken« also keine normalen Alltagssocken sind. Bettsocken sind einfach nur fürs Bett und dadurch etwas Besonderes.
- **Wärmekissen**
  Wärme ist wohl das älteste und natürlichste entspannungs- und schlaffördernste Mittel, was Menschen kennen. Besorgen Sie sich ein Wärmekissen, das mit einem angenehmen Material gefüllt ist. Es gibt die unterschiedlichsten Füllmaterialien, Farben und Formen, die Sie ausprobieren können.
- **Lesefutter**
  Legen Sie sich Lesematerial zurecht, das Sie nicht fesselt, hier gilt, dass der Lesestoff zur Entspannung und zum Abschalten dienen soll. Lesefutter kann vom Lexikon bis zum leichten Roman alles sein. Es sollte in keine Grübel- und Gedankenfalle führen. Vielleicht mögen Sie für unterschiedliche Stimmungen verschiedenes Lesefutter zurechtlegen. Auch ein wunderbares *Bilderbuch* kann Sie in

eine schöne Traumwelt entführen, die so entspannt ist, dass Sie dann gut schlafen. Die Bilderbücher können aus Ihrer Kindheit stammen oder Sie schauen sich einmal im Buchladen danach um.
- **Tagebuch**
Gedanken, die Ihnen durch den Kopf schwirren, hindern Sie daran, zur Ruhe zu kommen. Ein Tagebuch kann da helfen. Sie müssen nicht jeden Tag hineinschreiben, sondern einfach, wenn Sie etwas intensiv beschäftigt. Dann legen Sie diese Gedanken für die Nacht in Ihr Tagebuch. Sicher verwahrt können sie da auf den nächsten Tag warten. Sie können Ihr Tagebuch dann mit den Worten »Gute Nacht, bis morgen« zur Seite legen. Sie können sich auch einen Notizzettel oder Notizblock neben das Bett legen, falls Sie sich dringend etwas von der Seele schreiben müssen.
- **Schlafkleidung**
Sorgen Sie für bequeme und angenehme Nachtbekleidung. Wichtig ist, dass Nachthemd oder Schlafanzug Sie nicht einengen. Die Textilen sollten angenehm auf der Haut sein und sich nicht am Körper verziehen, sodass sie den Schlaf in der Nacht nicht stören. Auch Zehensocken oder eine Schlafmütze können Ihnen gute Dienste beim Schlafen erweisen.
- **Sonnen- und Tageslicht**
Um einen guten Schlafrhythmus zu bekommen, sollten Sie auf genügend Sonne und Tageslicht achten. Insbesondere das Morgenlicht resettet den Körper in den Aktivitätsmodus, sodass die Müdigkeit bei Dunkelheit leichter einsetzen kann.
- **Schlafumgebung**
Sorgen Sie dafür das Ihre Schlafumgebung sich deutlich vom Tagesbild des Wohnraumes unterscheidet. Dies ist besonders wichtig, wenn Sie kein separates Schlafzimmer haben. Sie könnten den Schlafbereich am Abend optisch durch einen Vorhang oder Ähnliches abtrennen.

> **Tipp: Anerkannte Entspannungsverfahren**
>
> *Regelmäßige Entspannung führt zu mehr Ausgeglichenheit und stärkt die Psyche. Oft lassen sich positive Auswirkungen auf Verspannungen, Magen-Darmstörungen, Konzentrationsprobleme und Schlafstörungen beobachten. Insgesamt führen sie zu mehr Gelassenheit und innerer Ruhe, wenn sie regelmäßig durchgeführt werden.*
>
> *Damit Sie sich hier ein möglichst umfassendes Bild von den einzelnen Entspannungsmöglichkeiten machen können, werden in der folgenden Tabelle die bekanntesten Entspannungsmethoden vorgestellt (▶ Tab. 7.8). Sie lassen sich unter Anleitung in Kursen oder Einzelsitzungen erlernen.*

# 7 Ressourcen – Lichtungen und Helfer im Gesellschaftsdschungel

**Tab. 7.8:** Entspannungsverfahren

| Entspannungsmethode | Kurzbeschreibung | Autismusspezifische Besonderheiten |
|---|---|---|
| Progressive Muskelentspannung | Einzelne Muskelpartien über alle Körperpartien verteilt werden kurz angespannt und dann entspannt. Die muskuläre An- und Entspannung verringert so auch die psychische Anspannung. | Ein leicht zu erlernendes Verfahren, das bei regelmäßiger Durchführung die eigene Körperwahrnehmung stärkt. |
| Autogenes Training | Es werden sogenannte Formelsätze erlernt, die durch die mentale Vorstellung wirken. Die Formelsätze beziehen sich auf Körperregionen und leiten Schwereübungen, Wärmeübungen und Atemübungen an. | Durch die reine Nutzung der Vorstellungskraft für einige Menschen aus dem Autismus-Spektrum schwer umzusetzen. Meist sind mehr Übungseinheiten nötig, um einen Erfolg zu verspüren. Eine gute Körperwahrnehmung wird in der Regel vorausgesetzt, was auch zu Problemen führen kann. |

## 7.3 Ernährung

**Material**

- 5 Blätter DIN-A4-Papier
- 1 Stift zum Schreiben
- 3 verschiedenfarbige Textmarker
- Verschiedenfarbige Bunt- oder Filzstifte

*Gesamtbearbeitungszeit:* ca. 4 Stunden

| Methode | Seite | Zeit | Material | Erledigt |
|---|---|---|---|---|
| Es war einmal … | 205–206 | ⓒⓒ 45–60 Minuten | DIN-A4-Blatt Papier und Stift | |
| Durchmischungs-analyse | 206–207 | ⓒⓒ 40–60 Minuten | DIN-A4-Blatt Papier, verschieden-farbige Stifte, Textmarker | |
| Der Päckchenplan 🗁 | 207–212 | ⓒⓒ 40–60 Minuten | Zusatzmaterial zum Download, DIN-A4-Blatt Papier, verschieden-farbige Stifte, Textmarker | |
| Liste | 213 | ⓒⓒ 40–60 Minuten | DIN-A4-Blatt Papier, verschieden-farbige Stifte, Textmarker | |
| Umsetzungsplan | 213–215 | ⓒⓒ 40–60 Minuten | DIN-A4-Blatt Papier, verschieden-farbige Stifte, Textmarker | |
| Notfallpäckchen Ernährung 🗁 | 216 | ⓒⓒ Ca. 30 Minuten | Tabelle »Hilfspäckchen-Sammlung« (Zusatzmaterial zum Download) oder DIN-A4-Blatt Papier und Stift | |

Das Essverhalten von Menschen im Autismus-Spektrum ist geprägt von individuellen Wahrnehmungsbesonderheiten. Dies kann sich im Alltag auf sehr verschiedene Art zeigen und auch die Ernährung stark beeinflussen. Auf der einen Seite werden Nahrungsmittel vielleicht selektiert, zum Beispiel nach Farben, Konsistenz, Textur, Geruch oder Temperatur, auf der anderen Seite beeinflussen das Umfeld und die Umgebung das Essverhalten.

Beispielsweise kann es durch das »Wort-wörtlich-Nehmen« von Produktbeschreibungen zu Missverständnissen kommen. Begriffe wie »kalorienfrei« oder »light« werden somit falsch interpretiert ebenso wie Wörter, die einen Gemütszustand suggerieren. Hier wären Begriffe wie »Balance« oder »Wellness« Beispiele: Sie fördern irreführende Erwartungen.

Eine zusätzliche Belastung können in Essenssituationen Gespräche sein, insbesondere wenn es laut wird, mehrere Personen durcheinander sprechen oder Themen und Begriffe angesprochen werden, die durch das bildhafte Denken sofort Ekel auslösen; hierunter fallen oft Begriffe, die als Schimpfwörter verwendet werden, oder das Besprechen von Unfällen, Operationen und Ähnlichem.

Auch unangenehme Gerüche führen zu Essensvermeidung oder zum Verlassen der Essenssituation. Das Gleiche gilt für störende, laute Geräusche, die zu einer Überforderung führen können.

Einige Menschen aus dem Autismus-Spektrum benötigen zur Nahrungsaufnahme eine bestimmte Haptik, Trinken aus Alubechern geht dann vielleicht nicht. Oft werden glatte und warme Materialien wie Kunststofflöffel bevorzugt. Möglicherweise sollten einzelne Geschirrteile bestenfalls immer die gleichen sein, um entspannt Essen zu sich nehmen zu können.

Ebenso kann es vorkommen, dass bestimmte Gerichte und Produkte nur zu bestimmten Zeiten und/oder an bestimmten Orten akzeptiert werden. Dazu können Uhrzeiten genauso wie Jahreszeiten oder Festtage zählen.

Eine weitere Schwierigkeit kann die Selbstwahrnehmung des Menschen im Autismus-Spektrum sein. So kommt es in sensorischen Überlastungssituationen dazu, dass kein Hunger- oder Sättigungsgefühl wahrgenommen wird, demzufolge wird zu viel oder eben zu wenig Nahrung aufgenommen.

Auch feinmotorische Einschränkungen wie beispielsweise die Handhabung von Besteck erschweren die Nahrungsaufnahme. Hierdurch werden bestimmte Gerichte abgelehnt, beispielsweise Brötchen, die zum Verzehr aufgeschnitten werden müssen.

Die Auswahl an Nahrungsmitteln und Gerichten kann aufgrund grobmotorischer Einschränkungen einseitig sein. Die Bewegungsabläufe, die für das Zubereiten eines Gerichtes notwendig sind, stellen eine weitere Hürde in der Nahrungszubereitung und somit der Ernährung dar. Mitunter ist der Griff zu Fertiggerichten einfacher und sichert gleichbleibenden Geschmack, gleichbleibendes Aussehen und gleichbleibende Konsistenz.

Die ausgeführten Besonderheiten bleiben leider nicht ohne Folgen.

- Es kann zu einer einseitigen Ernährung kommen, die lediglich aus wenigen selbst ausgewählten Lebensmitteln besteht und zu einer Mangelernährung führen kann.
- Die Besonderheiten des Autismus begünstigen die Entwicklung einer Essstörung. Das Essverhalten kann als Sicherheit empfunden werden, was durch eine starke Selbstkontrolle zeigt.
- Aufgrund der besonderen Bedingungen der Ernährung entwickelt sich unter Umständen ein Unter- oder Übergewicht, welches zusätzlich Herz-Kreislauferkrankungen nach sich ziehen kann.
- Die Bevorzugung weicher bis breiiger Nahrung kann zu Problemen mit dem Kiefer und den Zähnen führen.
- Wenn das Essen nur in geräuscharmer Umgebung möglich ist, werden gemeinsame Treffen von Kollegen, Freunden oder die Teilnahme an Festen und Ausflügen gemieden. Hinzu kommen bei solchen Situationen oft noch Gerüche, die als unangenehm erlebt werden. Dadurch nehmen autistische Menschen an solchen Terminen oft nur kurz oder gar nicht teil, was wiederum eine soziale Einschränkung für sie bedeutet.
- Die Besonderheiten in der Ernährung werden nicht immer toleriert und führen zu Konflikten in der Umgebung des Menschen mit Autismus.

Ernährung und Ernährungsverhalten beeinflussen das Leben eines autistischen Menschen also in vielerlei Hinsicht.

## 7.3 Ernährung

> **Tipp**
>
> *Besprechen Sie mit Ihrem Allgemeinmediziner oder ärztlichen Psychologen sinnvolle Gesundheitschecks wie zum Beispiel eine jährliche Blutentnahme.*

Die folgenden Methoden sollen Sie dabei unterstützen, Ihre Besonderheiten zum Essverhalten herauszufinden und diese so zu gestalten, dass Sie sich im Einklang mit Ihren Möglichkeiten und Ansprüchen möglichst gesund und ausgewogen ernähren. Behalten Sie im Kopf, dass es sich auch hier um große Veränderungen handeln kann, die vielleicht nicht alle auf einmal umgesetzt werden können. Seien Sie also freundlich zu sich selbst und lassen Sie sich Zeit, um Veränderungen vorzunehmen.

### Es war einmal …
☺☺

- *Zeit*: 45–60 Minuten
- *Material*: DIN-A4-Blatt Papier und Stift

**Für welche Situationen ist diese Methode geeignet?**

Die Methode *Es war einmal …* unterstützt Sie darin, eine persönliche Perspektive zu entwickeln, die möglichst frei von Ansprüchen aus Ihrem Umfeld ist. Es geht darum, sich eigene Wohlfühlgedanken zu erlauben, um zu erfahren, welche Wünsche und Träume noch in Ihnen schlummern.

**Wie führe ich die Methode »Es war einmal …« durch?**

Nehmen Sie sich eine Stunde Zeit, in der Sie ganz ungestört sind. Begeben Sie sich an einen Ort, an dem Sie sich wohl fühlen und zur Ruhe kommen können. Nehmen Sie etwas zu schreiben mit. Beginnen Sie dann Ihr Märchen vom »Wohlfühllessen«. In diesem Märchen sind Sie die Hauptfigur. Starten Sie Ihren Text mit dem Satzanfang »Es war einmal …« und beschreiben Sie dann Ihr jetziges Essverhalten mit allen Facetten, die Ihnen dabei wichtig erscheinen. Es gibt also Ihre Figur im Märchenland, die sich genauso wie Sie verhält. Wenn Sie mit der Beschreibung fertig sind, stellen Sie sich vor, es kommt eine gute Fee und bietet Ihnen als Dank für Ihr Vertrauen in die Märchenwelt an, drei Wünsche zu Ihrer Ernährung und drei Wünsche zu Ihrem Essverhalten zu erfüllen.

Sie halten inne und beginnen zu notieren, welche Wünsche Ihnen einfallen. Notieren Sie hier Ihre drei Wünsche zu Ihrer Ernährung (▶ Abb. 7.7):

# 7 Ressourcen – Lichtungen und Helfer im Gesellschaftsdschungel

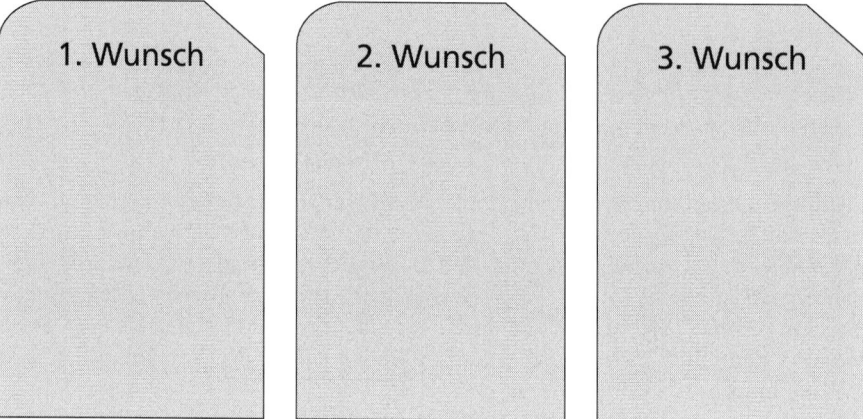

**Abb. 7.7:** Drei Wünsche (Ernährung)

Sollten Sie feststellen, dass Sie mehr als drei Wünsche zu Ihrem Ernährungs- und Essverhalten haben, vermerken Sie diese auf einem zusätzlichen Blatt, um bei Bedarf daran weiterarbeiten zu können.

Fallen Ihnen weniger Wünsche ein, arbeiten Sie einfach mit Ihrer Anzahl an Wünschen weiter.

Schreiben Sie nun ein positives Ende Ihres Märchens. Wie sieht Ihr Essverhalten aus, nachdem die Fee Ihnen Ihre Wünsche erfüllt hat? Woran merken Sie, dass sich die Wünsche erfüllt haben? Beschreiben Sie möglichst genau, was sich durch die Erfüllung Ihrer Wünsche verändert hat.

**Beschreibung der Veränderungen**

Nun haben Sie bereits genauer herausgefunden, was Sie in Ihrem Ernährungsverhalten belastet oder herausfordert. Im nächsten Schritt geht es darum festzustellen, welche Lebensmittel Ihnen für Ihre Ernährung zur Verfügung stehen.

### Durchmischungsanalyse
☺☺

- *Zeit*: 40–60 Minuten
- *Material*: DIN-A4-Blatt, verschiedenfarbige Stifte, Textmarker

## 7.3 Ernährung

### Für welche Situationen ist diese Methode geeignet?

Mit der Durchmischungsanalyse führen Sie eine Art Bestandsaufnahme Ihrer Gewohnheiten durch und bekommen damit einen realistischeren Einblick in Ihren »Gewohnheitsalltag«.

### Wie führe ich die Methode »Durchmischungsanalyse« durch?

Notieren Sie *mindestens eine Woche* lang alle Nahrungsmittel, die Sie zu sich nehmen in einer Liste. Es geht hier nicht um Mengen, sondern wirklich nur um die verschiedenen Gerichte, Lebensmittel, Snacks und Getränke. Demnach können Sie eine Liste beginnen und diese im Verlauf der Woche weiter ergänzen, sobald Sie etwas »Neues« zu sich nehmen.

Ist die Auflistung fertig, wählen Sie verschiedenfarbige Textmarker, um zu analysieren, aus welchen Lebensmittelgruppen Sie über Nahrungsmittel verfügen.

Wählen Sie Farben für folgende Bereiche und markieren Sie das freie Feld direkt daneben in der von Ihnen festgelegten Farbe (▶ Abb. 7.8).

Jetzt können Sie beginnen, Ihre Liste von Nahrungsmitteln, Gerichten usw. zu markieren. Wenn Sie ein Gericht notiert haben, das mehrere Nahrungsmittelgruppen enthält, kennzeichnen Sie es mit den jeweiligen Farben, die den entsprechenden Lebensmittelgruppen zugeordnet sind. Beispiel: Ein Müsli mit Früchten enthält Getreide, Milchprodukte und Obst.

Zum Schluss, wenn alles markiert ist, zählen Sie zusammen, wie oft Sie welche Farbe verwendet haben, und schreiben die Anzahl in das zur Lebensmittelgruppe gehörige Feld (▶ Abb. 7.8). Hierdurch erhalten Sie einen Eindruck davon, aus welcher Nahrungsmittelgruppe Sie am meisten zu sich nehmen und welche Ihnen bislang weniger zusagt.

Möglicherweise weist Ihre Durchmischungsanalyse auf eine einseitige Ernährung hin oder Sie stellen fest, dass eine Nahrungsmittelgruppe gar nicht vertreten ist.

Mit dem Päckchenplan aus der nächsten Methode können Sie im nächsten Schritt visualisieren, wie ausgewogen Ihre Ernährung ist und wie Sie Stück für Stück näher an eine von Ihnen angestrebte Nahrungszusammenstellung kommen können.

> **Der Päckchenplan**
> ☺☺
>
> - Zeit: 40–60 Minuten
> - Material: DIN-A4-Blatt, verschiedenfarbige Stifte, Textmarker

### Für welche Situationen ist diese Methode geeignet?

Ihnen ist bewusst, dass Ihre Lebensmittelzusammenstellung nicht Ihren Vorstellungen entspricht. Um einen Einstieg in eine ausgewogenere Ernährung zu finden, eignet sich der Päckchenplan.

## 7 Ressourcen – Lichtungen und Helfer im Gesellschaftsdschungel

**Getränke:**
Mineralwasser, Leitungswasser, Schorlen, Kräuter- und Früchtetee, stark verdünnte Säfte

**Gemüse, Salat:**
Gegartes Gemüse, Salate und Rohkost, Hülsenfrüchte

**Obst, Trockenobst**

**Brot und Getreide:**
Brötchen, Körnermischungen, Getreideflocken, Müsli, Reis, Nudeln, Kartoffeln

**Milch und Milchprodukte:**
Joghurt, Kefir, Buttermilch, Quark, Käse

**Fleisch und Wurst:**
Geflügel, Wurst, Wurstwaren, Fisch

**Hülsenfrüchte:**
pflanzliche Alternativen und Eier als Alternativen zu Fleisch, Wurst und Fisch

**Fette und Öle:**
Butter, Margarine, Speiseöl, Bratfett, Sahne, Mayonnaise

**Extras:**
Süßigkeiten, Gebäck, salzige und fette Knabbereien wie Chips, Pommes frites, alkoholhaltige Getränke

Abb. 7.8: Durchmischungsanalyse

### Wie führe ich die Methode »Päckchenplan« durch?

Ausgangspunkt ist immer der bestmögliche Zustand und damit die optimale Verteilung von Lebensmittelpäckchen. Danach erfolgt der Abgleich mit der realen Situation. Die hieraus möglicherweise entstandene Differenz versucht man bestmöglich mit unterstützenden Hilfspäckchen oder Erweiterungspäckchen auszugleichen.

Ein Päckchen entspricht in etwa der Menge einer Hand voll Nahrungsmittel.

Im besten Fall sollte Ihr Päckchenplan 22 Lebensmittelpäckchen pro Tag enthalten.

7.3 Ernährung

- 6 Päckchen Wasser oder ähnliche ungesüßte Getränke,
- 2 Päckchen Obst,
- 3 Päckchen Gemüse,
- 4 Päckchen Brot, Getreide, Beilagen und ähnliche Produkte,
- 3 Päckchen Milch, Milchalternativen, Joghurt und ähnliche Produkte,
- 1 Päckchen Fleisch, Fisch, Ei, Tofu, Soja oder ähnliche Produkte,
- 2 Päckchen Öle und Fette,
- 1 Portion Extras (Süßes, Fettes oder Alkohol).

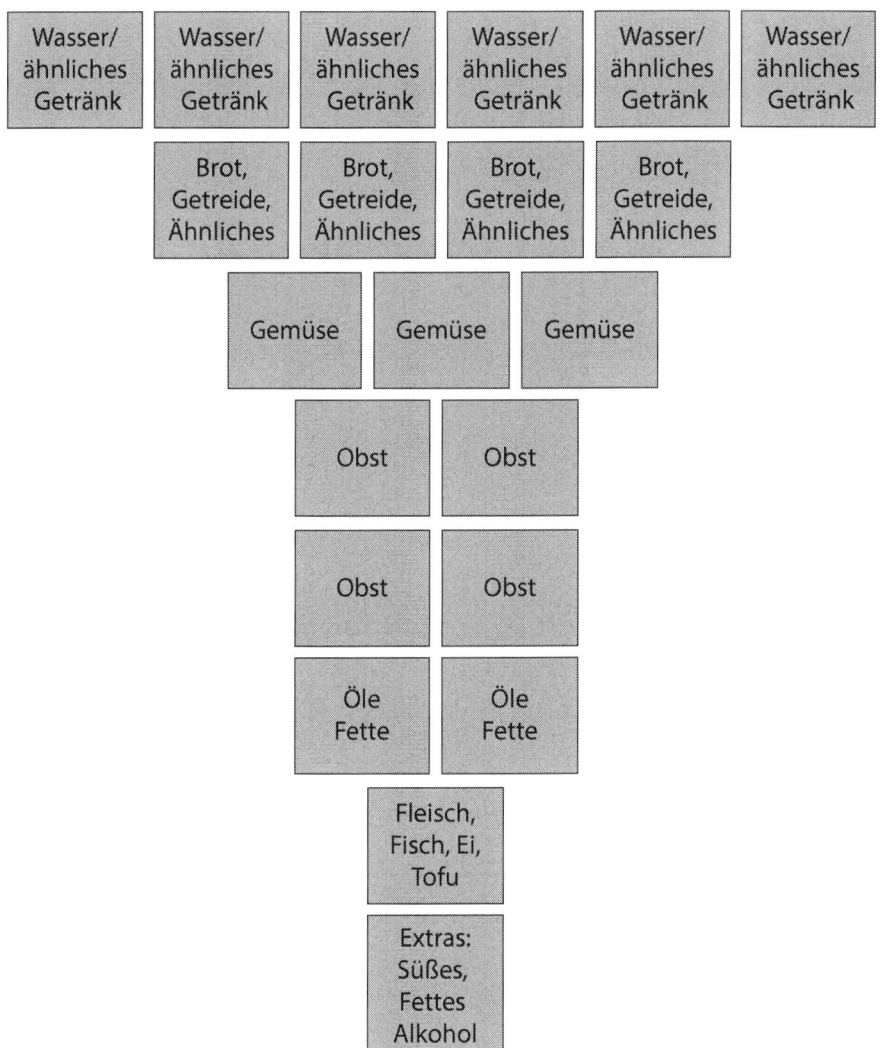

**Abb. 7.9:** Päckchenplan (Ernährung)

Im Laufe einer Woche kann es Schwankungen geben, dabei wird an einem Tag der Päckchenplan ausreichend gefüllt und an einem anderen Tag mal nicht. Das ist absolut in Ordnung, solange im Durchschnitt alle Lebensmittelgruppen auf Ihrem Speiseplan stehen.

Sollte die Durchmischungsanalyse gezeigt haben das Lebensmittelgruppen fehlen oder nur sehr wenig von Ihnen verzehrt werden versuchen Sie mit Erweiterungspäckchen und Hilfspäckchen Ihren Bestand an Lebensmittelgruppen zu erhöhen.

### Erweiterungspäckchen

Erweiterungspäckchen sind wichtig, wenn Sie feststellen, dass Sie von einigen Bestandspäckchen nur eine sehr geringe bis gar keine Auswahl haben. Hier ist es gut, sich einmal zu überlegen, welche Möglichkeiten Ihnen zur Verfügung stehen, Ihre Nahrungsauswahl auf ein für Sie gesünderes Maß zu erweitern.

 Beschreiben Sie in der unten aufgeführten Tabelle, warum Sie bestimmte Nahrungsmittel bevorzugen (▶ Tab. 7.9).

Beispiele:

- Nudeln – weil sie eine angenehm weiche Konsistenz haben,
- Pommes Frites – weil sie immer gleich schmecken,
- Cola – weil sie wachhält.

Tab. 7.9: Meine Nahrungspräferenzen

| Nahrungsmittel | Bevorzugt, weil ... |
|---|---|
| Nudeln | |
| | |
| | |
| | |
| | |

 Im nächsten Schritt notieren Sie Ihre fehlenden Lebensmittelpäckchen (▶ Tab. 7.10) und versuchen die Eigenschaften, die Sie bei bevorzugten Nahrungsmitteln festgestellt haben, auf die fehlenden zu übertragen.

Beispiele:

- Obst – in weicher Konsistenz, also als Smoothie oder püriert als fruchtige Soße,
- Gemüse – immer gleiche Konsistenz durch knackige Gemüsechips oder Rohkost in gleich großen Stücken,
- Wasser – zum Wachwerden schwarzen Tee kühlen.

Lebensmittel in mundgerechten Stücken können ebenfalls hilfreich sein, oder wenn sie eingefärbt, gefroren, gekühlt sind, getrennt serviert werden usw.

So erweitern Sie Ihre Auswahl und kommen einer ausgewogenen Ernährung näher.

**Tab. 7.10:** Meine fehlenden Lebensmittelpäckchen

| Fehlende Lebensmittelpäckchen | Mögliche Veränderungen |
|---|---|
| 1. | |
| 2. | |
| 3. | |
| 4. | |
| 5. | |
| 6. | |

### Brückenpäckchen

Einige Nahrungsmittel lassen sich individuell anpassen, indem Sie sie mit einer Soße, die Ihnen bekannt ist und die Sie mögen, oder mit Ketchup zusammen essen.

Es werden gezielt Zubereitungsarten (überbacken) oder Kombinationen zusammengebracht, die dazu führen können, ein nicht so beliebtes Nahrungsmittel in den Speiseplan mit aufzunehmen.

**Ideen zu Brückenpäckchen**

## Hilfspäckchen Ernährungsverhalten

Die Auflistung von möglichen Lösungsansätzen soll Sie dazu anregen, nach hilfreichen Unterstützungen oder Änderungen in Bezug auf Ihr Ernährungsverhalten Ausschau zu halten.

**Tab. 7.11:** Lösungsmöglichkeiten

| Regelmäßigkeit der Mahlzeiten/ Trinkportionen | Apps/Tracker/soziale Erinnerung/Wecker |
|---|---|
| Geeignete Darreichungsform | • Geschirr mit Portionstrennung<br>• Mehrere kleine Gefäße/Dosen<br>• Eigenes (Reise-)Besteck<br>• Besteck, das »schwer« in der Hand liegt<br>• Platzset/Tischset zum Mitnehmen<br>• Persönlichen Essensbereich (beispielsweise Ihr Platzset) von dem der anderen abgrenzen (durch gezielte Platzierung von Glas, Handy, Besteck etc.) |
| Geeignete Zubereitungsarten | • Beschriften der Kochzutaten<br>• Kochutensilien Übersichtsplan am Regal/an der Schranktür mit visuellem Nutzungshinweis<br>• Visuelle Schritt-für-Schritt-Anleitungen zur Zubereitung<br>• Vorbereitungspläne<br>• Nachbereitungspläne |
| Reduzieren von visuellen und akustischen Reizen | • Ohrstöpsel<br>• Kopfhörer<br>• Sonnenbrille<br>• Abgeschirmter Sitzplatz<br>• Kappe |
| Mahlzeitensituation gestalten | • Anzahl der anwesenden Menschen begrenzen<br>• Abgelegene Sitzecken wählen<br>• Rückzugsmöglichkeiten nutzen (Büro, Außenbereiche)<br>• Mehrere kleine Feiern organisieren<br>• Schauen Sie im Voraus, ob es online eine Speisekarte gibt, oder fragen Sie beim Veranstalter an.<br>• Einzelbesuche planen<br>• Größere Menschenmengen nur bei genauer vorheriger Vorbereitung aufsuchen.<br>• Notfallkarte einsetzen (Notfallkoffer) |
| Lebensmittelauswahl | • Tracker<br>• *Durchmischungsanalyse* |
| Ergänzungsmöglichkeiten | • Nahrungsergänzungsmittel (mit ärztlicher Beratung) |
| Achtsamkeit | • Innehalten vor den Mahlzeiten |

## Liste
☺ ☺

- *Zeit*: 40–60 Minuten
- *Material*: DIN-A4-Blatt, verschiedenfarbige Stifte, Textmarker

### Für welche Situationen ist diese Methode geeignet?

Wenn Ihnen viele Dinge durch den Kopf gehen und Sie das Bedürfnis haben, Ordnung in Ihre Gedanken bringen zu wollen.

### Wie führe ich die Methode »Liste« durch?

Nutzen Sie ein DIN-A4-Blatt und falten es der Länge nach in der Mitte zusammen. Schreiben Sie nun in die linke Spalte alle Ideen aus den vorherigen Päckchenmöglichkeiten zusammen, die Sie umsetzen möchten.

Eine Orientierung gibt Ihnen die Methode *Es war einmal ...*, denn hieraus gehen Ihre Ziele hervor.

Danach bewerten Sie die gesammelten Ideen:

- ☺ Smiley = Sie benötigen *Unterstützung zur Umsetzung*.
- ! Ausrufezeichen = Was Ihnen *besonders wichtig* ist.
- ? Fragezeichen = Für alle Ideen, für die noch etwas *vorbereitet* oder *besorgt* werden muss.

Entwickeln Sie aus Ihrer Liste nun einen *Umsetzungsplan* zur schrittweisen Umsetzung.

## Umsetzungsplan
☺ ☺

- *Zeit*: 40–60 Minuten
- *Material*: DIN-A4-Blatt, verschiedenfarbige Stifte, Textmarker

### Für welche Situationen ist diese Methode geeignet?

Sie möchten Veränderungen nach und nach in Ihren Alltag übernehmen. Mit dem Plan unterteilen Sie Ihre Handlungsschritte und verschaffen sich einen Überblick, der Sie zur Umsetzung motiviert.

## Wie führe ich die Methode »Umsetzungsplan« durch?

Da sich nicht alle Ideen zur Veränderung Ihrer Lebenssituation sofort umsetzen lassen, können verschaffen Sie sich erst einmal einen Überblick über Ihre Handlungsschritte.

 Übertragen Sie die Punkte, die mit einem Ausrufezeichen (!) gekennzeichnet sind, ganz oben in Ihren Umsetzungsplan (▶ Tab. 7.12), diese haben oberste Priorität. Die Punkte mit den Smileys folgen und ganz zum Schluss schreiben Sie alle Dinge, die Sie mit einem Fragezeichen (?) versehen haben, in Ihren Umsetzungsplan, da Sie hier die meiste Zeit für Vorbereitung und Ähnliches benötigen.

Notieren Sie nun in der Spalte »Umsetzungszeitraum«, wie viel Zeit Sie für die einzelnen Punkte benötigen könnten.

In das Feld »Notizen« können Sie nun Ihre Unterstützermenschen für die jeweiligen Pläne eintragen, welche Materialen noch besorgt oder welche Fragen noch geklärt werden müssen.

Wenn Sie mögen, können Sie sich zu den jeweiligen Stationen auch »Motivationsbelohnungen« ausdenken und diese in die dafür vorgesehene Spalte eintragen. So wird es für Sie einfacher sein, am Ball zu bleiben.

### Hinweis
*Wichtig ist bei Ihrem Umsetzungsplan nicht, dass Sie so schnell wie möglich vorwärtskommen, sondern das Sammeln positiver Selbstbestätigung.*

Tab. 7.12: Mein Umsetzungsplan

|    | Umsetzungszeitraum | Notizen | Motivationsbelohnung |
|----|---|---|---|
| 1. |   |   |   |
| 2. |   |   |   |
| 3. |   |   |   |
| 4. |   |   |   |
| 5. |   |   |   |
| 6. |   |   |   |

Verwandeln Sie Ihren *Umsetzungsplan* in eine Zeitachse. Vielleicht haben Sie Platz an einer Wand oder einem Schrank. Hängen Sie jeden Handlungsschritt, den Sie auf einer Karteikarte aufgeschrieben haben, in der zeitlichen Reihenfolge auf, die Sie sich vorgenommen haben. Immer wenn eine Sache erledigt ist, kommt die Karteikarte weg. Auf diese Weise sehen Sie, wie nah Sie Ihrem Ziel schon gekommen sind. Vielleicht bemerken Sie auch zwischendurch, dass Sie Ihre Handlungsschritte vertauschen möchten, da Ihnen manches auf einmal viel leichter oder sinnvoller umzusetzen scheint.

**Abb. 7.10:** Zeitachse

---

**Tipp: Essen in der Öffentlichkeit (Kantine, Gaststätten, Mensa usw.)**

*Mit den oben aufgeführten Übungen erweitert sich Ihre Speiseauswahl. Dennoch kann es passieren, dass Ihnen das Essen in der Öffentlichkeit Probleme und Stress bereitet.*
   *Versuchen Sie herauszufinden, was genau in der und an der Situation schwierig ist*

- *Die Umgebung,*
- *die sozialen Kontakte (weiterführend kann hier die Methode »Einordnung Ihrer sozialen Kontakte« hilfreich sein).*

*Stellen Sie fest, dass Ihre Überlastung maßgeblich durch die Nahrungsmittel an sich ausgelöst wird, können Sie verschiedene Strategien anstreben:*

- *Ausrede (Magenschmerzen, Unverträglichkeit),*
- *Alternative: nur einen Bestandteil wählen, »nur Nudeln ohne Soße«, »nur Brot, keine Suppe«),*
- *offener Austausch: persönliche Bedürfnisse erläutern und darum bitten, eine gemeinsame Lösung anzustreben (anderes Lokal, Teller mit Trennungsmulden, verschiedene Gefäße),*
- *Vorbereitung: Schauen Sie, ob Sie online einen Speiseplan oder Ähnliches finden, die meisten Mensen veröffentlichen am Anfang der Woche die Gerichte.*
- *Go-To-Essen: Überlegen Sie sich bestimmte Gerichte (z. B. Nudeln Napoli beim Italiener, Pommes und Schnitzel in Gaststätten), die es in den meisten Lokalen gibt und die sich für Sie sicher anfühlen.*

> **Notfallpäckchen Ernährung**
> ☺☺
>
> - *Zeit:* ca. 30 Minuten
> - *Material:* Tabelle »Hilfspäckchen-Sammlung« (Zusatzmaterial zum Download) oder DIN-A4-Blatt Papier und Stift

Im Folgenden finden Sie verschiedene Tipps und Tricks, wie Sie mit Ihren Emotionen umgehen können. Diese Tipps lassen sich Ihren Bedürfnissen anpassen. Suchen Sie sich hierunter die Optionen heraus, die Sie am besten umsetzen und in Ihrem Alltag problemlos anwenden können. Notieren Sie die für Sie in Frage kommenden Hinweise in der Tabelle »Hilfspäckchen-Sammlung« (Zusatzmaterial zum Download) oder auf einem Blatt Papier. So können Sie auf einen Blick erkennen, welche Möglichkeiten Ihnen zur Verfügung stehen.

- **Entdeckungsessen**
  Achten Sie beim Essen darauf, Bekanntes und geschmacklich Vertrautes wahrzunehmen. Entdecken Sie Nahrungsbestandteile/Geschmackserlebnisse ganz bewusst, indem Sie dieses Essen als »Abenteuerreise für Ihren Gaumen« betrachten. Planen Sie so eine Entdeckungsreise bewusst in Ihren Alltag ein, wenn Sie Ihr Essverhalten erweitern möchten.
- **Trinkkauen**
  Trinken Sie bewusst Schluck für Schluck und bewegen Sie dabei den Kiefer dabei wie beim Kaugummikauen …
- **Magencheck**
  - Ein inneres Gespräch mit Ihrem Bauchgefühl.
  - Setzen Sie sich aufrecht hin und spüren Sie einen Moment Ihre Ein- und Ausatmung.
  - Legen Sie eine Hand auf Ihren Bauch.
  - Spüren Sie gedanklich in Ihren Bauch hinein.
  - Fragen Sie Ihren Bauch, wie es ihm geht, ob das Essen für ihn o. k ist, was er braucht …
  - Lauschen Sie in sich hinein und spüren Sie Ihrem Gefühl nach.
  - Hören Sie auf Ihren Bauch, wenn er Ihnen antwortet.

Essen ist eine große Ressource und findet jeden Tag statt. Die verschiedenen Methoden und Hilfspäckchen sind gut geeignet, sich die eigene individuelle Ernährung zusammenzustellen und dennoch am gesellschaftlichen Leben möglichst gelassen teilzunehmen. Es wurde bewusst darauf verzichtet »Ernährungstipps« oder Mengenangaben zu Portionen zu machen. Im Mittelpunkt steht die Individualität der autistischen Menschen, die in höchstem Maße berücksichtigt werden!

## 7.4 Stimming

Manchmal können die Eindrücke des Gesellschaftsdschungels zu viel werden. Gerade autistische Menschen, die diese nicht so filtern können wie neurotypische Menschen, fühlen sich durch die Geräusche, Berührungen und sonstigen sensorischen Eindrücke schnell überfordert. Viele Autisten greifen dann auf das sogenannte »Stimming«, also ein repetitives, selbststimulierendes Verhalten zurück.

> **Material**
>
> - 1 Blatt DIN-A4-Papier
> - 1 Stift zum Schreiben
> - Tabelle »Hilfspäckchen-Sammlung« (Zusatzmaterial zum Download)

*Gesamtbearbeitungszeit:* ca. 3 Stunden

| Methode | Seite | Zeit | Material | Erledigt |
|---|---|---|---|---|
| Entdeckungsreise | 218–219 | 45–60 Minuten | DIN-A4-Blatt Papier und Stift, ggf. Handy zum Fotografieren | |
| Hilfspäckchen Fidgeting | 220 | 60–80 Minuten | Tabelle »Hilfspäckchen-Sammlung« (Zusatzmaterial zum Download), Stift | |

Hierbei kann es sich um motorische Handlungen wie Händeflattern, Hin- und Herschaukeln oder Springen, aber auch um Lautäußerungen wie Summen, Wiederholungen von Geräuschen oder Worten, Singen oder Ähnlichem handeln. Die Art des Stimmings ist von Mensch zu Mensch genauso unterschiedlich wie die Auslöser. Zum einen kann es ein Schutz vor Reizüberflutung sein, aber auch ein Ausdruck von starken Gefühlen wie Freude oder Trauer. Für die meisten Autisten ist Stimming wichtig, um inneren Druck abzubauen.

Allerdings wird das meist bereits im Kleinkindalter auftretende, selbststimulierende Verhalten von der Umwelt oft als störend und unpassend wahrgenommen. Dies wiederum führt dazu, dass viele erwachsene Autisten ihre Stimming-Möglichkeiten verlernt haben oder sich schämen, sie einzusetzen.

Um den Stress im Alltag zu verringern, können solche repetitiven Verhaltensweisen sehr hilfreich sein. Wie bereits beschrieben, gibt es verschiedene Varianten, auch ein gezieltes Anspannen von bestimmten Muskelgruppen oder ein wiederholtes Streichen über die eigenen Finger kann Stimming sein und von Ihnen unbewusst als Beruhigung in stressigen Situationen eingesetzt werden. Zunächst sollten Sie unbedingt herausfinden, mit welchen Methoden Sie am besten zurechtkommen. Hierzu kann es hilfreich sein, sich selbst zunächst zu beobachten, um herauszufinden, ob und wenn ja auf welche repetitiven Verhaltensweisen Sie zurückgreifen können.

> **Entdeckungsreise**
> ☺☺
>
> - *Zeit*: Je länger Sie für diese Tätigkeit brauchen, desto mehr Zeit sollten Sie sich damit lassen (zwischen 30–90 Minuten).
> - *Material*: DIN-A4-Blatt Papier, Stift und Handy zum Fotografieren

### Für welche Situationen ist diese Methode geeignet?

Wenn Sie herausfinden möchten, in welchen Situationen welche Art des Stimmings für Sie angenehm und hilfreich ist. Das kann sowohl Ihren Arbeitsalltag als auch Ihr soziales Leben betreffen. Diese Methode kann Sie dabei unterstützen, Ihre persönlichen Stimming-Techniken in allen Alltagssituationen herauszufinden.

### Wie führe ich die Methode »Entdeckungsreise« durch?

Als Erstes gehen Sie auf »Wohlfühlsafari«. Sie versuchen in Ihrem Alltag herauszufinden, wann, wo und wodurch das wohlige Gefühl in Ihnen, das Sie verspüren, entstanden ist. Das Abenteuer besteht darin, im Weltendschungel die Tätigkeiten und repetitiven Muster wahrzunehmen, die gut für Sie sind.

Das kann am Anfang sehr anstrengend sein, da wir in der Regel mehr darauf achten, was uns stressen könnte. Seien Sie also geduldig mit sich selbst und lassen Sie sich bei dieser Übung genügend Zeit.

- Schreiben Sie eine *Liste* (Methode) in der Sie Ihre »Wohlfühlmomente« sammeln.

Zur Unterstützung hier eine Checkliste, die sich individuell anpassen und erweitern lässt (▶ Tab. 7.13):

Tab. 7.13: Checkliste für meine Wohlfühlmomente

| Stimming-Möglichkeiten | Notizen |
|---|---|
| Gezielte Muskelanspannung | |
| Wibbeln | |
| Auf etwas Kauen (Stift, Kaugummi o. Ä.) | |

**Tab. 7.13:** Checkliste für meine Wohlfühlmomente – Fortsetzung

| Stimming-Möglichkeiten | Notizen |
|---|---|
| Über die Finger streichen | |
| Fingertippen | |
| Schaukeln | |
| Hin- und Herschaukeln | |
| Kratzen (z. B. wiederholt an derselben Stelle) | |
| »Fidgeting« mit Stiften, Bällen, Spielzeugen o. Ä. | |
| Flattern mit den Händen | |
| | |
| | |
| | |
| | |

Nun haben Sie herausgefunden, welche Stimming-Muster Sie haben. Falls es Ihnen schwergefallen ist, Muster zu entdecken, oder falls Sie den Eindruck haben, Ihre Stimmings verlernt zu haben, können Sie die zuvor geschilderte Methode verwenden, um die in der Tabelle aufgeführten Muster auszuprobieren und zu schauen, mit welchen Sie sich am wohlsten fühlen.

Auch mit dem Wissen über Ihre Stimmings kann es schwierig sein, sie in stressigen Situationen einzusetzen. Möglicherweise ist es Ihnen unangenehm. Da kann es helfen, wenn man sich Möglichkeiten schafft, um unauffällig zu stimmen. Dabei kann es sich um ein Fidgeting-Toy in der Bauchtasche des Hoodys handeln oder um ein unauffälliges Armband, das Sie »flitschen« lassen oder in den Fingern drehen.

> **Hilfspäckchen Fidgeting**
> ☺☺
>
> - *Zeit:* ca. 30 Minuten
> - *Material:* Tabelle »Hilfspäckchen-Sammlung« (Zusatzmaterial zum Download) oder DIN-A4-Blatt Papier und Stift

Im Folgenden finden Sie verschiedene Möglichkeiten, Stimming in Ihren Alltag zu integrieren. Suchen Sie sich die Methoden und Fidgets heraus, die Ihnen guttun, und notieren Sie sich diese entweder in der unten folgenden Tabelle – diese finden Sie auch zum Ausdrucken im Downloadbereich als »Hilfspäckchen-Sammlung« – oder auf Ihrem Handy oder in einem Notizbuch oder Ähnlichem. So haben Sie die Hilfestellungen immer parat und können sie auf einen Blick betrachten.

- **Fidget-Pulli:**
Ein Kapuzenpullover, auf dessen Kordeln Sie Holzperlen oder Ähnliches aufziehen. Wenn Sie mögen, können Sie eine neutrale, kleine Perle wählen oder bunte, in verschiedenen Formen und Größen. So können Sie in einer stressigen Situation an der Kordel ziehen und mit den Perlen spielen und haben diese Möglichkeit quasi immer direkt dabei.
- **Fidget Schlüsselanhänger:**
Fidget-Toy-Schlüsselanhänger. Bringen Sie an Ihre Tasche oder, ganz klassisch, an Ihren Schlüsselbund einen Fidget-Toy-Anhänger an. Hier gibt es Cubes mit Knöpfen, dehnbare Gummi und Ähnliches. Eine Möglichkeit, die Sie ebenfalls meist bei sich tragen.
- **Fidget-Stift:**
Fidget-Toy-Stift-Topper. Nehmen Sie sich Pfeifenreiniger, Perlen und Gummibänder und wickeln Sie den Pfeifenreiniger mehrfach um einen Stift, Sie können zuvor Perlen auffädeln. Befestigen Sie das Ganze mit einem Gummiband.
- **Fidget-Toy-DIY:**
Fädeln Sie Plastikperlen auf Schnürsenkel und knoten Sie beide Enden so zu, dass die Perlen nicht herunterfallen können. Beim Basteln haben Sie die Möglichkeit zu entscheiden, wie groß das Fidget-Toy wird, je nachdem wie Sie es bei sich tragen möchten.

> **Eigene Gedanken**
>
>

# 8  Erste-Hilfe-Kasten

**Abb. 8.1:** Erste Hilfe im Dschungel

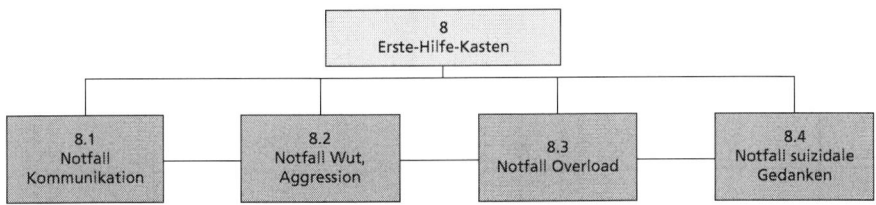

**Abb. 8.2:** Übersicht zum Inhalt von Kapitel 8

Im Dschungel kann es passieren, dass man sich verletzt. Ob es sich dabei nun um eine kleine Schnittwunde handelt, weil die Machete nicht so fest in der Hand lag wie gedacht, eine Beule, weil der Kopf doch näher an den Ästen war oder ein gebrochenes Bein von einem Sturz, es ist in jedem Fall wichtig, die Verletzung so schnell wie möglich zu versorgen. Dafür ist ein Erste-Hilfe-Kasten unumgänglich. Auf jeder Dschungelexpedition ist dieser ein Muss.

Und genauso wichtig ist es, dass Sie sich im Alltag in Situationen, in denen es Ihnen akut schlecht geht, mit Hilfsmitteln versorgen können. Um dies bewerkstelligen zu können, sollten Sie sich dieses Kapitel durchlesen und bearbeiten, bevor Sie in eine solche Krisensituation kommen. Suchen Sie sich die Methoden aus, die für Sie besonders hilfreich sind, um im Notfall auf Ihren persönlichen Erste-Hilfe-Kasten zurückgreifen zu können.

 *Gesamtbearbeitungszeit:* ca. 2 Stunden

| Methode | Seite | Zeit | Material | Erledigt |
|---|---|---|---|---|
| Hilfe-Karte | 223 | 30–45 Minuten | Karteikarte, DIN A5, Stift | |
| **Notfallpäckchen Wut** | 224–225 | Ca. 30 Minuten | Tabelle »Hilfspäckchen-Sammlung« (Zusatzmaterial zum Download) oder DIN-A4-Blatt Papier und Stift | |
| Hilfspäckchen Notfallbananen | 225–228 | Ca. 30 Minuten | Tabelle »Hilfspäckchen-Sammlung« (Zusatzmaterial zum Download) oder DIN-A4-Blatt Papier und Stift | |
| **Notfallpäckchen Suizid** | 228–231 | Ca. 30 Minuten | Tabelle »Hilfspäckchen-Sammlung« (Zusatzmaterial zum Download) oder DIN-A4-Blatt Papier und Stift | |

## 8.1 Notfall Kommunikation

In großen Belastungssituationen kann es passieren, dass jegliche Kommunikation mit Außenstehenden zu viel ist. Für solche Situationen können Sie sich eine *Hilfe-Karte* anfertigen, die auf der einen Seite Ihre akuten »Codewörter« enthält. Und auf der anderen Seite eine Anleitung dafür, wie Sie diesen Zustand beenden können. So besteht in der akuten Situation die Möglichkeit, die Karte einer anwesenden Person zu überreichen. Dies ist, gerade wenn Sie in Notsituationen nonverbal reagieren, eine große Unterstützung für Außenstehende.

## Hilfe-Karte
☺☺

- *Zeit*: 30–45 Minuten
- *Material*: Karteikarte, DIN A5, Stift

Erinnern Sie sich an Notsituationen, in denen Sie sich Hilfe gewünscht hätten? Notieren Sie in einem *Denkbild*, alles, was Ihnen in solchen Situationen helfen würde oder auch schon geholfen hat. Das kann von dem Überreichen eines Stücks Schokolade bis hin zu der Begleitung aus der Situation heraus an einen sicheren Ort reichen. Schauen Sie auch in das Methodenverzeichnis, um eine Anleitung für diese Methode zu finden.

Betrachten Sie Ihr Denkbild unter der Überlegung, ob es zum Ausbremsen in Notsituationen ein Codewort oder Zeichen gibt, das Sie nahen Menschen mitteilen könnten. Das könnte beispielsweise in Gesprächen, die für Sie ekelhafte oder gewaltbeladene Schilderungen enthalten, eingesetzt werden. Ein Codewort kann »Stopp«, aber auch »Teddy« sein. Das Codewort »Teddy« erzeugt möglicherweise gleichzeitig positive Assoziationen. Notieren Sie Ihre Codewörter und Symbole auf einer Seite der Karte und schreiben Sie die hierüber informierten Menschen dazu. Auf diese Weise behalten Sie den Überblick und können immer mal wieder mit den betreffenden Vertrauenspersonen die Codewörter reflektieren, damit sie in Zeiten, in denen alles reibungslos läuft, nicht in Vergessenheit geraten.

Auf der anderen Seite Ihrer Notfallkarte schreiben Sie Kontaktpersonen mit Mobilnummer die im Notfall angerufen werden können. Schreiben Sie Ihren Namen und Ihre Adresse auf, um es Personen zu erleichtern Sie an Ihren sicheren Ort zu bringen. Sie können diese Notfallkontakte auch in Ihrem Handy hinterlegen.

Sie können alternativ auch auf der Karte notieren, was einen »sicheren Ort« für Sie ausmacht. Beispielsweise geräuscharm, gedimmtes Licht, keine Menschen oder die Gabe von Notfallmedikamenten. Möglicherweise bewahren Sie zusammen mit Ihrer Notfallkarte auch eine Rettungsdecke, wie man Sie im Verbandskasten findet, auf und bitten auf der Karte darum, dass Ihnen diese umgelegt wird, damit Sie sich abschirmen können.

Erledigt am:

Notizen:

## 8.2 Notfall Wut, Aggression

In besonders anstrengenden Situationen oder auch, wenn Sie sich von den Reizen und Ihrer Umwelt oder Ihren Mitmenschen überfordert fühlen, kann es vorkommen, dass Sie sehr wütend werden. Wenn Sie besonders wütend sind, ist es möglich, dass Sie das Bedürfnis verspüren, sich selbst oder anderen wehzutun oder Ihre Wut durch eine körperliche Handlung auszudrücken. Für solche Situationen können Sie schon im Voraus Möglichkeiten vorbereiten, wie Sie mit der Wut umgehen.

> **Notfallpäckchen Wut**
> ☺☺
>
> - *Zeit:* ca. 30 Minuten
> - *Material:* Tabelle »Hilfspäckchen-Sammlung« (Zusatzmaterial zum Download) oder DIN-A4-Blatt Papier und Stift

Im Folgenden finden Sie verschiedene Tipps und Tricks, wie Sie mit Ihrer Wut umgehen können. Die Hinweise lassen sich jeweils an Ihre Bedürfnisse anpassen. Suchen Sie sich hierunter die Möglichkeiten heraus, die Sie am besten umsetzen und in Ihrem Alltag anwenden können. Notieren Sie die für Sie in Frage kommenden Tipps in der Tabelle »Hilfspäckchen-Sammlung« (Zusatzmaterial zum Download) oder auf einem Blatt Papier. So können Sie auf einen Blick erkennen, welche Optionen Ihnen zur Verfügung stehen.

- **Notfallecke**
Richten Sie sich in Ihrer Wohnung oder in Ihrem Zimmer, an einem Ort, an dem Sie Ihre Ruhe haben, eine Ecke ein, in der Sie verschiedene Möglichkeiten vorbereiten, Ihre Wut körperlich herauszulassen. Beispielsweise Papier zum Zerknüllen oder Zerreißen, etwas zum Dagegentreten oder -boxen, eine Schwimmnudel, um gepolstert auf etwas (z. B. einen Eimer) einzuschlagen oder auch Wurfbälle, die Sie gegen etwas »pfeffern« können.
- **Playlist**
Stellen Sie auf Ihrem Handy in einer App oder mit MP3-Dateien eine Playlist zusammen, die Sie beruhigt. Dabei kann es sich um beruhigende oder auch aufheiternde Lieder handeln.
- **Schreibmaterial**
Manchmal kann es auch helfen, wenn Sie die Gedanken, die Sie wütend machen, auf einem Notizblock oder in einem kleinen Büchlein notieren. Darauf können Sie sowohl zuhause als auch wenn Sie unterwegs sind zurückgreifen. Am besten funktioniert diese Methode tatsächlich, wenn Sie mit der Hand schreiben. Falls Sie jedoch diese Möglichkeit nicht haben, können Sie auch die Notizen-App Ihres Smartphones nutzen. Versuchen Sie, in stressigen Situationen an ein Notizbuch mit Stift zu denken.

- **Gehen, Hüpfen, Rennen**
  In der akuten Wutsituation kann es helfen, sich einmal körperlich richtig auszupowern. Gehen, rennen oder hüpfen Sie einfach los, bis Sie nicht mehr können.
- **Luftboxen, Schwimmnudeln, Kissen werfen**
  In einer Situation, in der Sie merken, dass Sie sich oder anderen wehtun möchten, um Ihre Wut herauszulassen, kann es helfen, wild in die Luft zu boxen. Stellen Sie sich vor, dass Sie das, was Sie gerade belastet, in physischer Form verprügeln. Oder Sie nehmen eine Schwimmnudel und schlagen auf ein Kissen oder Ihr Bett ein. Eine weitere Möglichkeit ist es, ein Kissen zu werfen oder auf ein Kissen zu boxen. Suchen Sie nach Alternativen, die für Sie funktionieren.

Erledigt am:

Notizen:

## 8.3 Notfall Overload

### Hilfspäckchen Notfallbananen

- *Zeit:* ca. 30 Minuten
- *Material:* Tabelle »Hilfspäckchen-Sammlung« (Zusatzmaterial zum Download) oder DIN-A4-Blatt Papier und Stift

Versuchen Sie wahrzunehmen, wie gefüllt Ihr Energierucksack noch ist. Oft ist nur noch ein Restbestand an Energie da oder der Rucksack ist bereits völlig geleert. Schauen Sie, dass Sie so schnell wie möglich eine Notfallreserve anzapfen, um in ein sicheres Grundgefühl zu kommen. Hierzu aktivieren Sie »Notfallbananen«; so wie ein Leistungssportler seinen Energieriegel für alle Fälle dabei hat, sorgen Sie im Gesellschaftsdschungel für Ihre Notfallration Energie. Mit Hilfe welcher Möglichkeiten können Sie eine schnelle Regulation zu erreichen? Im Folgenden werden einige Vorschläge erläutert, die Sie natürlich mit Ihren individuellen »Notfallbananen« ergänzen sollten.

Aus der daraus resultierenden Sammlung suchen Sie sich drei »Notfallbananen« aus, die Sie immer dabeihaben können. Die kommen dann in Ihr »Geheimfach« des Energierucksacks. Eben nur für Notfälle.

Im Folgenden finden Sie verschiedene Tipps und Tricks, wie Sie diese »Notfallbananen« erstellen können. Diese Hinweise lassen sich Ihren Bedürfnissen anpassen. Suchen Sie sich hierunter die Möglichkeiten heraus, die Sie am besten umsetzen und in Ihrem Alltag anwenden können. Notieren Sie die für Sie in Frage kommenden Tipps in der Tabelle »Hilfspäckchen-Sammlung« (Zusatzmaterial zum Download) oder auf einem Blatt Papier. So können Sie auf einen Blick erkennen, welche Möglichkeiten Ihnen zur Verfügung stehen. Einige der Notfallbananen lassen sich gut kombinieren – finden Sie Ihre persönliche Notfallbananen-Kombination.

**Notfallbananen**

- **Wintermantel**
  Ein Wintermantel schützt vor Kälte, vor Nässe, vor Wind und Schnee. Er ist oft aus kuscheligem Material und wärmt angenehm. In Situationen der Überforderung könnten Sie einen »imaginären Wintermantel« überziehen und sich das wohlige und sichere Gefühl damit aus Ihrer Erinnerung zurückholen.
  Anstatt des Wintermantels kann es auch ein andere Kleidungsstück sein, dass dieses Gefühl auslöst. Vielleicht eine Mütze, ein Schultertuch, ein Bademantel, ein Schal oder eine Kapuze. Alles, was Ihnen in Ihrer Imagination nützlich erscheint, eignet sich.
- **Kühlschrank**
  Ein Kühlschrank kann genauso wie ein Gefrierschrank als Notfallbanane dienen. Öffnen Sie die Türe des kühlenden Gerätes und spüren Sie die kühle Luft, die Ihnen entgegenströmt. Nehmen Sie die Kälte genau wahr, gehen Sie dazu nah an den Kühlschrank heran und richten Sie Ihre volle Aufmerksamkeit auf die kühle, erfrischende Luft.
- **Notfallatmung**
  Um schnell aus einer akuten Reizüberflutung herauszukommen, können Sie die Notfallatmung einsetzten. Atmen Sie ein und zählen Sie langsam bis vier, dann machen Sie eine Atempause, zählen wieder bis vier und atmen aus, dabei zählen Sie wieder bis vier und beginnen danach von vorne.
- **Wurzeln ausfahren**
  Diese Notfallbanane kann immer und überall durchgeführt werden. Sie eignet sich auch, um sich ein kleines Bananenpolster anzulegen. Richten Sie Ihre Aufmerksamkeit auf Ihre Fußsohlen und nehmen Sie diese genau wahr. Schön ist es, das barfuß zu machen, im Alltag geht es aber auch mit Socken und Schuhen. Sie können zur besseren Wahrnehmung auch die Füße ein wenig hin- und herbewegen, um so die Fußsohlen zu spüren. Dann lassen Sie feste Wurzeln aus Ihren Fußsohlen in die Erde wachsen, Sie erden sich und haben einen festen Stand, der Sie nach und nach innerlich und äußerlich zur Ruhe bringt.
  Eine zusätzliche Variante ist sich vorzustellen, aus dem Boden durch die Wurzeln hindurch Ruhe und Stärke in den Körper strömen zu lassen.

- **Riesenzehengang**
  Stellen Sie sich beim Gehen vor, Sie hätten riesig lange Zehen, mindestens zehn Zentimeter lang. Mit denen gehen Sie sehr bewusst ein Stück Ihres Weges. Sie werden schnell feststellen, dass diese Vorstellung Sie zwingt, langsam zu gehen und gut abzurollen. Das führt dazu, dass der gesamte Körper auf diese Veränderung reagiert und zur Ruhe kommt.
- **Superheldengeste/-pose**
  Erinnern Sie sich an eine Ihrer Heldenfiguren und daran, welche Geste oder Bewegung sehr typisch für diese Figur ist? Gibt es eine charakteristische Körperhaltung, die Sie übernehmen könnten? Die Geste oder Pose sollte Ihnen Ruhe und Stärke vermitteln. Eine Art Powergeste, die einen Stärke- oder Ruhe-schub bei Ihnen auslösen kann.
- **Atmen**
  Veränderungen in der Stimmung verändern auch unsere Atmung; das Gute ist, dass dies auch umgekehrt funktioniert. Um also zur Ruhe zu kommen und sich wieder strukturieren zu können, ist es sinnvoll, eine gezielte Atmung als Unterstützung durchzuführen.
  Die einfachste Atemübung ist immer, zunächst das Ein- und Ausatmen zu beobachten und genau wahrzunehmen, wann der Impuls zum Ein- und wann der Impuls zum Ausatmen erfolgt. Dann zählen Sie die Länge der Atemzüge, ein langsames, inneres Zählen des Ein- und dann des Ausatmens. Versuchen Sie eine gleichförmige Atmung, sodass Ein- und Ausatmen möglichst gleich lang dauern. Damit erreichen Sie, dass Sie zur Ruhe kommen und der Kopf sich für eine Zeit nur mit dem gleichförmigen Zählen der Atmung befasst.
- **Powersatz**
  Ein Powersatz ist ein positiver Satz, der Sie dabei unterstützen soll, das, was Sie sich vorgenommen haben, zu erreichen. Das kann ein Satz sein, der Sie schon lange begleitet und den Sie sich in schwierigen Situationen immer mal wieder vorgesagt haben. Vielleicht ist es auch ein Satz, den eine für Sie wichtige Person immer wieder genutzt hat, um Sie zu beruhigen oder zu ermutigen.
  Wenn Sie sich so einen Powersatz zulegen, achten Sie darauf, dass er wirklich nur positive und unterstützende Wörter enthält. Die Botschaft muss eindeutig positiv formuliert sein, um Sie gut zu unterstützen. Es sollten keine Negationen vorkommen wie beispielsweise in »nicht aufregen lassen«. Hier wäre »gelassen bleiben« eine positiv formulierte Alternative. Ihr Powersatz unterstützt Sie also voll und ganz.
  Sie können Ihren Powersatz mit einer für Sie typischen Reaktion, die Sie in einer überfordernden Situation spüren, verknüpfen. Stellen Sie sich diese Reaktion immer wieder vor und denken Sie die Situationen unter Anwendung Ihres wirkungsvollen Powersatzes weiter. Nach einer gewissen Zeit verselbstständigt sich die Abfolge und Ihr Satz fällt Ihnen bei den entsprechenden Reaktionen ein, ohne bewusst daran zu denken.
  Natürlich lässt sich der Powersatz auch bewusst vor und in angespannten Situationen, in denen viele Reize Sie überfluten, verwenden. Sagen Sie ihn sich innerlich immer wieder vor und vielleicht verstärken Sie Ihren Satz mit einer der anderen Methoden, um Energiebananen zu gewinnen.

> Erledigt am:
>
> Notizen:

## 8.4 Notfall suizidale Gedanken

Es kann Momente im Leben geben, in denen alles zu viel wird, die so ausweglos und hoffnungslos erscheinen, dass man keinen Ausweg mehr sieht. Das ist in Ordnung, es ist wichtig, die eigenen Gefühle wahrzunehmen, und genauso wichtig ist es, ihnen den Raum zu geben, als Hinweise zur Selbstfürsorge zu dienen. Die folgenden Handlungsmöglichkeiten und Vorsorgemaßnahmen sind kleine Fingerzeige aus der akuten suizidalen Gefährdung heraus, um sich dann weitere Unterstützung zu holen.

> **Notfallpäckchen Suizid**
> ☺☺
>
> - *Zeit:* ca. 30 Minuten
> - *Material:* Tabelle »Hilfspäckchen-Sammlung« (Zusatzmaterial zum Download) oder DIN-A4-Blatt Papier und Stift

Im Folgenden finden Sie verschiedene Möglichkeiten, sowohl vorbereitend als auch akut mit suizidalen Gedanken umzugehen. Suchen Sie sich hierunter die Hinweise heraus, die Sie am besten umsetzen und in Ihrem Alltag anwenden können. Notieren Sie die für Sie in Frage kommenden Tipps in der Tabelle »Hilfspäckchen-Sammlung« (Zusatzmaterial zum Download) oder auf einem Blatt Papier. So können Sie auf einen Blick erkennen, welche Möglichkeiten Ihnen zur Verfügung stehen.

- **Notfallcheckkarte**
  Sichern Sie die Telefon- und Mobilnummern, die Ihnen in schwierigen Situationen als Notfallkontakt dienen, zum einen auf Ihrem Handy und zum anderen als Notfallcheckkarte in Ihrem Portemonnaie und/oder Kalender. Hinterlegen Sie

eine weitere Notfallcheckkarte in Ihrer Notfallbox. Auf diese Weise kommen Sie ohne viel Mühe an Ihre Notfallkontakte.

Kleben Sie auf Ihre Notfallcheckkarte ein Symbol oder ein Bild, das Sie an schöne Momente erinnert, zum Beispiel ein Bild von Ihrem Lieblingsessen, ein Foto Ihrer Katze oder Ähnliches.

Notieren Sie unter Ihren Notfallkontakten professionelle Notfallnummern wie beispielsweise die Telefonseelsorge. Unter folgendem Link finden Sie bundeseinheitliche Nummern und weitere Hilfsangebote: https://www.suizidprophylaxe.de/hilfsangebote/hilfsangebote/

> **Tipp**
>
> *Notieren Sie Ihre Notfallkontakte mit Chatfunktion und speichern sich diese in Ihren Favoriten auf dem Computer ab.*

- **Codewort**
Vereinbaren Sie mit Ihren Vertrauenspersonen ein Codewort, das Sie nennen können, wenn es Ihnen sehr schlecht geht und eine Erklärung zu viel Energie kosten würde. Ein Codewort kann auch dabei helfen, in Situationen, in denen weitere Personen anwesend sind, um schnelle Unterstützung zu bitten.
Für Notsituationen könnten Sie auch ein Emoji vereinbaren, das Sie als Nachricht senden könnten.
Sprechen Sie ab, wie Ihr Notfallkontakt Sie am besten unterstützen könnte.
- **Unterstützerbotschaft**
Nehmen Sie an Tagen, an denen es Ihnen gut geht, eine Audiobotschaft auf, in der Sie beschreiben, was Ihnen am Leben besonders gefällt, was Sie schon alles geschafft haben, wer Sie alles unterstützt und was jetzt genau Ihnen wieder Mut und Energie gibt.
Lassen Sie auch andere Personen, die Ihnen nahe sind, eine solche Botschaft aufnehmen.

> **Tipp**
>
> *Das könnten Sie auch mit anderen Medien umsetzen, beispielsweise mit Videos oder Lernkarten oder Notizblöcken mit Metallbindern.*

- **Brief an Sie selbst mit Selbstversprechen**
Schreiben Sie sich einen Brief, in dem Sie sich selbst so intensiv davon überzeugen, sich nichts anzutun, als wäre der Brief an Ihren besten Freund oder Ihre beste Freundin adressiert.
Was würden Sie also Ihrem besten Freund oder Ihrer besten Freundin schreiben? Beginnen Sie den Brief ganz klassisch mit einer Anrede wie:
»Lieber/Liebe (eigener Name)«, auch wenn Du gerade verzweifelt bist ...«

Beschreiben Sie alles Wertvolle, Schöne und Wichtige in Ihrem Leben. Beenden Sie den Brief mit einem Selbstversprechen, sich daher auf keinen Fall etwas anzutun, sondern sofort einen Ihrer Notfallkontakte zu aktivieren. Unterschreiben Sie Ihren Brief und fügen Sie ein weiteres Feld für eine zweite Unterschrift ein, die Sie bei Gebrauch Ihres Selbstversprechens hinterlegen.

- **Sinne ansprechen**
  Versuchen Sie, wenn Sie verzweifelt sind, Ihre Sinne anzusprechen. Legen Sie dazu in Ihre Notfallkiste
    – einen Lieblingsduft,
    – etwas Kuscheliges,
    – ein Bild, das eine positive Botschaft für Sie enthält,
    – einen Lieblingssong,
    – etwas Leckeres,
    – etwas, was Sie ablenkt,
    – einen Hinweis zu Ihrer Motivationskiste,
    – Kressesamen mit Watte in einem Döschen zum Aussäen,
    – ein Erfolgsjournal,
    – eine Positivwand oder Tür-Notizzettel,
    – eine Sticker-Pappe,
    – eine Kartensammlung,
    – eine Jahreserfolgssammlung.

- **Sinnposter**
  Verwenden Sie einmal Zeit darauf, ein Poster anzufertigen, auf das Sie alles schreiben, kleben oder malen, was Ihnen in Ihrem Leben wertvoll erscheint. Hängen Sie dieses Poster an eine Schranktür und legen Sie einen Hinweis dazu in Ihre Notfallbox.

- **Selbsteinweisung**
  Notieren Sie sich eine Klinik und die Kontaktdaten, um sich in einem Notfall selbst einzuweisen. Legen Sie eine *Steckbriefkarte* (▶ Kap. 6.5 »Professionelle Begleiter«) für Ärzte und Pflegepersonal dazu.

Erledigt am:

Notizen:

## 8.4 Notfall suizidale Gedanken

**Inhalt meines Notfallkoffers**

**Eigene Gedanken**

# 9 Ausblick

**Abb. 9.1:** Ausblick in die Zukunft

Schon heute gibt es in unterschiedlichen Ländern der Welt Aktionen oder besondere Tage, die für eine Integration von autistischen Menschen in den Gesellschaftsdschungel sorgen sollen und dies teils auch können. Zum Beispiel haben sich in Amerika Friseure gezielt auf Bedürfnisse von Kindern und Erwachsenen mit Autismus spezialisiert.

In Großbritannien hat die Supermarktkette »ASDA« sogenannte »Quiet Hours« eingeführt, während derer Bildschirme, Radios und Rolltreppen ausgeschaltet werden. So ist die Geräuschkulisse und somit ein Teil der Reizüberflutung heruntergeschraubt. Diese stillen Stunden werden auch bereits in Polen und Neuseeland in einigen Supermärkten durchgeführt.

Zudem gibt es in verschiedenen Teilen Amerikas »Autism Friendly Cinema Screenings«. Dabei werden Licht und Ton gedimmt, die Möglichkeit, zwischendurch aufzustehen oder sich während der Vorstellung zu bewegen, ist gegeben.

Damit die Besonderheiten autistischer Menschen bekannt sind und in der Kommunikation berücksichtigt werden können, wird das Personal fachlich geschult.

Dies sind gute und wichtige Schritte in Richtung der Integration von autistischen Menschen. Die Gesellschaft wird langsam, aber sicher offener für Personen, die »anders« sind. Auch haben einige dieser Projekte gezeigt, dass beispielsweise die »Quiet Hours« nicht nur für autistische Menschen weniger Stress bedeuten, sondern auch für neurotypische Menschen angenehmer sind. Sie gehen entspannter aus den Situationen heraus. Es profitieren also alle von der Integration autistischer Menschen und den Erleichterungen für sie.

Damit das so bleibt und sich die Möglichkeiten für Autisten und Autistinnen auch in der Zukunft verbessern und weiterentwickeln können, muss mehr über die Besonderheiten des Autismus-Spektrums aufgeklärt werden. Durch Kommunikation zwischen autistischen Menschen und Neurotypischen kann eine breite Akzeptanz und letztlich auch ein Miteinander auf Augenhöhe entstehen.

Während sich also die Eule in diesem Buch ihren Weg durch den Dschungel bahnt und der Dschungel darauf mit neuen Wegen, Plätzen und Lichtungen reagiert, so bahnen sich auch Wege der Inklusion in unserer Gesellschaft an.

Hierzu ist ein Dialog zwischen Fachwelt und autistischen Menschen, besonders autistischen Erwachsenen, unumgänglich. Durch einen Austausch auf Augenhöhe ist es so möglich, die Bedürfnisse und Herausforderungen von Autisten und Autistinnen im Alltag zu verstehen. Durch eine Einbeziehung autistischer Menschen und durch eine passende Ansprache, die direkt an sie gerichtet ist, kann eine tatsächliche Integration stattfinden. Eine Integration, die nicht auf der Anpassung des autistischen Menschen fundiert, sondern auf der Anpassung der Umwelt an die individuellen Bedürfnisse des Einzelnen.

**Abb. 9.2:** Die gestärkte Schneeeule auf ihrem Weg durch den Dschungel

# 10 Weiterführende Literatur/Blogs/Medien

### YouTube

»*Girl from Planet Aspie*«. Deutsche YouTuberin, die selbst Autistin ist und Videos über persönliche und allgemeine Themen rund um Autismus dreht.

»*Janis Celine*«. Deutsche YouTuberin, selbst Autistin, dreht aufklärende und persönliche Videos über Autismus.

### Podcasts

»*Autismus braucht Aufklärung*«. Stephanie Meer-Walter, eine spät diagnostizierte Autistin, spricht über ihre eigenen Erfahrungen und den Forschungsstand im Bereich Autismus.

»*AUTISMUS KOMPAKT*«. Timo Warnholz, ein Autismus-Therapeut und -Coach, klärt über Autismus auf.

»*Authentisch Autismus*«. Kurze Impulse über Verschiedenes rund um Autismus.

»*Autism by Autistics*«. Englischsprachiger Podcast von zwei Autistinnen, die sich über ihre persönlichen Erfahrungen austauschen.

»*Jo's Autismus Podcast*«. Joanna Hauser, Autistin, berichtet über ihren Alltag und führt Interviews mit Betroffenen oder Menschen um sie herum.

»*Wortwörtlich*«. Heidemarie Cox und Jonas Cox, Autist, berichten über ihre Erfahrungen und Lösungsansätze für Menschen aus dem Autismus-Spektrum.

### Instagram

»*Autismus.info*«. Eine Seite mit verschiedenen Informationen rund um das Leben mit Autismus, belegt mit wissenschaftlichen Quellenangaben.

»*Holisticautistic*«. Ein englischer Account von Jessie, die über ihre eigenen Erfahrungen als Autistin berichtet.

»*Autisticpositivity*«. Ein englischer Account über die Repräsentation und die Eigenschaften von Autismus von einer Betroffenen.

»*Divergentdino*«. Ein englischsprachiger Account über persönliche Erfahrungen als queere*r Autist*in (they/he).

»*autism_happy_place*«. Ein englischsprachiger Account über positive Seiten von Autismus und Tipps aus persönlichen Erfahrungen.

### Blogs

»*unbemerkt.eu*«. Ein Blog einer Autistin mit Berichten über persönliche Erfahrungen.

»*aspergerblog.de*«. Ein Blog eines Autisten, der über sein persönliches Erleben berichtet.

»*Rundumgedanken.de*«. Ein Blog einer Autistin, die über Komorbiditäten, Diskriminierung und allgemein Autismus aus persönlicher und professioneller Sicht berichtet.

## Foren

*»Aspies.de«*. Ein Forum, das moderiert wird und in dem sich autistische Menschen über ihr Leben und ihren Umgang mit Herausforderungen und Besonderheiten austauschen.

## Bücher zur Selbsthilfe

Croos-Müller, C. (2011). *Kopf hoch. Das kleine Überlebensbuch. Soforthilfe bei Stress, Ärger und anderen Durchhängern*. München: Kösel.
Croos-Müller, C. (2020). *Ich schaf(f) das! Leichte Körperübungen für mehr Lebenspower*. München: Kösel.
Gaston, M. (2014). *Dein Bett liebt dich. Das Wohlfühlbuch für Einkuschelkünstler*. Hildesheim: Gerstenberg.
Galitz, L. (2015). *Rituale für jeden Tag. Mehr innere Balance, Zufriedenheit und Lebensfreude*. München: Irisiana.
Haimerl, Ch. (2015). *Frei von Angst und Panikattacken in zwei Schritten*. München: GU.
Hold, S. (2022). *Asperger bei Erwachsenen: Der praktische Ratgeber zum Meistern des Alltags mit dem Asperger-Syndrom*. Selbstverlag.
Hühn, S. (2009). *Was Dir Kraft gibt. Kleine Rituale für das tägliche Glück*. Darmstadt: Schirner.
Spek, A. (2012). *Achtsamkeit für Menschen mit Autismus. Ein Ratgeber für Erwachsene mit ASS und deren Betreuer*. Bern: Hans Huber.

## Bücher zur Information

Blodig, I. (2016). *Hochfunktionale Autisten im Beruf. Navigationshilfen durch die Arbeitswelt*. Paderborn: Junfermann.
Molocho, S. (2013). *Körpersprache*. München: Goldmann.
Preißmann, Ch. (2013). *Überraschend anders. Mädchen und Frauen mit Asperger*. Stuttgart: TRIAS.
Preißmann, Ch. (2017). *Autismus und Gesundheit. Besonderheiten erkennen – Hürden überwinden – Ressourcen fördern*. Stuttgart: Kohlhammer.
Preißmann, Ch. (2020). *Mit Autismus leben. Eine Ermutigung*. Stuttgart: Klett-Cotta.
Rosenberg, M. B. (2016). *Gewaltfreie Kommunikation. Eine Sprache des Lebens*. Überarbeitete und erweiterte Neuauflage. Paderborn: Junfermann.

# 11 Berühmte Autisten und Autistinnen

| Person | Tätigkeit | Art der Diagnose | Zitate/Biografien |
|---|---|---|---|
| **Anthony Hopkins** | Schauspieler, Regisseur, Produzent (z. B. »Das Schweigen der Lämmer«, »Hannibal«, »Westworld«) | 2007 offizielle Diagnose | »I don't go to parties. I don't have many friends. But I do like people. I do like to get inside their heads.« <br><br> Englischsprachige Biografie: »Anthony Hopkins. The Biography« |
| **Karl Lagerfeld** | Modeschöpfer, Designer, Fotograf, Kreativdirektor bei Chanel | 2010, Selbstdiagnose | »Ich hasse intellektuelle Konversationen mit Intellektuellen, weil mich nur meine eigene Meinung interessiert.« <br><br> Biografie: »Karl und wie er die Welt sah: Karl Lagerfeld in unvergesslichen Zitaten« |
| **Greta Thunberg** | Klimaaktivistin | Offizielle Diagnose | »Ich habe Asperger und das bedeutet, dass ich manchmal ein bisschen anders als die Norm bin. Und – unter den richtigen Umständen – kann Anderssein eine Superkraft sein.« |
| **Susan Boyle** | Sängerin aus Schottland | 2012 offizielle Diagnose (nach Jahren der Fehldiagnostik) | Englischsprachige Autobiografie: »The Woman I Was Born To Be« |

| Person | Tätigkeit | Art der Diagnose | Zitate/Biografien |
|---|---|---|---|
| **Gary McKinnon** | Britischer Hacker, auch »UFO-Hacker« genannt | 2008 offizielle Diagnose | Englischsprachige Biografie: »Saving Gary McKinnon: A Mother's Story« |
| **Elon Musk** | Gründer von Tesla | Bekanntgabe in einem Monolog bei SNL (amerikanische TV-Show) | Autobiografie: »Elon Musk: Wie Elon Musk die Welt verändert – Die Biografie« |

# 12 Methodenverzeichnis

| Methode | Kapitel | Seite | Download Ja/Nein | Abbildung Ja/Nein |
|---|---|---|---|---|
| Beenden eines Kontaktes | 6.2 | 132–133 | Ja | Nein |
| Checkliste | 4.1<br>5.4 | 35–37<br>97–99 | Nein<br>Ja | Nein |
| Check-up-Blick | 5.3<br>6.1<br>6.4 | 85–87<br>114–115<br>146–148 | Nein | Ja |
| Denkbild | 4.1<br>5.1<br>5.2<br>6.2 | 38–39<br>59–60<br>69–70<br>122–123 | Nein | Ja |
| Der Päckchenplan | 7.3 | 207–212 | Ja | Ja |
| Durchmischungsanalyse | 7.3 | 206–207 | Nein | Ja |
| Eine Hand voll Reflexion – Teil 1 | 4.1<br>6.2 | 42–44<br>130–132 | Nein | Ja |
| Eine Hand voll Reflexion – Teil 2 | 4.1<br>6.4 | 44–46<br>150–152 | Nein | Ja |
| Einordnung sozialer Kontakte | 4.2<br>5.1<br>6.1<br>6.4 | 48–51<br>64–65<br>116–119<br>152–153 | Ja | Nein |
| Entdeckungsreise | 5.4<br>5.5<br>7.1<br>7.4 | 92–94<br>103–104<br>180–186<br>218–219 | Nein | Nein |
| Erwartungen und Dealbreaker | 6.2<br>6.7 | 127–129<br>172–173 | Nein | Nein |
| Es war einmal ... | 7.3 | 205–206 | Nein | Nein |
| Hilfe-Karte | 8.1 | 223 | Nein | Nein |
| Hilfspäckchen Familie | 6.3 | 143–145 | Ja | Nein |

## 12 Methodenverzeichnis

| Methode | Kapitel | Seite | Download Ja/Nein | Abbildung Ja/Nein |
|---|---|---|---|---|
| Hilfspäckchen Fidgeting | 7.4 | 220 | Ja | Nein |
| Hilfspäckchen Kleidung | 5.4 | 100–101 | Ja | Nein |
| Hilfspäckchen Motivationsbegleiter | 3 | 30–32 | Ja | Nein |
| Hilfspäckchen Notfallbananen | 8.1 | 225–228 | Ja | Nein |
| Hilfspäckchen Schlafroutinen | 7.2 | 195–202 | Ja | Nein |
| Hinstellen | 6.3<br>6.6 | 137–138<br>162–164 | Nein | Ja |
| Internetrecherche | 5.1<br>5.2 | 58–59<br>82–83 | Nein | Nein |
| Interview | 5.2 | 80–82 | Nein | Nein |
| Kreise des Kompromisses | 5.4 | 99–100 | Nein | Ja |
| Liste | 4.1<br>5.1<br>5.2<br>6.2<br>6.3<br>6.7<br>7.3 | 41–42<br>61–63<br>72–74<br>123–124<br>139–141<br>170–171<br>213 | Nein | Nein |
| Motivationspfad | 3 | 27–29 | Nein | Ja |
| Notfallpäckchen Ernährung | 7.3 | 216 | Ja | Nein |
| Notfallpäckchen Suizid | 8.1 | 228–231 | Ja | Nein |
| Notfallpäckchen Wut | 8.1 | 224–225 | Ja | Nein |
| Powerrückzugsort | 7.1 | 186–187 | Nein | Nein |
| Rhythmus und Ritual | 7.2 | 189–191 | Ja | Ja |
| Schutzhülle | 4.2<br>5.5 | 53–55<br>105–106 | Nein | Nein |
| Seriensprint | 5.2<br>6.2 | 70–71<br>133–135 | Nein | Nein |
| Spiral-Labyrinth | 5.4<br>6.2<br>6.7 | 94–96<br>121–122<br>167–168 | Nein | Nein |
| Stationsplanung | 3 | 23–27 | Nein | Nein |

## 12 Methodenverzeichnis

| Methode | Kapitel | Seite | Download Ja/Nein | Abbildung Ja/Nein |
|---|---|---|---|---|
| Steckbriefkarte | 5.1<br>5.5<br>6.5 | 66–67<br>106–107<br>155–156 | Ja | Nein |
| Stimm- und Sprachcheck | 5.2 | 75–80 | Ja | Ja |
| Termineinordnung | 4.2<br>5.5 | 51–53<br>108–111 | Ja | Nein |
| Überlebensstrategie Smalltalk | 5.3<br>6.2<br>6.4<br>6.6 | 87–90<br>124–126<br>148–150<br>159–162 | Ja | Ja |
| Umsetzungsmatrix | 7.2 | 191–192 | Nein | Nein |
| Umsetzungsplan | 3<br>5.2<br>6.3<br>6.6*<br>7.2*<br>7.3* | 29–30<br>74–75<br>142–143<br>164–166<br>193–194<br>213–215 | Nein | Ja, zur Zeitachse (siehe die mit einem Sternchen markierten Methoden) |
| Umsetzungsskala | 6.3 | 141–142 | Nein | Nein |
| Vier-Schritte-Klärung | 5.2 | 83–84 | Nein | Nein |

# Zusatzmaterial zum Download

 Die Zusatzmaterialien[1] können Sie unter folgendem Link herunterladen:
https://dl.kohlhammer.de/978-3-17-041832-5

---

1 Wichtiger urheberrechtlicher Hinweis: Alle zusätzlichen Materialien, die im Download-Bereich zur Verfügung gestellt werden, sind urheberrechtlich geschützt. Ihre Verwendung ist nur zum persönlichen und nichtgewerblichen Gebrauch erlaubt. Jede Verwendung außerhalb der engen Grenzen des Urheberrechts ist ohne Zustimmung des Verlags unzulässig und strafbar. Das gilt insbesondere für Vervielfältigungen, Übersetzungen, Mikroverfilmungen und für die Einspeicherung und Verarbeitung in elektronischen Systemen.